安徽师范大学马克思主义理论高峰学科资助出版

中国哲学智慧十五讲

余亚斐 ◎ 著

安徽师范大学出版社

ANHUI NORMAL UNIVERSIITY PRESS

·芜湖·

图书在版编目（CIP）数据

中国哲学智慧十五讲 / 余亚斐著 .— 芜湖：安徽师范大学出版社，2024.1
ISBN 978-7-5676-6508-8

Ⅰ.①中… Ⅱ.①余… Ⅲ.①哲学史—中国 Ⅳ.①B2

中国国家版本馆CIP数据核字（2023）第247038号

中国哲学智慧十五讲
余亚斐 ◎ 著
ZHONGGUO ZHEXUE ZHIHUI SHIWUJIANG

责任编辑：阎　娟　　　　　责任校对：李晴晴
装帧设计：王晴晴　汤彬彬　　责任印制：桑国磊
出版发行：安徽师范大学出版社
　　　　　芜湖市北京中路2号安徽师范大学赭山校区
网　　址：http://www.ahnupress.com/
发 行 部：0553-3883578　5910327　5910310（传真）
印　　刷：安徽联众印刷有限公司
版　　次：2024年1月第1版
印　　次：2024年1月第1次印刷
规　　格：700 mm×1000 mm　1/16
印　　张：19.75
字　　数：302千字
书　　号：ISBN 978-7-5676-6508-8
定　　价：58.00元

凡发现图书有质量问题，请与我社联系（联系电话：0553-5910315）

序

　　本书的作者余亚斐曾是我在华东师范大学招收的中国哲学专业博士生，2010年毕业后，一直在安徽师范大学工作，为本科生和研究生讲授中国哲学史课程。此外，他还热衷于中华优秀传统文化普及工作，为社会各界人士讲授中国哲学，曾获得过安徽省社科普及先进个人的称号，其《论语解意》（安徽人民出版社2017年版）获得安徽省社科普及优秀读物奖。《国学启智课》（共四册）（安徽人民出版社2019年版）入选2019年教育部中小学校图书馆推荐书目，这本书可以说是他对中国古代哲学研究和教学的结晶，也是对以往著作的提升。

　　本书名为《中国哲学智慧十五讲》，意在阐述中国哲学的知识时，凸显其中的智慧，而这是与中国哲学特别关注人生及人生实践相联系的。作为智慧的中国哲学，其诸多问题的提出与回答，不仅受到理论本身逻辑发展的推动，而且与哲学家所处的时代和社会相关。所以，分析中国哲学的问题，不能脱离哲学家的人生经历与时代背景，要从哲学家鲜活的人生历程及他所面临的具体的生命与社会问题入手。这本书非常重视这个方面，在第一讲导论第五部分"学习中国哲学史的方法"中，作者提出了"生命体验法"，认为中国哲学是"关乎哲学家生命的，是关乎时代命运的，是哲学家生命体验的流露"。

　　这一思路贯穿于其他各讲之中。如第六讲"孔子的行与思"，作者将

"行"放在"思"之前，表明孔子的"思"来源于他的"行"，在具体阐述中，作者以孔子晚年对自己一生的回顾与总结为依据，即"吾十有五而志于学，三十而立，四十而不惑，五十而知天命，六十而耳顺，七十而从心所欲不逾矩"，根据孔子一生的六个阶段，把全讲分为六部分，按照孔子的人生历程引领读者逐步走进孔子的哲学。又比如第十五讲"阳明心学"，作者也是以王阳明一生的经历来揭示其心学的发生、演变与形成，通过一件件发生在哲学家身上的事情来展现哲学家所面临的人生困境与思想困惑，正是基于对这些困境及困惑的解决之道的求索深思，哲学家开始了理论创新，建构起新的哲学体系。这样的叙述方式生动，也很真切，把抽象的哲学拉回到具体的场景，令读者感同身受，体现了中国哲学"道不远人"（《中庸》）的特点。

正是基于这一特点，这本书在内容安排上侧重于哲学理论的实践应用，以"用"显"体"。这本书充分运用跨学科的研究方法，发掘中国古代神话传说、医学、养生学、宗教学中的哲学意蕴，如第二讲"神话中的哲学隐喻与转向"、第四讲"《黄帝内经》中的医家哲学"、第十二讲"佛教生命哲学"和第十三讲"道教养生哲学"等，都是在以"用"显"体"。也正因为如此，这本书在内容上有别于其他中国哲学史教材，具有自己的特点。

哲学家的生命历程和哲学产生的时代背景是"古"，哲学史的写作要尊重"古"，不过，激发古老的哲学智慧还要着眼于"今"，即站在今天的学术的高度让古人的智慧活起来。这样才能尊古而不守旧，对传统思想进行创造性转化和创新性发展。在这方面，本书的特点是广泛借助现代诠释学的理论和方法，如在第二讲中，作者把女娲抟土造人、以石补天的神话作为地道哲学的隐喻，通过叙述女娲神话的历史意识及其变化来揭示隐藏在意识背后的社会结构的变迁与哲学的转向；第九讲"汉代经学诠释学"，以诠释学的视角来阐述经学的兴起和建构。本书在古今交融中考察中国传统哲学，还表现在从当今时代面临的问题出发。如在第五讲"老子哲学的生态智慧"中，作者指出，古往今来的老子研究者都是以某种视域诠释老子，"有人从政治学角度来诠释老子，有人用军事理论来理解老子，还有人从道教信仰或修炼方法的方面从老子哲学那里获得启示"，而作者则用现代生态的问题意识来诠释老子哲学，提出"生态即道"的观点。在第七讲"墨子平民哲学"中，作者以当代的人民本位为价值立场评价墨子的"非乐"思想，指出墨子重质而轻文是基于当时的历史条件为平民发声，不能以此得出墨子轻视或反对精神文化价值的结论。又如在第十三讲"道教养生哲学"中，作者基于现代人生活压力大、逐于嗜欲、精神焦虑等状况，充分肯定了道教所主张的恬淡寡欲、内敛自守的生活态度，以及创造具足且有序的个体生命的实践价值，将古代道教的内丹诠释为"治疗现代人心理和精神疾病的灵丹妙药"。总之，本书对于传统哲学的阐释，都灌注着给予人们智慧启示的用意。

除了以上特点之外，本书以十五讲的形式，选取了中国古代最具代表性的哲学家，力求以简短的篇幅勾勒出中国古代哲学的基本脉络，虽未能面面俱到，尤其是清代哲学没有涉及，存有遗憾，却也基本浓缩了中国古代哲学的思想精华。鉴于本书的写作与出版是为了教学的需要，十五讲的篇幅也比较恰当，每讲之后列有"课后自学参考书目及读书提要"，既适用于中国哲学史课程的参考书目与课后读物，也有利于中国哲学智慧走入大众、服务社会。

作者在此书中力图把学术通俗化，但并不意味着本书没有学术创新的追求，上面提到的本书的一些特点，实际上就体现了这样的追求，通俗与创新并不是对立的。据《史记》记载，汉武帝的奶奶窦太后，拿出《老子》问博士辕固生："你知道这是什么书吗？"辕固生很不屑地说："此是家人言耳！"所谓"家人言"，就是平常百姓看的通俗读物。《老子》算得上是玄而又玄的原创经典了，但在汉代人眼里是普通人都能读懂的。辕固生的评价虽然有贬低窦太后喜好的黄老之学的意思，但从中可以体会到学术创新和通俗并不矛盾。通俗要求深入浅出、雅俗共赏，但若要做到这一点，必须对所论述的领域有通透的把握，因此通俗不是学术水平的滑落而是提升，这样的提升无疑是以学术创新为指向的。将通俗与创新相统一，是我们传承发展优秀传统文化的题中之义，本书作者在这个方面已经做出了一定的成绩，相信在此基础上，一定还会有更多的成果。

陈卫平

2023 年 11 月 12 日

目　录

第一讲 导论：哲学与中国哲学

在当今学科分类中，中国哲学史既是中国哲学这个二级学科的方向，也是一门课程的名称，是中国哲学这个学科中的基础课程，而中国哲学又隶属于哲学这个一级学科。所以，在导论中，我们先了解哲学，再了解中国哲学，然后再来讲中国哲学史，讲一讲它的历史分期，以及学习中国哲学史的方法。

一、作为哲学学科的哲学

作为一级学科的哲学，它分为马克思主义哲学、中国哲学、西方哲学、美学、宗教学、逻辑学、伦理学、科技哲学等二级学科。除了这些哲学本身的学科之外，其他所有的学科都与哲学存在着一定的关系，与哲学产生交集，诸如经济哲学、管理哲学、法律哲学、音乐哲学、生态哲学、建筑哲学、医学哲学等，就连饮酒，也能从中体验和建构出酒哲学，现代物理学中的量子力学也引申出量子思维以及量子哲学。所以，哲学的内容是无所不包的，其应用是无处不在的。

正是因为哲学的内容太广泛，应用太普遍，所以，我们很难对哲学下一个定义，难以用几句话来概括哲学的所有内容和特性。当然，这并不妨碍每个民族、每个哲学流派、每个哲学家有他们自己对哲学的理解，但也仅限于"他们自己"。而且，哲学这个学科本身也在变化，不同时代的哲学大相径庭。

如果把哲学作为一个学科来看，哲学产生于西方，在中国古代虽然也有一些与西方的哲学相近的学科，如子学、经学、玄学、理学、心学、实学、朴学等，却没有一门叫"哲学"的学科。子学首先指先秦诸子百家的学问，如老子、孔子、墨子、孟子、荀子、庄子、韩非子等，也包括后来的一些哲学家，如董子、扬子、文中子、朱子、阳明子等人的哲学思想。经学是始于汉代、主要围绕儒家"十三经"展开的学术研究，"十三经"即十三部书，分别是《周易》《尚书》《诗经》《仪礼》《周礼》《礼记》《春秋公羊传》《春秋谷梁传》《春秋左氏传》《论语》《孝经》《尔雅》《孟子》。汉代"罢黜百家，独尊儒术"，汉代以及之后的经学家们极为推崇儒家的这些书籍，认为这些书籍是古代圣人的著作，是神圣的，读者可以通过这些著作通达圣人的思想和智慧，这些著作还能为当下社会提供指导，所以称其为经典、经书。玄学是流行于魏晋时期的一种哲学，主要集中于对《老子》《庄子》《周易》的研究与诠释，因为这三本书在当时被称为"三玄"，玄学也由此得名。理学和心学是流行于宋明两代的哲学，重点发挥儒家的心性论，建构了儒家的形而上学，所以又称为道学或新儒家。实学发生于明清之际，是以"经世致用"为主要旗帜的思潮和学说。朴学是清代以文字考据为特征和方法，并以此通经达道的一门学问。除了这些学问之外，中国佛教的诸多流派，如华严宗、天台宗、唯识宗、禅宗等，以及道教典籍里，尤其是内丹学都有非常丰富和深邃的哲学思想，从理论形态上来讲，这些也都是中国哲学的重要组成部分。

纵观中国思想的演化历程，并没有一门叫"哲学"的学科，当然也没有"哲学"这个词汇。那么，这是否意味着中国古代没有哲学思想、没有哲学家、没有哲学呢？自然是不能的。这是因为，"哲学"这个名称只是人们施设的名言，我们可以管它叫"哲学"，也可以用其他称呼；而且，上文提到的诸如子学、经学、玄学、理学、心学等中国古代的学问，都具有理论性和系统性，完全符合哲学之"学"的特征。然而，光是这样，我们还是不能轻率地将中国古代的这些学问称为哲学，也不能笼统地将它们都归入哲学。这是因为，哲学这个学科及其提法毕竟来自西方，今天我们用"哲学"这个名称来称呼中国古代的这些学问，必须要有一个前提，即这些学问与西方哲学在一定程度上具有相通性。我们可以试想一个情境：一名中国古代哲学家遇到一名外国哲学家，他们俩打算在一起讨论哲学，这两个人对待哲学的态度、研究哲学的方法、追求哲学的目标可以有所不同，但必须要有一些相同的东西，至少在研究的问题上要有相通性，否则，这两人根本无法进行学问上的交流，也不会认可彼此学科的同一性。下面，我们就带着中西方哲学相通性这个问题，来看一看哲学具有哪些基本特征。

在西方，哲学产生于古希腊，哲学的希腊文叫"philosophia"，其中"philo"是"爱"的意思，表示喜爱、追求，"sophia"的意思是"智慧"。有一本关于西方哲学史的长篇小说叫《苏菲的世界》，其中的"苏菲"就是"Sophia"的音译，这个书名的意思就是：智慧的世界，或哲学的世界。所以，哲学就是爱智慧的意思。不管是中国古代哲学家，还是西方哲学家，他们都在智慧的路上孜孜以求，在这一点上，中西方哲学家是相通的，他们的研究都是对智慧的追寻。

哲学所追求的"智慧"是什么呢？这是古往今来的哲学家不断追问的一个问题。首先可以肯定的是，哲学的智慧不同于其他学科的智慧，如物理学的智慧、数学的智慧、法学的智慧、经济学的智慧，哲学的智慧有其独特的含义。如果拿哲学与其他学科进行对比，我们可以看出哲学的智慧在内涵上有如下三个方面：

第一，从深度上来说，具体科学的智慧所指向的是以既成事实为基础的现象，而哲学的智慧所追问的是事实的本质，或者说，哲学的智慧是一种寻根问底的活动。对于任何一个事物，如果打破砂锅问到底，究其本原、本质，就成了哲学的智慧。比如，物理学研究各种已存的物理现象，但是哲学则要追问物理现象的终极成因与第一动力，即宇宙的起源问题。正如柏拉图说："应该只把那些一心一意思考事物本质的人称为哲学家。"①中国哲学也有许多关于宇宙与社会本原问题的思考，如《道德经·第四十二章》中说："道生一，一生二，二生三，三生万物。"《易传·系辞上》中也说："是故易有太极，是生两仪，两仪生四象，四象生八卦，八卦定吉凶，吉凶生大业。"《道德经》和《易传》的这两段话都是在讨论万物形成的终极原因。这是从深度上来讲。由此可见，不管是西方哲学，还是中国哲学，在对宇宙本原问题的追问上是相通的。

第二，从广度上来说，哲学的智慧要把握的是驾驭一切的思想，或者说，要追求一种能够解释一切现象的原理。正如古希腊哲学家赫拉克利特说："智慧只在于一件事，就是认识那善于驾驭一切的思想。"②中国古代的阴阳学说、五行学说、八卦理论，也是出于这样的理论诉求，这些思想试图用阴阳、五行、八卦的原理来统摄宇宙间的一切现象。如《易传·系辞下》曰：

> 古者包牺氏之王（wàng，以仁义来统治）天下也，仰则观象于天，俯则观法于地，观鸟兽之文，与地之宜，近取诸身，远取诸物，于是始作八卦，以通神明之德，以类万物之情。

这段话不仅说明了八卦的作者，而且阐述了作者创作八卦的缘由，即"以通神明之德，以类万物之情"。在古人的眼中，神明是全知全能的，能够解释一切现象正是神明全知全能的体现，虽然人的知识是有限的，但是

---

① 北京大学哲学系外国哲学史教研室：《西方哲学原著选读》（上卷），商务印书馆1983年版，第90页。

② 北京大学哲学系外国哲学史教研室：《西方哲学原著选读》（上卷），商务印书馆1983年版，第26页。

人也希望通过某种方式像神明一样能理解或解释一切现象，就像包牺氏作八卦来统摄宇宙的一切现象一般，这正是哲学的智慧的追求。所谓"类万物之情"，就是将天、地、鸟、兽、人以及人类社会等诸种现象加以归纳、概括，从中发现规律，以此形成能够解释一切现象的原理。所以，很多哲学家认为哲学是一切科学的科学，或者说，是一门能够驾驭一切科学的智慧。不过，这种驾驭只是在整体的思维方式和理论反思意义上的，并不是说，哲学包含了一切科学知识，或者说，哲学可以取代一切具体科学。

第三，哲学是对一切思想的驾驭，所以，哲学的智慧又以思想本身作为研究对象，是研究人如何去思想，如何才能正确地去思想的思想，即思想的思想。具体科学是对具体领域的研究，而哲学则是对科学研究本身加以反思。比如，医学以人的生理现象为研究对象，以机体健康为研究目标，而哲学则以医学的活动及其目标为思考的对象，反思医学的基础理论、思维方式以及为了达到医学目的所采用的方法的合理性，反思医学对人类所可能产生的积极与消极的影响，反思医学的发展可能带来的人与人之间以及人与世界之间关系的变化等。所以，今天的安乐死、克隆技术、基因改造、人工智能、生态保护等，既是科学问题，也是哲学问题。在反思中，哲学家不仅关心作为对象的物质世界，更加关心人类精神所构建出来的意义世界，将每一件事都放在个体与整体的关系中去思考。再拿中西方绘画为例，画家总是要在某一种思维和意识之下才能开展绘画活动，画家所关注的是绘画活动，不是潜藏在绘画活动背后的思维和构建绘画活动的意识，哲学并不注意绘画活动，而是关注这种绘画所体现出的人的思维和意识。比如，西方传统绘画求真，而中国传统绘画求意，西方传统艺术欣赏裸体美，而中国传统艺术则喜欢含蓄美，中西方绘画表现出的这些差异，其背后反映了人类怎样的思维方式，是什么样的意识形成了中西方不同的绘画风格，这便是哲学要去追问的智慧。又比如，社会教育人们向善、行善，人们在小的时候就在家长和老师的教导下培养善的观念以及各种行善的做法，而哲学则要思考善本身的问题，人类为何要向善而不能为恶呢？善是出自先天的本性还是后天的养成？善与恶区分的标准何在？求善有时何以会导致伪善？这些问题都是对善的本质加以思考，也都属于哲学的问题。

综上所述，哲学是爱智慧，是关于世界本质以及人类理解世界的思想活动的思想与学问，这一点既是中西方哲学的共性，也是两者得以会通的基础。哲学虽然不同于具体学科，却与各门学科都存在密切的联系，任何学科都是哲学要思考的对象，而学习任何具体学科也都应当学习哲学。学好了哲学，或者学会哲学的思考方式，会帮助我们在具体学科的领域中更好地知其所以然，通过反思更加自觉其所为，完善其所为。

二、"哲学"的传入与中国哲学学科的建构

中国自古就有哲学，与西方哲学一样，历史悠久且灿烂。但是在历史上，中国人并不曾创造出一个可以统括古今各家各派哲学思想的总的名称和学科，不像西方哲学那样，远自古希腊以来，两千余年，无论各家各派哲学如何不同，始终以"哲学"为总称或通名。所以，对于中国来说，虽然不存在哲学的传入，但的确存在着作为一个学科的哲学的传入，存在着"哲学"这一译名的传入。

中文里的"哲"字，本义为智、知、明。如郭璞注《尔雅》曰："哲，智也。"[1]古文中也有"哲人"一词，如孔子曰："太山（泰山）坏乎！梁柱摧乎！哲人萎乎！"[2]哲人指有智慧的人，但在中国古籍中，却没有"哲学"一词。直到明朝万历年间，西方传教士东来，西学书籍随之流入，中国人开始知晓西方有一门叫作philosophy的学问，同时，也需要在中国本有的词汇中找到相应的词来翻译，由此便发生了选择和确定译名的问题。

---

① 郭璞注，邢昺疏，王世伟整理：《尔雅注疏》卷三《释言第二》，上海古籍出版社2010年版，第142页。

② 司马迁：《史记》第六册《孔子世家第十七》，中华书局1959年版，第1944页。

确定译名并不仅仅是给一个新事物命名这么简单，命名总得有根据，这个根据体现了当时的人们对中西哲学会通的可能方面的理解，也展现了对中西哲学会通的尝试。

1623 年，意大利传教士艾儒略在《西学凡》一书中略述了西方学术的概况，他把 philosophy 一词音译为"斐录所费亚"，并意译为"理学"，即"义理之大学"，这是中国最早的"哲学"译名。理学是流行于宋明时期的哲学，艾儒略所生活的时期正是中国的明朝，他精通汉文，对中国思想也颇为了解，他把 philosophy 翻译为理学，说明宋明理学是非常类似西方哲学的，是能够与西方哲学相会通的。清代时的外国传教士还有把 philosophy 译为"格致"的，义取"格物致知"。"格物"与"致知"出自《大学》，宋明哲学家深入阐发了"格物"与"致知"的哲学义理，可以说，"格物"与"致知"高度概括了心与物、知与行、人与世界之间的关系，与西方哲学确有相通之处。此外，当时的中国学者，如颜永京还采用了"心智之学""心灵学""思维之术"等词来翻译，还有把 philosophy 译为"智学""爱智学"的，等等。

1896 年以后，中国人开始注意到有一个名叫西周的日本学者对 philosophy 一词的译法，他最早将 philosophy 翻译为中文的"哲学"。此后，由于西方及日本的哲学书籍大量译入，而命名不一，混淆难辨，所以便有了统一译名的必要。为此，当时的学者们展开了一番有关译名的讨论。由于"理学"之名在日本泛指自然科学，"心智之学"或"心灵学"又容易与心理学产生混淆，经过讨论，译名逐渐趋向于统一，1904 年以后所译之书，除了个别传教士之外，皆标以"哲学"之名。于是，"哲学"逐渐成为中国人指称 philosophy 的统一译名，并一直沿用至今。

作为学科的哲学与"哲学"的译名传入中国以来，中国学者一方面大力介绍与研究西方哲学，另一方面也开始建构中国的哲学。"建构"一定是按照某种框架、标准和概念体系来进行建设，因为中国古代并不存在一个哲学的学科，所以，当时只能按照西方哲学的框架和概念体系来选取中国哲学中与此相应的思想材料，以此建构出符合西方哲学标准的中国哲学。这一时期的代表作品主要有胡适的《中国哲学史大纲》和冯友兰的《中国哲学史》，他们借用西方哲学的框架与概念来重新梳理和总结中国哲学，成为"中国哲学史"学科建设的开创者，这两部具有开创性的著作不乏创新之处，有许多值得我们学习的地方，但又表现出过于依傍西方哲学、忽视中国哲学自身特点的弊端。正如金岳霖在评价胡适《中国哲学史大纲》时说：

> 我们看那本书的时候，难免一种奇怪的印像，有的时候简直觉得那本书的作者是一个研究中国思想的美国人；胡先生于不知不觉间所流露出来的成见，是多数美国人的成见。①

陈寅恪在评价冯友兰《中国哲学史》时也说：

> 窃（对自己的谦称）疑中国自今日以后，即使能忠实输入北美或东欧之思想，其结局当亦等于玄奘唯识之学，在吾国思想史上既不能居最高之地位，且亦终归于歇绝者。其真能于思想上自成系统，有所创获者，必须一方面吸收输入外来之学说，一方面不忘本来民族之地位。此二种相反而适相成之态度，乃道教之真精神，新儒家之旧途径，而二千年吾民族与他民族思想接触史之所昭示者也。②

陈寅恪既对冯友兰的《中国哲学史》给予了充分的肯定，但又认为完全按照西方哲学的构架和概念来建构中国哲学，不利于凸显中国哲学的特点，历史证明也是难以长久的。陈寅恪举了玄奘的事例，玄奘自从印度求

---

① 冯友兰：《中国哲学史》下册附录，金岳霖《审查报告二》，华东师范大学出版社 2010 年版，第 335 页。

② 冯友兰：《中国哲学史》下册附录，陈寅恪《审查报告三》，华东师范大学出版社 2010 年版，第 337 页。

学归来，在中国创立了法相唯识宗，宣扬唯识之学，唯识学虽然思想深邃，但过于忠实印度佛学，影响力远不及中国化的禅宗。他认为，将引入的西方哲学与中国哲学有机地融为一体，尊重中国哲学、中国思想自身的特色，借助西方哲学来推进中国哲学的进步，才是我们应该要走的路。

如果一味地依傍西方哲学，按照西方哲学的框架与概念来述说中国哲学，那么，中国哲学便失去了独特性，成为西方哲学的附庸。以西方哲学的眼光和标准来看待中国哲学，中国只有一些朴素的、不成熟的哲学思想，或是哲学的萌芽，甚至说根本就没有哲学。在西方，特别是欧洲，中国哲学的合法性曾经备受质疑。正如康德说道：

> 整个儒家道德是由一些与伦理相关的格言、谚语组成的，这些谚语、格言是令人难以忍受的，因为任何人都可以一口气把它们背诵出来。①

黑格尔在《哲学史讲演录》导言中也说：

> 我们看到孔子和他的弟子们的谈话里面所讲的是一种常识的道德，这种常识道德我们在哪里都找得到，在哪一个民族都找得到，可能还要好些，这是毫无出色之点的东西。孔子只是一个实际的世间智者，在他那里思辨的哲学是一点也没有的——只有一些善良的、老练的、道德的教训，从里面我们不能获得什么特殊的东西。②

康德和黑格尔都是西方伟大的哲学家，但是他们对东方哲学的理解和评价则显示出他们的民族偏见和文化傲慢，可以肯定的是，他们对东方哲学的本质特征并不十分了解，而且充满了误解。直到当代，仍然有国外的

---

① 成中英、冯俊：《康德与中国哲学智慧》，中国人民大学出版社2009年版，第59页。

② 黑格尔著，贺麟、王太庆译：《哲学史讲演录》第1卷，商务印书馆1978年版，第119—120页。

哲学家否定中国有哲学，如法国哲学家德里达认为，哲学只是"与一种有限的历史相联，与一种语言、一种古希腊的发明相联"①的东西，是西方所独有的思想，中国历史上不曾出现这种形态的思想，因此中国哲学不是严格意义上的哲学。

在当代，中国哲学遇到了如同中医学一样的尴尬。一方面，完全脱离西方哲学的框架，似乎就难以被世界所承认，也难以展开中西方哲学之间的交流与融合；另一方面，依傍西方哲学，则中国哲学自身的特点就会遭到漠视。因此，中国哲学需要"正名"，用自己的话语体系来述说自己的哲学，并积极展开与西方哲学的对话与沟通。

三、中国语境下的哲学

近代以来，西学强盛，中国哲学一度成为西方哲学的附庸，或被看作不成熟、朴素、萌芽状态的哲学形态，或者干脆否定中国有哲学。经过近几十年来中国学者的努力，中国哲学渐渐被世界所认可和接受，并展现出与西方哲学不同的魅力与价值。

首先，在中国哲学的语境中，哲学是关于心性与"道"的学问，哲学家们研究人的心性及其由来，超越人的有限性体证大道，并效法大道规范人生。任何一门学科的产生都不是平白无故的，一定与人的生存境遇、生活方式和生命境界有关，哲学也同样如此，中国人的生命世界构建了中国哲学。从人类降生到这个世界起，人与世界之间就产生了密切的关联，这个关联的纽带，在中国哲学家看来，是"心"。人不仅具有如动物一般的感官、欲求，而且还具有意识和心灵。"心"是中国哲学一个非常重要的概念，是人与万物得以区别的独特性体现，是生命的根本，是认知与体验的主体。"心"是超越感知、欲求与理性思维的，因为有"心"，人才可能自觉地与世界发生关联，只有在"心"的作用下，人才会发动感官来感知

---

① 德里达著，张宁译：《书写与差异》，生活·读书·新知三联书店2001年版，第10页。

这个世界，激发思维去理解这个世界，或者说，人有"心"，才能和他人与物交感，也才能产生对自身、他人与世界理解的愿望。正如《荀子·解蔽》曰："人何以知道？曰：心。"如果心不在焉，人就如同动物一般，完全受到欲望的驱使；如果心不在焉，即使有感官，人也不能感知，即使会思维，也不去思索，也就不会创生出哲学了。正如《大学》云："心不在焉，视而不见，听而不闻，食而不知其味。"《礼记》从音乐的角度阐述心的创生作用，曰："凡音之起，由人心生也。"[1]"乐者，音之所由生也，其本在人心之感于物也。"[2]哲学要研究世界，首先要研究人这个认识主体，因为对世界的理解取决于人这个认识主体。西方哲学的认识论和诠释学都要研究人的主体性问题。在西方哲学中，有的是把思维作为认识的主体，有的是把感官作为认识的主体，还有的是把诸如激情、欲望、意志、无意识等非理性因素作为认识的主体。而中国哲学则是把"心"作为人的主体，也将"心"作为哲学研究的主体。如果说"心"是中国哲学创生的原动力，那么"道"就是中国哲学研究的主要对象，是中国哲学的最高范畴。正是因为有"道"存在，这个世界才呈现出有序性，并引发人心的兴趣与理解的愿望，人心才能与世界交感。

何谓"道"？这个问题似乎难以用言语说清楚，《道德经·第一章》曰："道可道，非常道。"老子认为，"道"是不能完全站在人的立场、以人的语言来说道的，由人所道出的并不是"常道"。老子的这句话给了我们一个重要启示："道"是超越人的，是自然、万物与人共同的"道"，或者说，"道"是宇宙万物（包括人在内）的统一性。"道"犹如道路、轨道，道路或轨道都是有秩序的，这表明我们这个世界不是杂乱无章的，天有天道，地有地道，人也有人道，天、地、人各有其道，又统一于"道"。为了指称这个具有最大统一性的"道"，而区别于天道、地道、人道，我们又把"道"称为"大道"。中国哲学就是研究人的心灵与大道的学问。

---

① 胡平生、张萌译注：《礼记》下册《乐记第十九》，中华书局2017年版，第712页。

② 胡平生、张萌译注：《礼记》下册《乐记第十九》，中华书局2017年版，第713页。

心灵体验大道，大道安顿心灵，在心灵与大道的相互作用下实现天人、心物的合一。

其次，中国哲学是"极高明而道中庸"的学问，哲学不仅遍布于一切学科之中，而且还体现在日用常行的方方面面，世界万物都能引发哲学的思考。中国哲学以"道"为研究对象，而"道"又是无处不在的。在《庄子》外篇的《知北游》中，东郭子问庄子："所谓道，恶（wū，何）乎在？"庄子曰："无所不在"。东郭子要求庄子说得具体点儿，庄子说："在蝼蚁"，东郭子听到后，非常惊讶，因为在他看来，"道"应该是极高明的，是高高在上的，像蝼蛄和蚂蚁这样被世人视为卑微的昆虫那里怎么会存在"道"呢？于是他说："何其下邪（yé，疑问词）？"庄子继续回答："在稊稗（杂草。稊，音 tí。稗，音 bài）"，即"道"存在于杂草中。东郭子问："何其愈下邪？"庄子曰："在瓦甓（pì，砖）"，东郭子听到后很无语，"道"一降再降，从动物降到植物，从植物又降到像砖瓦这样无生命的普通事物。更想不到的是，庄子又说："在屎溺（niào，尿）"，即便是厕所里人们视为最肮脏的屎尿里也存有"道"。庄子的意思并不是说"道"是低下的，而是告诉人们，连屎尿里都能发现"道"，更何况观察人生、社会、万物和宇宙呢？中国哲学所追寻的"道"既不是离开人们的日常而孤立的东西，也不是日常经验本身，"道"既是平常的，又是不平常的，"道"与日常生活之间是一种不即不离的关系，中国哲学将其称为体用关系，具体又称为"体用不二"的关系，并将这种关系概括为"中"的智慧。由于"道"的无处不在，"一即一切，一切即一"①，所以，中国哲学不像西方哲学那样存在着本体与现象之间的对立，也不存在主体与客体的对立，中国哲学反对二元对立，主张天人合一、心物一体、体用不二、道器不离。也正因为如此，中国哲学不像西方哲学那样重思辨、重逻辑，而是具有重实践、重体验的特点。

---

① 瞿汝稷编撰，德贤、侯剑整理：《指月录》上册卷四，巴蜀书社2011年版，第99—100页。

四、中国哲学史的分期

中国哲学史所要展现的是中国哲学的演变历史，之所以说"演变"，而不说"发展"，意在表明，中国哲学的历史并不能简单地被说成从落后走向先进，从不成熟走向成熟。哲学和诗歌、艺术一样，很难随着时间的变迁而演进，今天的诗人有谁敢说他的诗歌水平超过了李白和杜甫？今天的书法家一定能超过王羲之和张旭吗？同样，今天的哲学家，其理论深度及创新程度，也不敢轻易地说一定超过了老子、孟子、庄子、玄奘、慧能、朱熹、王阳明等人。所以，早先的哲学未必比后来的哲学落后，当代哲学也未必比古代哲学先进。中国哲学是生命的智慧，每一个生命都是圆满自足的，同理，每一种哲学理论也都有它的自洽性，都是对世界、生命的某种理解和诠释，是对生命及生命所处世界某种出路的探索。

说中国哲学史，表明中国哲学是有来龙去脉的，就好像我生活在芜湖这个城市，面临长江，经过芜湖的长江之水发端于源头，由众水汇聚，流经芜湖，又汇合了芜湖之水，一同流向下游乃至大海。所以，学习中国哲学史就要把握中国哲学的来龙去脉，要将诸多哲学家的思想、形态各异的哲学流派都融汇于同一条大河之中，在他们的相互关系中来把握各自的哲学思想，这也正是学习中国哲学史的意义所在。学习中国哲学史，可以帮助我们了解中国哲学的来龙去脉，掌握中国哲学的概况。就好像一条大河，我们将它分为上游、中游和下游，为了表现各个时代的哲学特征，我们常把中国古代哲学史分为七个时期。

第一，上古时期的哲学发端。上古指久远的历史，也指尧、舜、禹、夏、商、周以及更远的时期。这个时期留下来的文献极少，大多是一些神话传说，神话传说虽然无法证实，不可全信，却表现了古人对世界的理解，只不过这些理解是通过夸张的手法来表现的，充满了理想的色彩。通过对神话传说的诠释，我们可以洞悉上古时代人们的潜在意识，了解他们的宇宙观和人生观，寻求中国哲学的源泉和发端。除了神话之外，上古时期还有一本具有代表性的哲学著作——《周易》。《周易》是中国上古哲学的集大成者，后文我们会进行详细的讲解。

第二，春秋战国时期的诸子哲学。在春秋战国时期，原本统一的政治秩序被打破之后，一面是频繁的战乱，一面有自由的思想，在这样的环境下，中国一下子涌现出了许多哲学家，他们各抒己见，思考社会动荡的根由，寻求社会治理的方法以及安身立命的出路。他们是老子、孔子、墨子、公孙龙子、韩非子、孙子、孟子、庄子、荀子等，统称为"诸子"。诸子之间相互交锋、争鸣，形成了儒家、墨家、道家、法家、兵家、名家、医家、阴阳家等哲学流派。诸子哲学标志着中国哲学的正式形成，并达到了中国哲学的高峰，自此以后，中国哲学的发展基本没有脱离诸子哲学所讨论的范围，或者说，后来所讨论的所有问题或多或少都能在诸子哲学中找到发端与根据。所以，诸子哲学是中国哲学史的重中之重。

第三，两汉哲学。两汉指西汉和东汉，又称前汉和后汉，这一时期的哲学也是异常丰富的。其一，经过秦朝对法家的短暂尝试，以及秦朝短命而亡的命运，法家一时遭到严厉的批判，主张虚静顺性、无为而治的黄老道家流行于汉初，代表著作是《淮南子》。其二，儒学吸收了法家、墨家、阴阳家等的思想，开始复兴，并逐渐占据主导，围绕着"五经"诠释展开的经学研究成为这个时代的思想主旋律。此外，为了迎合大一统的政治格局以及规范君权的需要，儒家大力发挥了阴阳学说和天人感应的哲学，代表人物有董仲舒。其三，随着经学主导地位的巩固，经学逐渐成为哲学前行的束缚，为此，王充写作《论衡》，批判了人们对圣人之言与经典的迷信。最后，佛教于汉代传入中国，东汉末年道教产生，道教哲学与佛教哲学也逐渐成为中国哲学史的重要内容。

第四，魏晋玄学。东汉之后，中国进入了政权更迭频繁的魏晋时期，长期的战乱、严酷的政治迫害，以及虚伪的礼教，严重破坏了社会的秩序，使人性受到了压抑，这些促使魏晋名士们开始反思人类文明的造作，希望回归生命的本来。为了解决生命最切身的问题，魏晋哲学家通过对《老子》《庄子》《周易》的诠释与研究，来阐发他们独特的思想。《老子》《庄子》《周易》不似儒家经典具有那么多的现世关怀，而是充满了超越的、出世的、玄奥的理想，所以魏晋的哲学被称为玄学。玄学不仅是一种理论，更是一种生活态度与生命境界，玄学家们的行为常常不合礼法，显得怪诞、放荡，但又引领了当时社会的风尚，我们称之为"魏晋风度"。此外，儒学的衰落与玄学的产生，也为道教与佛教的发展创造了良好的条件。

第五，隋唐宗教哲学。宗教与哲学总是相互交织的，如果除去宗教神秘的外衣，宗教里也蕴含着非常丰富的哲学思想，被称为宗教哲学。隋唐是宗教哲学兴盛的时代，佛教与道教在这一时期都获得了长足的进步并占据了思想的统治地位。佛教虽然来自印度，但传入中国之后，日益与中华文化相融合，到了唐代，产生了许多中国化的佛教流派，如华严宗、三论宗、天台宗、唯识宗、禅宗等。佛教的传入，一方面形成了具有中国特色的佛教流派，另一方面也为中国哲学注入了新鲜血液，尤其是形上的心性思想和中道观念，促进了道教哲学的完善与宋明新儒家的形成。受到佛教心性理论的影响，道教也一改过去的外丹实践，逐渐开始了性命双修的内丹理论的建构。

第六，宋明理学。理学又被称为新儒家，即儒家的性理之学或心性之学。宋明理学紧接隋唐宗教哲学而兴起，一方面借鉴了佛教的形上智慧与心性之学，另一方面又以道德的成圣成贤与入世关怀取代佛教以解脱为中心的出世态度。宋明理学可分为三个时期，一是以北宋五子（周敦颐、邵雍、张载、程颢、程颐）为代表的理学发展早期，这是理学的开创时期；二是以朱熹为代表的理学发展的鼎盛时期，朱熹是理学的集大成者；三是理学向心学的转变时期，以明代王阳明为代表。从广义上来讲，心学也属于理学，但是王阳明批评朱子并改变了朱熹理学的思路，把心学作为理学的纲领，所以，又可以把心学看作理学发展的第三个时期。

第七，清代哲学。明朝亡于清朝，清朝对明朝的新儒学带来了莫大的冲击。明末清初的三大儒：黄宗羲、顾炎武和王船山，对当时理学以及封建专制主义进行了深刻的反省与批评。他们倡导以经世致用、务实革新为主要特征的实学，终结了理学的长期统治，冲破了旧礼教、旧传统的束缚，闪烁着启蒙思想的光彩。到了清代，朴学成为清代学术的特色，他们重视文字考据，力求通过对文字的诠释来通经达道，颜元、戴震、章学诚、阮元等是其代表人物。

中国古代哲学中的学派繁多，思想丰富，受篇幅所限，我们难以面面俱到，只能选其主流和典型以专题的方式来讲解。上古时期的哲学，我们会有两讲，一讲是"神话中的哲学隐喻与转向"，一讲是"《周易》的实践智慧"。春秋战国时期的诸子哲学，我们主要讲道家、儒家、墨家和医家，包括"老子哲学的生态智慧""孔子的行与思""墨子平民哲学""孟子与荀子的人性论比较"和"《黄帝内经》中的医家哲学"等五讲。在两汉哲学这一部分，我们主要讲"汉代经学诠释学"和"董仲舒政治哲学"。魏晋时期，我们会单列"魏晋玄学"一讲。之后，我们会用两讲展开对道教与佛教哲学的阐述，分别为"佛教生命哲学"和"道教养生哲学"。宋明理学部分重点讲朱熹和王阳明，分别是"朱熹道德形上学"和"阳明心学"。之后的清代哲学本书就不再涉及了。

五、学习中国哲学史的方法

不管是"中国哲学史"这门课，还是中国哲学这个学科，都是不可能用这十五讲来完全掌握的，我们只能希望通过这十五讲的讲授，为大家奠定一些学中国哲学的基础，打开一扇通往中国哲学的小窗，为大家将来的学习与研究提供一些指引。较之于其他学科，中国哲学史有它的特殊性，也有它独特的学习方法。

第一，原典阅读法。中国哲学史有许多参考资料，除了各种版本的

《中国哲学史》教材和当代人撰写的各种研究论著和论文等，最重要的就是经典本身。学习中国哲学史，必须要读经典，读第一手资料，因为经典是源头，不管是中国哲学，还是哲学史，所有的思想都是从经典中来，是后人根据经典所总结、提炼、阐释建构出来的。中国哲学史中的经典非常多，在众多经典之中，还有一些是经典之中的经典，是经典的源头，我们称为"原典"。举个例子来说，王弼写过一本经典著作叫《周易略例》，这本书是对《周易》的解读，而《周易》就是原典；又比如，朱熹有一本经典著作叫《四书章句集注》，这本书是对"四书"的注解，那么"四书"，即《论语》《中庸》《孟子》《大学》就是原典。因此，学习中国哲学史，首先要读原典，其次读对原典解释的经典，然后再读各种研究性的论著和文章。不过，这种读书顺序也不是绝对的，为了读懂原典，我们时常又需要借助于后人解释的经典，参考后人的论说来帮助我们理解原典。

原典还是思想创新的来源。中国哲学史有一个特点，就是以先秦诸子经典为原典，哲学家结合当下的时代问题和自己的人生问题，通过不断地诠释原典来阐发自己的思想。比如，魏晋玄学家就是通过对"三玄"的诠释来阐述自己的哲学，宋明理学家主要通过对"四书"和《周易》的诠释和体认来阐明各自的思想。先秦诸子的原典并不多，儒家主要有：《论语》《孟子》《中庸》《大学》《荀子》《易传》，道家主要有《老子》《庄子》《文子》《列子》，法家主要有《商君书》《韩非子》，墨家主要有《墨子》，医家主要有《黄帝内经》，兵家主要有《孙子》《尉缭子》《六韬》等。诸子们各自的原典又以"五经"为根据，《诗》《书》《礼》《易》《春秋》自然也是原典。可以说，两千多年来的中国哲学史主要就是对先秦诸子原典的诠释。

既然历史上的诸多哲学都是通过原典的诠释来展开的，那么，作为当代的我们自然也要重视原典。只有亲身阅读了原典，大家心里才有底气，才能衡量和评判后人通过诠释原典阐发出来的哲学。比如我在这里讲老子哲学，我讲的老子实际上是我理解的老子，是经过我诠释之后的老子，如果《老子》这本书你没有读过，我讲得对不对、好不好，你就没有发言权。古代那么多哲学家为什么都要从原典开始研究呢？他们的哲学思想为什么都要根据原典来阐发呢？那是因为，原典是我们这个文明阶段的最初思想形态，虽然不够完善，但是却提出了大量有待于解决的问题，也提出了许多解决问题的方案，这些问题放在当代社会大多数都是适用的，而且是仍未解决的，他们提出的解决方案可能未必完全适用于当代，却为当代的我们提供了许多借鉴和启示。所以，阅读原典，不仅有利于学习积累，而且还可以创新应用。

第二，生命体验法。中国哲学不单纯是一门学科，还关乎生命的智慧。对于生命智慧的学问，我们不仅要理解哲人们的生命智慧，更重要的是开启自己的生命智慧，不管是理解，还是开启，都离不开生命的体验。在小的时候，我们听父母和老师讲了许多大道理，这些道理我们听了、记下了，虽然能够理解，但在当时并没有觉得它们有什么用，也没觉得这些道理多么有道理，直到我们长大了，在生命的途中遇到了困难、困惑，突然会想起这些大道理来，不管是事先预知，还是事后醒悟，在那一刻，我们才算是真正地明白了这些道理。所以，道理不仅仅要在思维中理解，更要在生命中体验。

孔子有一个弟子叫颜回，字子渊，又叫颜渊，孔子曾这样评价颜回："吾与回言终日，不违，如愚，退而省其私，亦足以发，回也不愚。"（《论语·为政》）这句话的大概意思是：孔子整天教导颜回，颜回很少提问题，也不与老师辩论，看起来很愚笨，颜回离开孔子后，用老师的话反省自己，并在自己的生命体验中有所发挥，所以，孔子说颜回根本就不愚笨。颜回的学习方法就是生命体验法。

学习中国哲学为什么需要生命体验？这是因为中国哲学从本源上来说来自生命体验。中国的哲学家们创建自己的哲学，首先不是为了知识的兴趣，也不是为了现实的功利，而是自己的生命遭遇了困境，就好像鲁迅当年为了救亡图存而弃医从文一样。为了寻求走出困境的途径，中国哲学家们首先要从过去的哲学中寻求帮助。比如，我们可以从《论语》那里寻求与人交往的智慧，解决人际交往的困境；在《庄子》那里寻求心灵安顿的智慧，解决心灵纠结的困境；在佛教那里寻求入世与出世之间的中道智慧等。但是，过去的哲学未必能圆满地解决自身或当下时代的困境，而且，作为最初的一批哲学家，本身也没有太多的传统可以借鉴，这时，他们就必须要走出自己的路，通过对宇宙、社会、身心的全新理解，建构一套适合自我生命或当下时代精神的哲学。这样的哲学是关乎哲学家生命的，是关乎时代命运的，是哲学家生命体验的流露，是时代精神的精华。

因此，我们学习中国哲学史，其实就是去体会不同人的生命体验及他们的生命智慧。同样，我们在学习的过程中，也要时刻反思自己的生命困境及我们所处时代的困境，尝试着通过中国哲学智慧来寻求自我生命及时代困境的解决之路。这样的学习，是把"自我"带入、参与到哲学发展史之中，用自己的生命去同情哲学家们的生命，仿佛我们开启了一场穿越之旅，设身处地地体验生活。

课后自学参考书目及读书提要：

[1]《新编中国哲学史》，作者劳思光。劳思光是中国当代著名学者，他的这套《新编中国哲学史》是继胡适、冯友兰之后，概念最清晰、架构最完整的中国哲学史教本。这套书以哲学问题为导向，系统而全面地考察和整理了中国哲学史，适合对中国哲学史的系统学习。

[2]《东西文化及其哲学》，作者梁漱溟。梁漱溟是中国现代著名学者，现代新儒家的早期代表之一。这本书首次出版于1921年，在书中，梁漱溟对印度哲学、中国哲学和欧洲哲学的本质差异做出了阐释，并以此探讨了人类未来文化的方向。这本书有利于从整体上把握中国哲学的特点，理解中国哲学的时代任务与当代价值。

第二讲　神话中的哲学隐喻与转向

　　哲学起源于神话，神话是隐喻的哲学。通过对神话隐喻的揭示，可以发现一个民族的哲学基本路向。上古中国有许多神话，今天我们大多是通过神话了解上古历史的。神话虽然不是事实，但又非绝对荒诞，正如美国民俗学家和人类学家阿兰·邓迪斯在《西方神话学读本》一书"导言"的开头说道："神话是关于世界和人怎样产生并成为今天这个样子的神圣的叙事性解释。"[①]神话所叙之事虽然不那么真实，但又源自人们对世界的真实理解，神话所解释的世界是一个由人领会和理解并赋予其意义的世界。神话的叙事方式虽然是神圣的，但它所叙述的仍然是"关于世界和人怎样产生并成为今天这个样子"的哲学问题，只不过它披着一件神圣的外衣。所以，世界的意义通过神圣叙事的隐喻表达出来，神话的隐喻有待揭示。鲁迅在《中国小说史略》中说：

　　　　昔者初民，见天地万物，变异不常，其诸现象，又出于人力所能以上，则自造众说以解释之：凡所解释，今谓之神话。[②]

---

　　① 阿兰·邓迪斯编，朝戈金等译：《西方神话学读本》，广西师范大学出版社2006年版，第1页。

　　② 鲁迅：《中国小说史略》，上海古籍出版社1998年版，第6页。

邓迪斯和鲁迅都用"解释"一词来定义神话。神话是一种解释系统，它有别于哲学的解释，也不同于科学的解释，是一种以形象的、夸张的、拟人的方式对他们所理解的宇宙与生命的解释。神话是初民对于世界的一种解释方式，它既不同于哲学，也不同于科学，却早于哲学与科学，是哲学与科学的源头，是人类最早开始的对世界规律与人的生存法则的探寻与意义的诠释。德国哲学家恩斯德·卡西尔在《神话思维》一书中说：

如果神话的确该保持什么重要意义，如果面对哲学的新的存在概念和世界概念它必须包含更加深思熟虑的真理，那么显然就必须承认它是达到这种世界概念的前奏和准备。[1]

何新在《诸神的起源》中也说：

对上古神话的研究，就绝不仅仅是一种纯文学性的研究。这乃是对一个民族的民族心理、民族文化和民族历史最深层结构的研究——对一种文化之根的挖掘和求索。[2]

由此可见，通过对中国上古神话的哲学分析有助于打开中国哲学发生的大门，而且，神话是人类早期的哲学萌芽，其无意识的表达更能生动而真实地表现出中国哲学的初始面貌。在众多的神话中，我们着重选取盘古与女娲这两个代表来从哲学上加以分析与诠释。

一、盘古神话与开天辟地的宇宙论

宇宙论是关于宇宙起源和演化的学说，哲学、宗教、科学都有各种关

---

[1] 恩斯特·卡西尔：《神话思维》，中国社会科学出版社1992年版，第2页。
[2] 何新：《诸神的起源》，北京工业大学出版社2007年，第212页。

于宇宙起源的思想和论述，作为人类最早文明形态的神话，也同样有宇宙论的观念，中国的盘古神话就是代表之一。

对于人类来说，宇宙论的发问其实非常自然，只要一个人有一些好奇心，就会触及宇宙论问题。当人们感知到自我与周边环境的存在，很自然地就会思考：这些存在都是从哪里来？当人们看到人与万物都处在变化之中，不禁会问最初的形态是怎样的？当人们看到万物生生死死，并观察到自己在逐渐地衰老，也不禁会产生对生命的起源与归宿的追问。当人们发觉身处的世界并非杂乱无章的，哪怕是一片树叶，当我们把它放在阳光下，用眼去望时，也会被那复杂而有序的纹理所震惊。人们总想发现这个世界运动规律的蛛丝马迹，猜想万有的缔造者，试图去揭示这个世界的奥秘。于是，人们就开始了追根溯源的工作，这便是最早的关于宇宙论的哲学思考。

宇宙论是对处于久远时代的宇宙起始的盘问，这正是"盘古"的意思。当我们一想到"盘古"，头脑里首先浮现的是一幅这样的情景：一位强壮的男性神手拿巨斧开天辟地。这种观念是历史文化教化的产物，是人们对宇宙论的形象、拟人的表达。但是，这个情景所表现出的背后的意义又是什么呢？下面，我们首先来看一下"盘"与"古"的字义。"盘"，有追问、查究的意思，我们今天使用的"盘问""盘查""盘算"等词都有这个意思。关于"古"，《玉篇》曰："古，始也。"[1]古有起始的意思。所以，从字义上来看，"盘古"可以是一个动词，意指盘问久远的宇宙起始。从内涵来看，"盘古"是一个哲学问题，表现了远古人类对宇宙起始的探问。

关于盘古的传说由来已久，但文字记载却很晚，直到三国时，在吴国徐整的《三五历记》中才出现。此书已佚，部分段落保存在后世的一些类书之中，如《艺文类聚》引徐整《三五历记》曰：

---

[1] 王平、刘元春、李建廷编著:《〈宋本玉篇〉标点整理本:附分类检索》,上海书店出版社2017年版,第456页。

天地混沌如鸡子，盘古生其中，万八千岁，天地开辟，阳清为天，阴浊为地，盘古在其中，一日九变，神于天，圣于地。天日高一丈，地日厚一丈，盘古日长一丈。如此万八千岁，天数极高，地数极深，盘古极长，后乃有三皇。①

这段话虽然描述的是神话，但却蕴含了丰富的哲学思想。通过日常观察，我们发现植物都是从种子开始萌芽，由小变大，由微而著，由模糊不清到显著分明，动物也是从胚胎开始发育，由混沌一体逐渐形成四肢、五官。以此类推，宇宙天地在最初之时，也如同胚胎一样的混沌，所以，天地起源于混沌。这里需要注意一个问题，即"类推"的根据，从植物和动物的生长过程何以能够推论出宇宙的起源呢？这其实是中国哲学中一个非常普遍的思想观念，即天人同构、天人一体，宇宙、天、地乃至万物，基本构成是一样的，所遵循的"道"也是统一的，所以，万物是相通的，知一便能知万，以小便能见大。

在中国哲学中，"混沌"是一个非常重要的概念。在《庄子·应帝王》篇中讲了一个关于混沌的寓言故事：南海大帝名叫儵，北海大帝名叫忽，中央大帝叫混沌。混沌生来面部没有七窍，这三个大帝相聚时，混沌款待他们，儵和忽在一起商量报答混沌的深厚情谊，说："人人都有眼耳口鼻之七窍，唯独混沌没有，我们为他凿开七窍吧。"于是，他们每天凿出一个孔窍，凿了七天，七窍形成，混沌却死了。如果用哲学来诠释这个寓言故事的话，混沌就是未分，未分就是整体的"一"，也可以称为"太极"。宇宙处在混沌之时，万物还没有形成。万物也称为"万有"，"万有"即千差万别的意思，只有在分别之后，才有"有"的存在。所以，混沌又可以称为"无"。但是"无"不是虚无、虚空，不是不存在，而是未分别的原初状态，"无"不仅是"有"的来源，还是"有"的归宿。这里面涉及中国哲学的许多重要概念，如"混沌""一""有""无""太极"等，需要

---

① 欧阳询：《宋本艺文类聚》上，上海古籍出版社2013年版，第33页。

注意。

在这段关于盘古的神话叙事中，我们可以知道天地在形成之前是混沌，而混沌中存在着盘古，所以，盘古就是混沌，这是关于宇宙起源这个问题的答案。由此可见，盘古既是问题，其中也包含了答案。混沌的运动造成了开天辟地，混沌如何产生运动？这个巨大的伟力从何而来？是什么力量推动了"一生二"、无中生有？于是，盘古这个强壮巨人的形象便顺理成章地出现了。盘古所问的是宇宙起始、天地起源的问题，而开天辟地的正是盘古。所以，盘古所指的又是推动宇宙运动的原动力，或者说，混沌既是宇宙的起源，混沌中又包含了宇宙演化的动力，这个动力就是阴与阳之间的相互推动作用。在盘古的自然运动之下，混沌一分为二，其一为阳、为清，其二为阴、为浊，经过长久的演化，为阳、为清的气化为了天，为阴、为浊的气化为了地，形成了我们的星球。

混沌必然是要分裂的，因为我们已经处在了这个分裂之后的世界，这是现实，不需要论证，但是，混沌却是人们反推出来的东西，没有人真正见过混沌，也没有人经历过宇宙的那个最初阶段。不过，这句话也不能如此说，如果按照天人同构的观念来说，天地产生于混沌，而生命的诞生也同样始于混沌，天地与生命共同经历过混沌的阶段，所以，在每一个生命中，其实都保留着混沌，也都能体验到混沌。可以说，混沌是无处不在的。这一观念在盘古神话叙事中也能找到一些痕迹。根据盘古的传说，盘古消失之后，化作万物。马骕（sù）《绎史》卷一引《五运历年记》曰：

> 首生盘古，垂死化生，气成风云，声为雷霆，左眼为日，右眼为月，四肢五体为四极五岳，血液为江河，筋脉为地里，肌肉为田土，发髭（zī，胡须）为星辰，皮毛为草木，齿骨为金石，精髓为珠玉，汗流为雨泽，身之诸虫，因风所感，化为黎甿（百姓。甿，音méng）。[1]

---

[1] 马骕纂，刘晓东等点校：《绎史》（一），齐鲁书社2000年版，第2页。

通过上面的分析我们可以知道，盘古其实就是混沌及其运动的力量，混沌消散之后形成了万物，这便是"无"中生"有"的过程。万有都来源于混沌，由混沌化生，所以，万有在先天中都带有着混沌。这就好像我们每一个人都是由祖先代代延续而来，在我们的身体中仍然保留着祖先的血脉一样。所以，混沌虽然久远，但又在我们眼前，并存在于我们每一个人的生命之中，这也体现了中国哲学体用一源的特点。混沌为本原、本体，万物由本体化生，是本体的显现与发用，但是，万有也包含着本体，混沌与万物、"无"与"有"之间是彼此不分、相互包含的。

正因为如此，中国哲学在讨论混沌问题时，并不局限于宇宙论，在社会治理与人生修养等方面也同样注重对混沌的体验。盘古作为混沌，是天、地、人的起源，天、地、人各行其道，和谐相安，说明混沌虽然未分、未明，但其中却蕴含着某种秩序与平衡，这种秩序与平衡便是"道"。现实中的天、地、人及万物虽然已经有了区分，但是混沌这个本体、本源的力量仍然存在，并时时发挥作用，万物在各行其是的同时，又不可以为所欲为，而是应当时刻保持与他物及整体的和谐统一。董仲舒曰："道者，所繇（yóu，由）适于治之路也。"[1]"道"是"由"，是根源、根据；"道"是"适"，是应然，是法则；"道"是"治"，是通往治理、和谐之路。不管是处理人与人关系的社会治理，还是处理人与自然关系的生态治理，都要依据"道"。《道德经·第十四章》说："执古之道，以御今之有。能知古始，是谓道纪。"这里的"古"可以理解为"盘古"的"古"，即作为天地起源的混沌。混沌是"无"，是"璞"，是"真"，与今之"有"正好相对。人们虽然已经离开了混沌的生命状态，但是体悟混沌、效法混沌，才能返璞归真，放下分别，虚静而不争。魏晋时期哲学家王弼也说："凡有之为利，必以无为用；欲之所本，适道而后济。"[2]"无"是"有"之本，每一个事物只有在不断地返回本体中、返回到与其他事物之间共存的关系

---

① 班固撰，颜师古注：《汉书》中册卷五十六《董仲舒传第二十六》，中华书局2005年版，第1902页。

② 王弼注，楼宇烈校释：《老子道德经注》，中华书局2011年版，第2页。

中，才能各自发挥应有的作用。

分别的世界是人们最为熟悉的，男与女、老与少、高与下、尊与卑、长与短、前与后等，我们就生活在这个由无数种分别而构成的世界里。世界与宇宙所指的皆是分别。"世界"一词来自佛教，"世"指时间的迁流，即过去、现在、未来三世之迁流，体现了时间上的分别；"界"指方位，即空间上东、南、西、北、东南、西南、东北、西北、上、下十方的分别。何谓宇宙？道家哲学著作《文子·自然》曰："往古来今曰宙，四方上下谓之宇，道在中而莫知其所。"宇为空间，宙为时间，万物在时间与空间中得以分别，而"道"、混沌、"无"则是未分，所以不可由时间和空间规定。《说文解字》曰："间，隙也。"[1]"间"就是隔开、不连续，即分别之义。时间与空间就是时与空的分别，宇宙和世界就是由时与空的分别而构成的万有的总和。

人们根据与万有的长期交往，逐渐发现了万有都共同存在着两个基本且对立的方面，如男性与女性、雄性与雌性、生存与死亡、光明与黑暗、前进与后退、正面与反面、热烈与冷酷、天上与地下等，于是将这两个基本的方面称为阴与阳。按照《三五历记》对盘古传说的描述，阴与阳本身就存在于混沌之中，或者说，混沌本身就是阴阳未分时的状态，混沌一分为二，产生了阴与阳，阴与阳又产生了天与地，天地氤氲，阴阳交和，于是产生了人与万物，这便是"二生三，三生万物"（《道德经·第四十二章》）的过程，而万物在经历成、住、坏、空之后又复归于混沌、盘古。宇宙与天地正是在一阴一阳中推动着万物的产生与运动，并在万物的生死相继中展现着"道"。

虽然盘古在后世成为人们崇拜和信仰的神明，但是，从哲学上来分析，"盘古"是一种哲学本体论的追问，盘古神话所蕴含的是远古人类对宇宙起源、演化、天地及万物形成的理解和诠释，人们对盘古的崇拜，反映了人们对天地奥秘的求索与对宇宙秩序的敬畏。虽然关于盘古的文字记

---

[1] 许慎撰，徐铉校定：《说文解字》卷一二上，中华书局1963年版，第248页。

载始于三国，其中的表述方式已经理论化了，但不得不说，盘古开天辟地的神话本身已然蕴含了宇宙论的意味。

二、女娲神话与地道哲学的起源

天地万物的形成给人以巨大的惊奇，生命的诞生也同样充满了神秘。在盘古（混沌）消散、分为阴阳、形成天地并化生万物之后，混沌、天、地就成为人类智慧的源泉，成为人类诠释的第一文本，天道、地道成为人道的本体与根据，天、地、人及相互关系也成了中国哲学思考的主要对象。但是，在后来中国哲学的一般叙述中，天人合一成了中国哲学思想的基本特征，"地"却被包含在"天"之中，隐而不显。不过，通过对早期神话隐喻的揭示及上古社会状况的考察显示，在最开始，大地是优先于苍天的，对地道的关注要早于对天道的推崇。此外，大地还与女性建立起了密切的联系，大地犹如母亲，母亲犹如大地，由此形成了上古时期的"地母"崇拜，而女娲正是"地母"的代表。

中国远古时期的社会形态是氏族，在氏族公社时期，先有母系氏族，然后才出现父系氏族。现代史学家王玉哲在《中华远古史》中描述了母系氏族社会的产生原因与存在状态，他说：

> 根据当时人类简单的劳动分工，妇女是主管采集经济的，原始农业就是那里妇女从采集实践中逐渐发明的。由于农业逐渐成为人类维持生活的必要的经济部门，原始农业的产生和发展，使妇女在经济上起着重要的作用和占有崇高的地位；另一方面，在当时的群婚制下，人们只知其母，不知其父。所以，社会上便逐渐形成了以女子为中心的母系氏族公社。[1]

---

[1] 王玉哲：《中华远古史》，上海人民出版社 2019 年版，第 56 页。

根据王玉哲的分析，妇女成为社会的中心是母系氏族社会的重要标志，而妇女成为社会的中心，又是由当时的生产方式和婚配制度两个方面原因决定的。

在母系氏族社会中，妇女是从事原始农业生产劳动的主体。王玉哲说：

> 妇女在长期经营采集经济的实践中，经过反复观察，逐渐掌握了一些野生植物的生长规律，发现某些植物的种子在一定的土地、水分、季节条件下，可以发芽、开花、结果。她们有意无意地在住地附近撒些吃剩下来的种子，以待其生长，这就是最简单、最原始的农业。①

在原始农业生产中，虽然人们对土地生长植物的认知尚浅，对农业的依赖程度不高，但是相较于男性主导的狩猎来说，其收入的稳定性还是强上不少。因为是妇女们首先发现并掌握了土地这一生产资料的妙用，并借助土地进行物质生产，使得妇女们逐渐占据了经济的主导地位。生存是人类的第一要务，尤其在人类社会发展早期，所以，妇女成了当时社会的中心。

因为妇女们的生产实践活动，土地所具有的孕育的"秘密"及对人们生活的重要性才越来越被人们所认识。这个"秘密"是由妇女们首先发现的，妇女也由此成了土地化育"秘密"的代言人，其自身也被赋予了神秘的光环。英国人类学家卡纳在《性崇拜》一书中说：

> 对于那些开始以农业生产为主要活动来源的原始部落来说，除了天下的神灵之外，土地就成为最重要的崇拜对象。②

---

① 王玉哲：《中华远古史》，上海人民出版社2019年版，第66页。
② Harry Cutner 著，方智弘译：《性崇拜》，湖南文艺出版社1988年版，第30页。

当土地为人们提供赖以生存的生活资料并成为人们衣食来源的时候，人们自然会对土地产生感恩之情，加之当时的人们对土地化育功能认知的有限性，于是产生了对土地的崇拜和信仰。在母系氏族社会，由于妇女是当时农业生产的主体，所以妇女与大地一道成为人们尊崇的对象。《尚书大传》曰：

> 遂人为遂皇，伏羲为戏皇，神农为农皇也。遂人以火纪。火，太阳也，阳尊，故托遂皇于天。伏羲以人事纪，故托戏皇于人。盖天非人不因，人非天不成也。神农悉地力，种穀（gǔ，植物名）疏（蔬菜），故托农皇于地。天、地、人道备，而三五之运兴矣。[1]

《尚书大传》是汉代时期的著作，书中不仅明确提出了天、地、人"三道"，而且阐述了"三道"的形成与"三皇"实践活动之间的关系。自然火由天雷降生，燧人钻木取火，以法天象，所以成为天道的代表；伏羲画八卦、造文字、变革婚姻习俗，代表着人道的成就；而神农能理解和运用大地的功用，教人种植五谷，象征着地道。由此可见，大地的崇拜和后来地道概念的提出与上古农耕文明的兴起有着根本的关系。在母系氏族社会，由于妇女是农耕的主体，所以妇女与大地一样被人们所尊崇。

在母系氏族的群婚制下，对母性的尊崇又进一步得到了加强，母性上升至与大地同等的地位，被赋予了与大地相同的意义。群婚制，以及当时人们对生命繁衍知识的缺乏，尚未懂得"男女媾精"的道理，加之人们对母性承担生育子女角色的直观，导致人们将男性排除在了生育之外，正如《吕氏春秋·恃君》曰："昔太古尝无君矣，其民聚生群处，知母不知父。"妇女不仅发现了土地化育的秘密，而且妇女自身也具有孕育生命的功能，这两件事情结合起来，很容易让人将"大地—化育—母亲"这三者联系起来，即认为母亲与大地一样都具有化育这一伟大而神秘的自然力，大地化

---

① 皮锡瑞撰，吴仰湘点校：《尚书大传疏证》卷七《略说》，中华书局2022年版，第305页。

育万物，而母亲繁殖后代，所以，崇拜大地就是在崇拜母亲，而崇拜母亲就是在崇拜大地。于是，"地"与"母"就结合了起来，形成了母系氏族社会中的"地母"崇拜。

20世纪20年代，钱玄同、周予同和郭沫若等学者都提出《周易》阴爻（－－）是女性生殖器符号的观点。爻是象征，如果阴爻所代表的象征物是女性生殖器，那么它的象征意义的来源当是母系氏族时期的生殖崇拜。在《周易》中，《坤》卦（☷）由六道阴爻构成，象征着母性与大地，阐释的正是地道哲学，正如《易传·说卦》曰："坤，地也，故称乎母。"这也从一个方面证明了地道哲学起源于远古的地母信仰，而地母信仰又来自女性主导生殖的观念。

地母崇拜的实质是对创世者的崇拜，创世之神是女性、母亲及其所代表的大地，正如叶舒宪说道：

> 事实上，最早的神只是女神，天父的观念发生晚于地母观念，创造万物之神最初时不是天父而是地母神。[1]

"地"是万物共有之"母"，而"母"又是人类繁衍之源，两者都象征着化生与创世。正如《物理论》曰："地者，卦曰坤，其德曰母，其神曰祇（qí，与"祇"通，地神），亦曰媪（ǎo，母亲）。"[2]大地以《坤》卦来象征，以母性之德为表现，以地神来表现其神妙的功用。杨泉解释"祇"道："祇，成也，百生万物备成也。"[3]大地作为神祇、地神，其功用在于孕育万物。地神又叫"媪"，即母亲。由此可见，"母"与"地"一样，都是生命之根，具有本源、原初的意思。在文字学中，"字母""母语""母校""母体"等词语中的"母"都体现了这一内涵。英语中称祖国、母国

---

① 叶舒宪：《中国上古地母神话发掘——兼论华夏"神"概念的发生》，《民族艺术》1997年第3期。

② 杨泉撰，孙星衍辑，翟江月点校：《物理论》，山东人民出版社2018年版，第95页。

③ 杨泉撰，孙星衍辑，翟江月点校：《物理论》，山东人民出版社2018年版，第95页。

为 Motherland，就是由"母亲"和"土地"两个词合成而来。今天我们仍然把祖国比喻为母亲，把养育我们的河流亲切地称为"母亲河"，这些都是形成于原始时期的地母信仰的潜在反映。到了春秋诸子创建哲学的时期，"地"与"母"正式具有了形而上的本体意蕴，但其源头则是远古时期的地母崇拜。

远古时期的地母崇拜表现为女娲信仰，女娲被誉为中华之母、创始女性，其造人与补天的神话隐喻了地道在天、地、人"三才"中的独特地位与作用。通过对女娲神话隐喻的分析，可以揭示出地母的创世功能及地道哲学的原初意义。在关于女娲的诸多神话中，造人是其最重要的功绩，女娲造人是她能够担当地母的最主要原因，而且女娲以一名女性角色用黄土造人，更是隐喻了地道哲学的重要内涵。古代较早的文献皆表明女娲是女性，如《说文解字》曰："娲，古之神圣女，化万物者也。"[1]许慎将女娲界定为女神。《淮南子集释》引高诱注曰："女娲阴帝，佐虑（fú）戏治者也。"[2]阴象征女，"阴帝"即女帝。《山海经校注》引郭璞注曰："女娲，古神女而帝者。"[3]虽然后来也有人将女娲解释为男性，认为"女娲"的"女"是姓氏，而非性别，这种解释应当是父权制下的产物。女娲是女性，准确地说，应该是能造人的母性，现当代学者也持这样的观点，如杨堃（kūn）称女娲为"生育人类的原始祖母"[4]，杨利慧也将女娲定义为"始祖母神格"[5]，这些解释是符合母系氏族"只知其母，不知其父"的认知水平和社会状况的。后来到了春秋战国时期，哲学家们常用"母"来象征地道，用"阴"来说明地道，并认为地道具有化育万物的功能，居于本体的地位，这都与地母女性的性别及女娲造人的神话有着很大关系。

女娲造人所使用的材料是黄土，如《风俗通义》曰："天地开辟，未

---

[1] 许慎撰，徐铉校定：《说文解字》卷一二下，中华书局1963年版，第260页。

[2] 何宁：《淮南子集释》，中华书局1998年版，第479页。

[3] 袁珂：《山海经校注》，北京联合出版公司2013年版，第329页。

[4] 杨堃：《女娲考——论中国古代的母性崇拜与图腾》，《民间文学论坛》1986年第6期。

[5] 杨利慧：《女娲的神话与信仰》，中国社会科学出版社1997年版，第29页。

有人民，女娲抟黄土作人。"①黄土是大地的主要物质载体，也是生命成形与养育最重要的资源之一。《易传·离·彖（tuàn）传》曰："百谷草木丽乎土。"王弼释"丽"曰："丽，犹着也，各得所着之宜。"②百谷草木乃至各类生灵皆附着于土，依附黄土而生长成形，所以土也是生命之源。《说文解字》解释"土"曰："土，地之吐生物者也，二象地之下、地之中物出形也。"③生物由土而成形，好像大地吐物。因为对地母的崇拜，"土"也因此被人们赋予了特殊的意义。中国人对"土"一直有着特殊的情结，如把出生的地方称为"乡土""本土"，把一个地方的风俗人情和地理环境称为"风土"，把故乡的口音称为"土音"，把地道的当地菜肴称为"土菜"等。近代西学东渐，中国人称西洋格调为"洋气"，把固守原初文化的风格称为"土气"。中国人将生命寄托于土地，土是生命的来源，认为死后自然也要复归于土。在五行中，土为中，其色为黄，所以黄皮肤的中原汉族以土葬为丧俗，讲究入土为安。这些情结、称谓与风俗都根源于远古的地母意识，在深层的思想中，则是地道哲学的反映。所以，"土"具有本根、原初、本原的哲学意味，与"地"相同。女娲用黄土造人，实质上是古人以神话的方式述说着地道的本体意义，隐喻地道生人、成形的道理。

女娲是地道的象征，本体是地道，而不是女娲，因为据传说，女娲自身也是从土地中生长出来的。屈原在《天问》中曾有这样的本体追问："女娲有体，孰制匠之？"既然女娲是生命的缔造者，那么女娲又由谁来创造呢？生命的本原究竟是女娲，还是其他？葛洪做出了这样的解答："女娲地出"④，即女娲也是由大地生出，大地才是第一本原。由此可以得出这样的结论：在中国古代神话中，女娲虽然是以创世者的面目出现，但其本身并不是创世者，而是大地显化的人格神，女娲崇拜实质上是大地崇

---

① 应劭撰，王利器校注：《风俗通义校注》，中华书局1981年版，第601页。
② 王弼撰，楼宇烈校释：《周易注：附周易略例》，中华书局2011年版，第165页。
③ 许慎撰，徐铉校定：《说文解字》卷一三下，中华书局1963年版，第286页。
④ 王明：《抱朴子内篇校释》卷八《释滞》，中华书局1980年版，第154页。

拜，女娲造人的神话是对地道哲学的隐喻。

女娲除了造人之外，还有以石补天的神话，也同样具有地道的寓意。关于女娲补天，《列子·汤问》曰："昔者女娲氏练五色石以补其阙。"《淮南子》曰："女娲炼五色石以补苍天。"[①]女娲以石补天，其寓意在于彰显地道的地位。《列子》认为女娲用五色石来补天之"阙"，阙有过失的意思，因为"天"有过失，所以女娲以石补之。把"天"理解为不完满的存在，可能只有在母系氏族社会中才会出现，在父系氏族社会之后，尤其是随着宗法等级制的确立，象征父、君的"天"的地位逐渐上升，"天"成为至高无上、完美无缺的存在。荀子曰："从天而颂之，孰与制天命而用之？"（《荀子·天论》）荀子是先秦少数敢于以批判精神对待"天"的哲学家，他认为大多数人只是一味地赞颂天，而人道的作为应该是理解并应用"天"。荀子虽然对"天"的权威性有所批判，但并没有直言"天"的不足，离"补天"神话仍然存在着很大距离，从中可以看出，春秋战国时期的人们崇尚"天"的态度。

女娲补天，所用的材料是石，石是大地的素材，是土的精华，杨泉曰："土精为石。"[②]所以，女娲用石补天，实质上是用大地补苍天的不足，当"天"灾发生时，用"地"补之，表明远古的人民真正依赖的是"地"，而不是"天"。可见，补天神话隐喻的内容仍然是对大地的崇拜，同时也暗示了"天"在当时的地位并不像后来那么令人尊崇。

三、女神的降格与地道的失落

女娲神话的存在不是孤立的，而是由先民的原始农业生产、对大地与母性的化育认知及母系氏族的社会结构等诸多因素组成的整体结构的反映。正如法国人类学家克劳德·列维–斯特劳斯说：

---

① 何宁：《淮南子集释》卷六《览冥训》，中华书局1998年版，第479页。

② 杨泉撰，孙星衍辑，翟江月点校：《物理论》，山东人民出版社2018年版，第97页。

如果神话有某种意义的话，这个意义不可能存在于构成神话的孤立的单位中，而只能存在于将这些部分组成一个整体的方式中。①

而内在结构诸因素的变化，也注定了神话被重新诠释的命运，以及神话所隐喻的哲学的转向。

距今大约四五千年以前，我国黄河流域和长江流域的一些氏族部落，先后从母系氏族进入父系氏族。随着历史的变迁及人类实践活动的持续，人们对生命产生规律的理解不断加深，"男女构精，万物化生"（《易传·系辞下》）的秘密逐渐被人掌握，于是，象征"父"的"天"逐渐得到了重视。加之私有制与宗法制的出现，父与母、天与地的地位，在历史意识的作用下，被赋予了尊卑上下意义上的差别，更通过思想的抽象，在哲学中展现了天道至上与地道失落的转向，而哲学的转向又进一步加强了现实中的不平等。

地道的失落在对女娲神话的新的诠释中得到了体现，女神的降格意味着地道的失落。一切古老的神话在诠释中都成为"当代"的神话，换句话来说，神话作为被诠释的文本对象，会随着不同时代的需要加以重新诠释，以此适应不断变化的社会实践与人的需求。女娲神话也是如此，女娲的性别、功能、地位在历史中不断发生着变化，体现了"当代"的诉求。在早期的记载中，女娲作为母神，在性别上为女，体现了母系氏族社会对女性的尊崇，但是女娲为阴帝、创世者的身份又与父权制的社会要求格格不入，被封建社会所忌讳。正如当代学者段宝林所说："这种女娲创世大神的地位是过去封建社会文人所忌讳的，他们的著作中往往抹杀这一点。"②所以，掩盖女娲的性别，乃至于通过巧妙的诠释来改变女娲的创世

---

① 克劳德·列维-斯特劳斯著，陆晓禾、黄锡光等译：《结构人类学》，文化艺术出版社1989年版，第46页。

② 段宝林：《论盘古女娲文化的生态特点及版本方法》，《河南师范大学学报》2017年第1期。

之功就势在必行了。

《世本》一书最早将女娲视为男性，文中称："女氏，天皇封弟娲于汝水之阳，后为天子，因姓女皇，其后为女氏。"[1]《世本》的作者将女娲之"女"视为姓氏，而非性别，更以"弟"称之，明确将女娲这一女性之神诠释为男性之神。神话的诠释虽然无所谓是非真假，但却深刻地反映了现实社会变动及其需求，《世本》将女娲诠释为男神，是中国封建父权制下男尊女卑的政治要求。女娲性别的变化对天道与地道思想地位的变化产生了重大影响。法国女性主义学者珍妮薇·傅蕾丝说："不管是为了谈论自己还是为了谈论别的东西，性别差异参与哲学的进程可能是无限远的。"[2]女娲性别的变化意味着女神的降格，它所展现的不仅仅是人们对神话的不同理解，还有理解中的历史意识，这种历史意识所反映的也不仅仅是男女两性开始走向不平等的地位，还有天道哲学的登场与地道哲学的落幕。

除了性别上的变化，女娲的功绩也由过去的独自创世沦落为辅助之功。东汉高诱在注《淮南子》时说："女娲，阴帝，佐虑戏治者也。"[3]"虑戏"即伏羲，相传是八卦的制作者。高诱认为，女娲作为阴帝，所起到的作用只能是辅佐，真正的主导者是男神伏羲，这一思想是符合汉代儒家思想及大一统政治要求的。汉代儒家为了迎合政治大一统的需要，在思想上主张阳尊阴卑、阳主阴辅，在政治上为"君为臣纲，父为子纲，夫为妻纲"服务。正如董仲舒说道：

> 君为阳，臣为阴；父为阳，子为阴；夫为阳，妻为阴。阴道无所独行。其始也不得专起，其终也不得分功，有所兼之义。是故臣兼功于君，子兼功于父，妻兼功于夫，阴兼功于阳，地兼功于天。[4]

---

① 宋衷注，秦嘉谟等辑：《世本八种》，中华书局2008年版，第47页。

② 珍妮薇·傅蕾丝著，邓丽丹译：《两性的冲突》，天津人民出版社2003年版，第20页。

③ 何宁：《淮南子集释》，中华书局1998年版，第479页。

④ 苏舆撰，钟哲点校：《春秋繁露义证》卷十二《基义第五十三》，中华书局1992年版，第350—351页。

在董仲舒看来，女性是阴，阴不能独行，不能专起，更不能与阳分功，阴在任何方面都要服从、辅助阳，以阳为主导。董仲舒讨论的主要不是阴阳二气的关系，而是通过对阴阳关系的重新诠释来为伦理的秩序、政治的等级及哲学的主次做出规定。在哲学上，地道要服从、辅助、让位于天道，在天人合一的主导秩序之下，地道的价值遭到了遮蔽和忽视。所以，女娲的创世之功在这样的历史背景下，就必须要让给作为男性神的伏羲。

作为汉代儒家反思者的王充注意到了女娲地位上的变化所隐含着的哲学根据。王充说：

> 雨不霁（jì，雨止天晴），祭女娲，于礼何见？伏羲、女娲，俱圣者也。舍伏羲而祭女娲，春秋不言。董仲舒之议，其故何哉？……俗图画女娲之象，为妇人之形，又其号曰"女"。仲舒之意，殆谓女娲古妇人帝王者也。男阳而女阴，阴气为害，故祭女娲求福祐也。①

王充批判地认为，淫雨成灾，汉人祭女娲而不祭伏羲是不符合礼的，把女娲、女性当成灾害的源头，究其根源，是阳尊阴卑的观念在作祟，女娲是女性，女性为阴，"阴气为害"，所以舍女娲而保伏羲。由此可见，在父权制及封建等级制的重压之下，女娲功绩和地位的衰退在所难免，而地道哲学也在此过程中走向失落。

女娲神格的衰退只是整体社会结构变化的一个缩影，其背后反映的是男尊女卑的历史观念与性别结构的变化，而这些又进一步影响了伦理、政治、哲学等许多领域。正如美国历史学家威斯纳-汉克斯所说：

> 每一个政治的、学术的、宗教的、经济的、社会的，甚至军事的

---

① 王充著，张宗祥校注，郑绍昌标点：《论衡校注》第十五卷《顺鼓》，上海古籍出版社2010年版，第319—321页。

变化对男性及妇女的行为与角色作用都有影响；反过来，一个文化的性别结构也影响了其他任何一种结构及其发展演变。①

在夏、商两代，女性在社会生活中仍然发挥着较大作用，在公共领域的参与程度也比较广泛，但是到了周代，随着以父权制与嫡长子继承制为核心的宗法制度与政治组织的进一步完备，父子关系成为政治制度的基础与道德生活的主体。春秋时产生的儒家学派继承并维护周代的礼法制度，在思想上强化了男尊女卑、阳主阴辅的观念。如《易传·序卦》曰："有父子，然后有君臣。"《礼记》也说："父子有亲，而后君臣有正。"②

君臣关系是以父子关系为基础的，权力的继承在父子间交替，权力的分配在兄弟间进行，所以，男性完全占据了政治实践与伦理生活的中心，而女性则成为男性的附庸，即使地位高的女性也只能处理宫闱之事，不具备参政的资格。孔子曰："才难，不其然乎？唐虞之际，于斯为盛。有妇人焉，九人而已。"（《论语·泰伯》）孔子认为，人才难得，但尧舜时期，人才辈出，除一位妇人外，共有九位贤人。可见，孔子不太情愿将优秀的妇人视为人才。孔子兴办私学，虽然主张有教无类，但门下三千弟子，却无一女弟子被记载，更有"唯女子与小人为难养也"（《论语·阳货》）的言论。中国古代的道德伦理主要出自儒家，而儒门弟子又皆以男性为主，一群男子在一起如何能够完整且全面地讨论家庭伦理与社会人伦呢？不仅政治是男性主导的政治，道德伦理也是围绕着男性展开。正是在男尊女卑性别结构的影响之下，儒家哲学才会出现尊阳而卑阴，以及崇尚天道、探究天人、罕言地道的思想特点。

---

① 梅里·E. 威斯纳–汉克斯著，何开松译：《历史中的性别》，东方出版社2003年版，第3页。
② 胡平生、张萌译注：《礼记》下册《昏义第四十四》，中华书局2017年版，第1185页。

四、地道哲学的补救

在父权制与宗法制的影响之下，地道思想虽然逐渐衰落，但仍然在道家哲学的著作中得到了保存与延续，在一定意义上说，道家哲学是对地道衰落的呼吁与补救。但道家的补救及道家在中国封建社会中的非主流地位，又从一个侧面反映了地道的衰落。在《道德经》中，老子多次用"牝（pìn）""母""腹""雌""谷"等象征物来形容地道，并以此来表达自己的哲学主张。老子曰："谷神不死，是谓玄牝。"（《道德经·第六章》）河上公解释道："牝，地也。"①杜光庭也解释说："玄，深也。牝，母也。谷神之应，深妙难名，万物由其茂养，故云是谓玄牝。"②可见，老子用"谷神"和"玄牝"来维护母性与大地在化育万物作用中的根本地位。老子曰："天门开阖，能无雌乎？"（《道德经·第十章》）憨山德清解释道："雌，物之阴者，盖阳施而阴受，乃留藏之意。"③老子认为，生命除了"阳施"之外，还需要在"阴受"中"留藏"，接受大地的畜养，强调独阳而不生的道理。老子曰："我独异于人，而贵食母"（《道德经·第二十章》），更是明确地将自己的哲学标注为母性、大地之道。正是在对母性、大地的功能和地位的倡导之下，老子提出"人法地"（《道德经·第二十五》）的主张，将地道作为人道效法的首要对象。

汉代以来，随着儒术独尊与政治大一统的建立，阳尊阴辅的观念进一步被加强，地道哲学也真正开始走向衰落。在这种情况下，道家和道教哲学也展开了对男女、阴阳失衡及地道失落的反思和批判。如道教经典《太平经》曰：

---

① 河上公、杜光庭等注：《道德经集释》，中国书店2015年版，第9页。

② 河上公、杜光庭等注：《道德经集释》，中国书店2015年版，第623页。

③ 憨山著，梅愚点校：《老子道德经解》，崇文书局2015年版，第28页。

人者，乃是天地之子，故当象其父母。今天下失道以来，多贱女子，而反贼杀之，令使女子少于男，故使阴气绝，不与天地法相应。天道法：孤阳无双，致枯，令天不时雨。女者应地，独见贱，天下共贱其真母，共贼害杀地气，令使地气绝而不生，地大怒不悦，灾害益多，使王治不得平……夫男者乃承天统，女者承地统，今乃继绝地道，令使不得复相传生，其后多出，绝灭无后世，其罪何重也！①

《太平经》的作者将地道的失落称为"失道"，其"道"为地道，或天地之道的失衡，而非专指天道。《太平经》认为，天与地对应着男与女、阳与阴，大道由天地共同构成，"天下凡事，皆一阴一阳，乃能相生，乃能相养"②，如若偏废一方，缺少对大地之道的尊重和效法，重男轻女，则会导致自然与社会的灾难，所以，其主张平等地对待男女的社会作用及天道与地道各自的意义。从道家与道教的呼吁和批判可以看出，哲学中地道的失落在中国古代观念史中是真实存在的，与阴阳关系、男女性别地位的变化存在着密切关联。

在长久的中国封建专制制度下，男尊女卑、阳主阴辅，以及重天道、轻地道的意识与哲学已然成了一段历史的主流，道家与道教哲学对地道的拯救在当时也注定处于边缘，成为异端。时至今日，女娲的神话与地母的崇拜虽然已经湮没在历史的长河之中，但是在对远古的回望中仍然可以发现地道所具有的永恒价值。

课后自学参考书目及读书提要：

[1]《诸神的起源》，作者何新。此书以严谨的学术态度，从历史和哲

---

① 杨寄林译注：《太平经》上册丙部第一《分别贫富法第四十一》，中华书局2013年版，第131—140页。

② 杨寄林译注：《太平经》上册丁部第五至十三《阙题六》，中华书局2013年版，第767页。

学的双重角度系统地探求和追溯了中国原始神话，材料丰富，语言易懂，提出了许多创见。此书分析了中国许多原始神话，如女娲、扶桑、盘古、后羿、烛龙、玄武、玉兔等，还从哲学上分析了阴阳八卦的起源。尤其值得关注的是，此书的结语"论远古神话的文化意义与研究方法"，读后会令人有所启发。

[2]《中华远古史》，作者王玉哲。中国哲学的勾玄既需要富有想象力的思辨，也离不开文本的依据与历史材料的支撑，探究中国哲学的发端与起源需要我们对中华远古史有所了解。这本书从史前文明原始群居开始，按照时间的顺序，分别讲了母系氏族公社、父系氏族社会、唐、虞、夏、商、周的社会状况，详尽论述了中国远古历史。

第三讲 《周易》的实践智慧

《周易》是中国上古文明的集大成之作，是春秋战国诸子思想的先驱，是儒家与道家的哲学源头，也是中国哲学实践智慧的最集中展现。

关于《周易》书名的意思，有许多种解释，大多数人认可的解释是："周"指周代，"易"即变化，《周易》是一本完成于周代的主讲变化的书。《周易》又叫《易经》，简称为《易》。其实，在《周易》之前，还有两部《易》，一是夏代的《连山易》，一是商代的《归藏易》，但是这两部《易》都已经丢失了，除了史书上的一点介绍，具体内容已经不得而知，所以，《易》之名就专属于《周易》了。《周易》距离我们今天已经非常久远，我们理解《周易》，必须要借助于后人对《周易》的诠释。但是，后人的诠释不可避免地带有诠释者的历史性与个性化的理解，所以，我们理解的《周易》及在这里讲的《周易》与历史上的《周易》必然存在一定的差别。在《周易》的历代诠释文本中，最重要的是《易传》，我们主要也是借助《易传》来讲解《周易》，所以，在正式讲解《周易》之前，我们先要了解《易传》。

《易传》是孔子及其弟子研究《周易》的成果，孔子晚年喜《易》，

"韦编三绝"①，即把编订《周易》竹简的麻绳读断过三回，并说："假我数年，五十以学易，可以无大过矣。"（《论语·述而》）孔子认为，他五十岁开始学习《周易》，如果学上几年，就可以没有大的过失了。孔子和弟子们共同学习和研究《周易》，并写了十篇总结性的文章，这十篇文章分别是：《彖传》上、《彖传》下、《文言》、《大象传》、《小象传》、《系辞》上、《系辞》下、《说卦传》、《序卦传》、《杂卦传》，这十篇文章合称"十翼"，又叫《易传》。"传"是解释的意思，"翼"指翅膀，这十篇解释《周易》的文章好像给《周易》插上了十只翅膀，借助于它们，就容易理解《周易》了。不过，《易传》终究是儒家的解释，儒家学派有其自身的立场，所以，由《易传》解释出来的《周易》主要反映了儒家思想，这一点需要我们注意。

一、阴与阳

《周易》这本书不是在同一时期完成的，其中各个部分也不是由一个人创作的，所以，我们只能按照《周易》一书的结构，来分别说明他们的作者及成书的背景和原因。首先从阴阳开始讲起。

阴与阳这两个概念的产生可以说是中国哲学史上的一次大事件，也可以说是中国哲学的真正开端。因为哲学一定是抽象的，不是具体的，只有抽象的概念才能统摄和涵盖无穷的事物，概念的抽象程度越高，所能涵盖的范围就越广，也就越能接近哲学家们理解和把握天地万物的"野心"。阴与阳作为两个极其抽象的概念、符号，涵盖了世间万物，包含了一切物理属性与精神现象。从物理属性来说，如坚硬为阳，柔软为阴；光明为阳，昏暗为阴；春夏为阳，秋冬为阴。从精神属性来说，如正义为阳，仁爱为阴；进取为阳，谦退为阴；坚强为阳，柔顺为阴。所以，阴与阳包含了天地万物的一切属性，天地万物乃至人类社会的一切现象都可以通过阴

---

① 司马迁：《史记》第六册《孔子世家第十七》，中华书局1959年版，第1937页。

与阳这对概念得到说明。如《礼记·乐记》说：

> 地气上齐，天气下降，阴阳相摩，天地相荡，鼓之以雷霆，奋之
> 以风雨，动之以四时，煖（同暖）之以日月，而百化兴焉。如此，则
> 乐者天地之和也。①

不管是自然界中的雷霆、风雨、四季、日月，还是人类效法自然所创造的音乐，都是阴与阳相互作用的结果。之后，阴阳家和汉儒董仲舒还将阴阳扩大至伦理与政治领域，用阴阳的关系来解释和规定人伦秩序与政治制度。正如董仲舒说："君臣、父子、夫妇之义，皆取诸阴阳之道。"②汉代提出的"三纲"之说，正是基于阴阳关系来推论的。阴、阳概念的提出体现了中国古人对宇宙万物内在规律的探索与理解，阴与阳之间的关系相当复杂，大概有以下三个方面。

首先，阴与阳相互排斥，此消彼长。阴与阳是两种相反的能量，为了表现他们各自的能量，常用气来指称，称阴为阴气，称阳为阳气。不过，阴阳只是一气，来源于统一的太极，在太极之中，阴气与阳气虽然是相互排斥、此消彼长的，但又不是两种气的斗争，而是一气的内在变化。这就好像人的心灵，心灵中有善的一面，也可能有恶的一面，不管是善心还是恶心，都只是一心，而不是二心，是一心的内在变化。又好比水，水加热后变成了热水，呈现出阳的属性，冷却后又呈现出阴的属性，水的温度虽然有变化，呈现出不同的属性，但水仍然是水。当我们说阳长阴消，是在说阴气转化成了阳气；当阴长阳消时，表明阳气转化成了阴气。所以，不管阴阳之间如何排斥和运动，气的总量是不变的。

为了形象地说明，古人把阴称为阴气，把阳称为阳气。气是一种能量体，在人们的生活中很容易观察和体验，比如四季的冷暖变化都与气有

---

① 胡平生、张萌译注：《礼记》下册《乐记第十九》，中华书局2017年版，第727页。

② 苏舆撰，钟哲点校：《春秋繁露义证》卷十二《基义第五十三》，中华书局1992年版，第350页。

关，春天春风和气，夏天热气腾腾，秋天秋高气爽，冬天寒气逼人。不管是生命还是国度都需要气来维系，一个人活着叫有气，死了叫断气、没气，一个朝代灭亡了叫气数已尽。正如葛洪所说："夫人在气中，气在人中，自天地以至于万物，无不须气以生者也。"①气不仅指身体上的气息，所吸之气叫阳气，所呼之气叫阴气，还体现为精神上的正气、邪气。孟子在论述道德培养时强调存养"浩然之气"，此气非物质之气，而是精神之气，有点类似于我们今天讲的正能量。阴与阳作为两股相反的能量，力量相当，因此产生了相互排斥的运动，并呈现出此消彼长的态势。所以，当阴气上升时，阳气必然下降；当阳气上升时，阴气也必然衰退。中国人常用阴阳之间的此消彼长来解释一年四季的变化。春天往往呈现一个阳升阴降的趋势，人们虽然会感到寒冷，不过，天气正在逐渐变暖，所以，春秋属少阳，即阴中之阳，是暂时弱小而正在发展中的阳；夏天属太阳，即发展壮大时的阳，此时，阳气完全战胜了阴气，不过，阳的强盛也必然会使其消耗过多，所以阳极又会转衰；秋天属少阴，即阳中之阴，此时因为阳极转衰，为阴气的生长提供了条件，处在一个阳气逐渐向阴气转化的时期；到了冬天时，阴气极重，称为太阴，不过，冬天的寒冷正是因为阴气的大量消耗所致，所以，阴极之时，又为阳气复苏提供了契机。由此可见，阴阳相互排斥，此消彼长，循环往复。

其次，阴与阳相互依存，相互转化。阴阳为一太极，老子曰："一生二"（《道德经·第四十二章》），《易传·系辞上》曰："易有太极，是生两仪"，阴与阳本质上是一体的，是同一的。阴与阳虽然呈现出相互排斥、此消彼长的形势，但只是一气的自身运动，是在同一体之中进行的。阴是由阳极而转化，阳是由阴极而生成，所以，阴与阳又是相互依存的。物极必反的哲理正是从这个方面引申而出，阴从阳来，阳从阴来，当阴极时便返回到阳，当阳极时便返回到阴。总之，阴阳非二，故而相互依存；而"一"又呈现为"二"，所以又相互排斥，相互转化。

---

① 王明：《抱朴子内篇校释》卷五《至理》，中华书局1980年版，第114页。

从"二生三，三生万物"（《道德经·第四十二章》）的角度来说，万物皆是阴阳的和合，阴与阳相互掺杂产生了万物。三，叁也，又参也。"三"既指数字"三"，又有参与、掺杂的意思。阴阳相参为"三"，并由此产生万物。老子曰："万物负阴而抱阳，冲气以为和。"（《道德经·第四十二章》）老子认为，任何一个具体的事物都是阴阳和合而生的，孤阴不生，独阳不成，就好像当一个人"抱阳"，即面朝太阳时，一定同时"负阴"，即背负阴面。万物因为阴阳和合，所以在本质上是同源的、是同构的；也因为万物皆是阴阳相参，相参的程度各异，所以事物又呈现出纷杂不一的情状。具体事情不是一成不变的，事物的变化是事物内部阴阳之间的相互转化。老子曰："有无相生，难易相成，长短相形，高下相倾，音声相和，前后相随。"（《道德经·第二章》）有的尽头是无，无的尽头是有，同样，难与易、长与短、高与下、清与浊、前与后皆是如此。庄子曰："方生方死，方死方生。"（《庄子·齐物论》）中国人常用阳来形容生，用阴来比喻死，民俗中有所谓阳间与阴间之说，所以，生命在由阴而阳、由阳而阴中生死相继，循环往复。古人还常用云雨的相互转化来说明阴阳关系，地面上的水是阴，天上的云属阳，水需要借助天空热力的蒸发才能化气上升为云，而云又需要在空中遇到冷气才能凝结成雨降落到地面上。所以，阴阳既是互根的，又是相互转化的。

最后，阴与阳彼此包含，阴中有阳，阳中有阴。在太极阴阳图（见图3.1）中我们可以看到，在阴面中有一白点，这代表着阴中之阳，在阳面中有一黑点，代表着阳中之阴。阴阳相互包含，是阴阳相互转化的内在原因。同时，阴面是外阴而内阳；阳面外阳而内阴，这一道理也被广泛应用于社会治理与人生修养之中。比如男人为阳，但阳中有阴，外阳而内阴，女人为阴，但阴中有阳，外阴而内阳，所以，古代理想的男性与女性都是刚柔兼济的，男性外刚强而内柔软，女性外柔弱而内坚强。在社会治理中，法为阳，德为阴，法以德为目标，德以法来保障，法治与德治需要并进。在儒家思想中，义为阳，仁为阴，儒家的君子既要有见义勇为的果敢精神，又要有不忍的仁爱之情。

图3.1　太极图

在《周易》中，阴被称为"阴爻（yáo）"，以"－－"为符号，阳被称为"阳爻"，以"—"为符号。《说文解字》曰："爻，交也。"①阴阳相交，即"二生三"的过程，于是才有万物的产生及其变化。所以，阴爻与阳爻是《周易》的最基本单位，是为了说明在阴阳相交之中所产生的事物之间的变化及其复杂关系。阴爻与阳爻相交首先产生了八卦，八卦两两相重，又进一步演化为六十四卦，六十四卦便是《周易》的主体。

二、八卦与六十四卦

"八卦"一词大家非常熟悉，现代流行语中就有"八卦"，意指饶舌、闲言闲语，也常用来形容有些人基于一点根据便发挥无穷的联想。流行语中的"八卦"与《周易》中的"八卦"在特点和应用上有一定的相关性。在《周易》中，八卦由阴阳构成，阴阳是万物的两个最基本面，由阴阳到八卦，表示"二生三"，也表示复杂性的上升。然后，八卦又两两相合组成六十四卦，从八卦到六十四卦，表示"三生万物"，展现的是更加复杂多变的具体事情。六十四卦展现为事情的具体形态，而八卦则是事情的构成要素，八卦本身还不是事情。所以，八卦具有抽象性、概括性，具有极大的延展性，而且，八卦是象，即象征符号，称为卦象，既然只是"象"，所以只要有一些根据，且具有想象力，就可以无限地发挥和类比。就好像

———————————
① 许慎撰，徐铉校定：《说文解字》卷四上，中华书局1963年版，第70页。

天上的云，我们可以根据它一时的形状，充分发挥联想，可以像这个，也可以像那个。这可能就是今天"八卦"新意义的来源。

关于八卦的作者与形成，《易传·系辞下》有过记载：

> 古者包牺氏之王天下也，仰则观象于天，俯则观法于地，观鸟兽之文，与地之宜，近取诸身，远取诸物，于是始作八卦，以通神明之德，以类万物之情。

这一段话表明，最早画八卦的人是包牺氏，包牺即伏羲，他应该是上古时期的部落首领。古时候，伏羲为了方便治理天下，需要把天下万物归类，即文中所讲的"类万物之情"。这就好像今天的图书馆一样，图书管理员需要把各式各样的书籍归类，便于管理。于是，伏羲把万物归为八类，即八卦。伏羲归类所用的方法是观察和类比，即观察天地万物的各种表现，不管大小远近，然后寻求其相似之处，抽取出共性，这也是我们今天概念形成的基本方法。

八卦分别是：乾（☰）、兑（☱）、离（☲）、震（☳）、巽（☴）、坎（☵）、艮（☶）、坤（☷），前面是卦名，后面的图像就是卦象（见图3.2）。八卦是象征，其象征物有无穷多，如《易传·说卦》说：

> 乾为天、为圜、为君、为父、为玉、为金、为寒、为冰、为大赤、为良马、为瘠马、为驳马、为木果。

八卦虽然有无穷多的象征物，但又有基本的象征物，此基本的象征物最能代表此卦的特征。其中，乾象征天、兑象征泽、离象征火、震象征雷、巽（xùn）象征风、坎象征水、艮（gèn）象征山、坤象征地。八卦虽然分别象征这些事物，但不能简单将八卦理解为八个事物，只是用这八个事物来喻指其象征义，而应认识到是借助这八个事物来表现八卦所各自具有的属性，我们把八卦的象征义或属性称为"卦德"。其中，"乾"象征天，天是在上的，所以，"乾"指向上、刚健的属性；"兑"象征泽，泽是水草丰盛的地方，万物在其中受其滋养，所以，"兑"指喜悦的属性；"离"象征火，火照亮他物，所以，"离"指明丽的属性；"震"象征雷，春雷乍动，万物复苏，所以，"震"指动的属性；"巽"象征风，风无孔不入，所以，"巽"指入的属性；"坎"象征水，水指河流，古代渡水不易，故有险陷的属性；"艮"象征山，仁者不动如山，古有愚公移山，所以，艮有阻止、静止的属性；"坤"象征地，大地广大、厚重，并顺从万物之性而养长其身，所以有敦厚、顺应的属性。

图 3.2　八卦图

八卦是八种属性，世界万物都可概括为此八种属性。中国人讲的"五行"也同样如此，如《尚书·洪范》有言：

水曰润下，火曰炎上，木曰曲直，金曰从革，土爰（yuán，为）稼穑。

五行也不是指五样事物，而是以这五样事物为类比，以此来表现不同的属性。其中，水象征着向下、滋润、流动、柔顺、闭藏、寒凉等属性，火象征着向上、向外、热情、热烈、高昂等属性，木象征着生长、柔和、能屈能伸等属性，金象征着革新、锋利、肃杀等属性，土象征着承载、受纳等性质。不管是阴阳，还是八卦，或是五行，都是解释世界万物的系统，也都是象征符号，所以，八卦的延伸与象征是一种类比。

八卦所用的基本符号是阴爻与阳爻，阴阳之间相互配比形成了八卦，八卦由三爻组成，即老子所说的"二生三"。八卦是继阴阳之后，对万物的第二次归纳，但是八卦仍然停留在事物基本属性的层面，并不能指称具体的事情及事情的动态变化。八卦个个都是单一的属性，然而，不管是人生、社会，还是自然中的万物，其自身的情状及其所处的境遇都是相当复杂的，八卦不足以涵盖和解释，所以，八卦又需要进一步演化，两两相重而成六十四卦。

相较于八卦来说，六十四卦被称作"重卦"。关于重卦的作者，学界尚有争议，按照《易传》和《史记》的猜测，重卦的作者可能是周文王。如《易传·系辞下》曰："《易》之兴也，其当殷之末世、周之盛德邪？当文王与纣之事邪？"《易传》认为，《周易》的兴起大概发生在殷商末期，与周文王的盛德有关，与周文王和商纣王的往事有关。对此，《史记》有更具体的说法，司马迁说："西伯盖即位五十年。其囚羑（yǒu）里，盖益《易》之八卦为六十四卦。"①西伯就是周文王，周文王名叫姬昌，位列西伯侯，其子姬发灭商建周之后，追谥姬昌为文王。不过，司马迁也不是非常肯定是文王将八卦演化为六十四卦，所以用了一个"盖"字，"盖"表示推测，相当于"大约""大概"。关于纣王囚文王的原因，《战国策·秦围赵之邯郸》曰：

> 昔者，鬼侯、鄂侯、文王，纣之三公也。鬼侯有子而好，故入之于纣。纣以为恶。醢（hǎi，古代的一种酷刑）鬼侯。鄂侯争之急，辨之疾，故脯（fǔ，古代的一种酷刑）鄂侯。文王闻之，喟然而叹，故拘之于羑里之库，百日而欲令之死。

鬼侯、鄂侯和周文王在商朝并列为"三公"，鬼侯有一个女儿，十分貌

① 司马迁：《史记》第一册《周本纪第四》，中华书局1959年版，第119页。

美，入宫服侍纣王，纣王荒淫，引来鬼侯女儿的不悦，为纣所杀。然后，纣王又杀了鬼侯，又杀了为鬼侯辩护而据理力争的鄂侯。文王听闻后，喟然叹息，表示不满，也因此获罪被囚禁在羑里。文王身陷囹圄，不仅自己的生命危在旦夕，而且使人民与国家的未来也处在极度危险之中，于是，文王通过演化六十四卦来模拟更加复杂的人事，以此来推测未来的吉凶。

六十四卦从本质上说，是一个人或一个社会所可能身处的六十四种境遇，或者是六十四种事情。其实，严格来说，应该是六十二种境遇或事情，因为六十四卦的前两卦《乾》和《坤》是纯阳卦和纯阴卦，是后面六十二卦的总纲，概括阴、阳两种义理，并不专指具体的事情。"事情"一词，所表现的既不是客观事实，也不是主观情感，而是"事"与"情"的交融，人事总是包含人情的，人事影响着人情，人情也规定着人事并推动人事的发展。所以，六十四卦讲的是事情，是人生在世所可能发生的情况。六十四卦中的每一卦都由两个八卦重合而成，每卦有六爻，六爻反映了人的每一种境遇或事情在不同的时、空、人那里所产生的变化。六十四卦共三百八十四爻，《周易》正是通过这三百八十四爻来概括和分析宇宙、社会、人事的各种情状及其变化趋势的。

三、卦中的实践智慧

《周易》共六十四卦，除了《乾》《坤》之外，每卦代表一种事情，主讲一种事情，如《屯》卦主讲事业始创，《蒙》卦主讲启蒙教育，《需》卦主讲静心修养，《讼》卦主讲司法诉讼，《师》卦主讲军事战争，《比》卦主讲与人交往，《小畜》卦主讲劝谏止恶，《履》卦主讲道德践履，《泰》卦主讲社会安泰，《否》卦主讲秩序混乱，《同人》卦主讲会合众人，《大有》卦主讲财富丰盛，《谦》卦主讲谦卑处下，《豫》卦主讲安定快乐等。六十四卦中的每一个事情都与人生和社会有关，人们处在某一种事情之中时，对待事情的态度、处理事情的手段、事情发展的趋势和结果，以及对人的影响都是不同的，会受到诸多因素的影响。影响的因素有很多，比如，一个人所处的具体事情的不同发展阶段，一个人的性格与事情之间是否合拍，上下级之间是否相应，以及一个人在面对吉凶善恶时的取舍和抉择等。由此观之，人生与社会中的各种事情在处理起来都是非常复杂的，需要考虑的因素有很多，这就要求我们不能抽象地、静止地、孤立地看待和处理问题，而要对事情做出具体而动态的考察，因时、因地、因人制宜。这就是中国哲学所讲的实践智慧。

所谓实践智慧，是指根据具体而多变的时间、空间、主体与对象的特点，以具体目标为参照，对实践活动做出具体指导的智慧。实践智慧不同于数学、物理学等自然科学中的公式、定理，能够以一种普遍的、固定的原理来解决一切相关问题，实践智慧的特点就是具体性与动态性，所以，它不是一种知识或科学，而是活的智慧。对实践智慧的追问，正是中国哲学的一大特点。下面我们就来看一看《周易》六十四卦中体现了哪些实践智慧。

首先，《周易》把任何一个事情的变化过程分为了六个阶段，这体现为卦中六爻的不同位置，六爻展现了事情在变化中的不同发展阶段以及对人的不同要求，而人则要实事求是地根据事情的不同阶段的特点和要求来合理安排自己的活动。《易传·系辞上》曰："爻者，言乎变者也。"爻是讲变化的，事情在不同的发展阶段都有变化，所以，人也要与时俱进，根据新的处境和情况，适时做出调整。虽然《周易》是讲变化的，不存在不变的规律，但是，其中仍有一些共性可寻。《周易》每卦由六爻组成，依照卦象从下往上，六爻分为初爻、二爻、三爻、四爻、五爻和上爻，其中阳爻称为"九"，阴爻称为"六"（见图3.3）。为什么用"九"代表阳、用"六"代表阴？这是因为，在用蓍草占卜时，每爻最终所得之数一定是六、七、八、九的四倍数中的一个，而六被称为老阴，九被称为老阳，"老"是极数的意思，所以，就用阳的极数"九"代表阳，用阴的极数"六"代表阴。此六爻代表的是一个事情的六个发展阶段，而每一个发展阶段都有一定的共性。这就好像说，虽然每一个人都是不同的，但是，凡是儿童总有一些儿童的共性，到了青春期，大都具有青春期的特点。通过对六十四卦的分析，我们找出了一些六爻的共性，即事情在不同发展阶段所可能具有的共同特点及对人的具体指导。

图 3.3　《既济》卦象

（1）初爻处全卦最下，大多象征着事物的初生与事业的初创，此时适合修身养德，树立志向，不求事功，宜静不宜动，宜退不宜进。

（2）二爻处下卦之中，在《周易》乃至中国哲学中，"中"这个概念意味着中庸、中和、适宜，代表德性美满。六十四卦由两个八卦构成，上八卦为上卦，下八卦为下卦，五爻为上卦之中，二爻为下卦之中，所以五爻和二爻都被称为中爻。下卦之中的二爻处境适宜，但是毕竟处在下卦，表示有德而无位，此时是君子的养成之时，处下要求身静，处中要求德不偏。

（3）三爻处下卦之极，欲进上卦而未能进，好像事业遭遇到发展的瓶颈，常有保守不进或急躁冒进的凶险。

（4）四爻处上卦之初，有两层喻义：其一，四爻接近第五爻的君位，象征着重臣之位，常有功高盖主、势重专强的危险，所以，当处在第四爻时，要求人们有所节制，懂得知止，心要忠信、敬畏；其二，四爻又处上卦最下，是退一步海阔天空，还是艰苦上进，常常犹豫不决。

（5）五爻居上卦之中，象征君位，是大有作为、实现理想的最好时机，在此时，宜刚宜动，不可畏缩不前。

（6）上爻是一卦之极，呈现出物极必反的趋势，所以，此时最好静待其变，有所克制和反省。

下面，我们以《周易》第一卦《乾》卦为例（见图3.4），具体说明以上六爻的特点。当我们打开《周易》的第一卦时，首先会看到"乾"这个字，这是卦名。然后在"乾"的卦名后面会跟着一句话："元亨利贞"，这是卦辞，卦辞是对《乾》卦义理的概括。再然后会看到《乾》卦的卦象，《乾》卦由两个八卦的《乾》重叠而成，由六道阳爻构成，分别是初九、九二、九三、九四、九五和上九。再然后，每一爻的后面也跟着一句话，这是爻辞，是解释此爻情境及其义理的。其他六十三卦均是如此，这就是《周易》的主体部分。《乾》卦六爻及其爻辞分别如下：

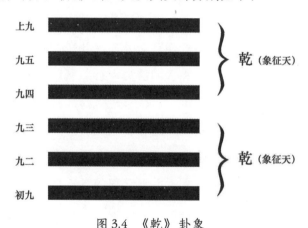

图 3.4 《乾》卦象

初九：潜龙勿用。"潜龙勿用"这四个字是初九的爻辞，意思是：龙潜伏在水中，暂不施展才用。爻辞是对这一爻的解释。在古人的观念中，龙生于水中，长大之后，跃于水而升于天。《乾》卦是讲前进、发展的，但是在初九这个阶段，事情刚刚开始，就好像初生龙一样，虽然潜力巨大，但尚且幼小，所以，不宜急躁冒进，应该潜下心来修养，待实力壮大之后再前进。

九二：见龙在田，利见大人。九二爻辞的意思是：龙出现在田间，利于大人才德的显现。正是因为初九的静心修养，有了一定的积累，才会发展至九二。九二有德而无位，此"大人"为君子，展现出德才，但仍然未遇济世之机。

九三：君子终日乾乾，夕惕若，厉，无咎。九三爻辞的意思是：君子每天都在进取，即使到了晚上，也不放松，虽有忧患，但无凶险。九三为何这么努力呢？因为处境不佳。九三处在下卦之极，如果局限于下卦，已经没有进步的空间了，必须让自身发生质的飞跃，上升到一个新的平台，才能继续前行。九三顺应《乾》卦刚健进取的要求，"终日乾乾，夕惕若"，所以，虽"厉"而"无咎"。

九四：或跃在渊，无咎。九四爻辞的意思是：虽有疑惑，但勇往直前，一跃而起，能彻底地摆脱深渊。从初九到九二、九三，再上升至九四，皆是不懈努力的结果。但是，九四虽处上卦，却高处不胜寒，各方面的压力、竞争和挑战更加激烈；而且，九四又处在上卦的最下端，前途未定，必须付出比过往和他人更加多的努力才行。所以，于此时此处，人们常会在进退的抉择上有所疑虑。正如朱熹解释此爻的爻辞"或"字曰："'或'者，疑而未定之辞。"[1]不过，在《乾》卦的这一整体要求和趋势下，只有继续前行，才能迎来巅峰。

九五：飞龙在天，利见大人。九五爻辞的意思是：龙高飞上天，利于展现大人的抱负。九五与九二都是中爻，但一个在上卦，一个在下卦，却有天壤之别，九二象征着有德而无位的君子，而九五则象征着德位统一的圣王。到九五时，龙终于从深渊里一飞冲天，大展身手。所以，至九五时，事业发展的条件已经完全具备，正是大有作为的时候。

上九：亢龙有悔。龙高飞穷极，物极而必反，不免有所遗憾。任何具体事情的发展变化都有开端和结尾，一个人的生命是如此，朝代的更替也是如此，无物可以永恒。所以，上九是事情发展的必然结果，属于自然的进程。结束虽然不可避免，但是我们却可以尽可能地减少悔恨。为此，人们在成功之时，一定要保持谦逊，懂得顺应自然、刚者易折的道理，做到功成身退。

---

[1] 朱熹撰，廖名春点校：《周易本义》，中华书局2009年版，第31页。

由上可知，《周易》卦中的六爻既展现了事情不同阶段的特点，又为处在事情中的人们提出了具体的指导和要求。六爻体现的是《周易》中"位"的实践智慧。"位"即事情的不同发展阶段，人们行事要根据"位"的不同做出适当的调整，在其位，谋其政，"思不出其位"（《论语·宪问》），顺其时，应其机，如此才能各安其位，各就各位。

其次，实践智慧还体现在人的不同性情与所处环境之间的适宜程度，就好像有的人在这样的环境中如鱼得水，而有的人却感到拧巴，格格不入，这个方面，在《周易》里就表现为各爻的阴阳属性与所处阴阳之位的关系。

在六爻中，初、三、五爻是奇数，奇为阳，谓之阳位；二、四、上爻为偶数，偶为阴，谓之阴位。阳爻象征着一个人性情率直、刚猛，阴爻象征着一个人性情柔顺、变通，阳位象征着适宜阳刚的环境，阴位象征着适宜柔顺的环境。阳爻居阳位、阴爻居阴位为当位。如九三就是阳爻居阳位，是当位，又比如六二是阴爻居阴位，也是当位。当位意味着人的性情与所处的环境是适宜的。有当位，自然就有不当位，当阳爻居阴位或阴爻居阳位为不当位，如九四是以阳爻居阴位，六五是以阴爻居阳位，皆是不当位，不当位意味着人的性情与所处环境难以适应。举一个事例来说明：孔子有两个学生，一个叫公冶长，一个叫南容，这两个学生性情不同，公冶长耿直，南容灵活，在春秋乱世中，这两人的遭遇和命运就截然不同。乱世可以看作是阴位，公冶长因为过于刚直，以阳处阴，于乱世所不容，所以含冤而入狱；而南容则以阴处阴，故而能明哲保身。

阴与阳相对，对于人来说，阴指柔顺，阳指刚劲；对于位而言，阴位适合退守，阳位适合前进。在不当位的情况下，如果阴爻处在阳位，常表现为该进时不进，有保守的弊端；如果阳爻处在阴位，常表现为不该进的时候则进，有冒进的危险。由此可见，人的性格本没有好坏善恶之分，有的人刚强，有的人柔顺，有的人开朗，有的人含蓄，有的人狂放，有的人谨慎，都各有适合的环境，或者说，不同的环境需要不同性格的人。性情与环境的关系体现在实践智慧中，要求我们在处理事情时，应了解自己，并找到适合自己的环境，适应了就是吉，否则就是凶。

最后，人生在世，人与人之间必然会发生关系，事业也需要有人辅助，所以，人与环境的关系还包含着人际关系，这一点在《周易》的卦象中体现为上下卦之间同位爻的理论。六十四卦中的每一卦都由两个八卦组成，分上下卦。其中，初爻处下卦之下，四爻处上卦之下，都处下，是同位，这两爻就被称为同位爻；二爻处下卦之中，五爻处上卦之中，都处中，也是同位爻；三爻处下卦之上，上爻处上卦之上，都处上，为同位爻。上下卦既反映了事情发展的阶段，也体现了人在地位上的差异，所以，同位爻主要反映上下级的关系。下级离不开上级的赏识和支持，上级也离不开下级的忠诚与拥护，那么，上下级关系如何才能达到协调呢？这就需要阴阳互补、刚柔相济。如果同位之间的两爻是一阴一阳则相应，如初九与六四、六二与九五、九三与上六就是相应的同位爻；如果同位的两爻是两阳或是两阴，则不相应，如初九与九四、九二与九五、九三与上九，同位皆阳，就是同位不相应，又或初六与六四、六二与六五、六三与上六也是同位不相应。同位相应意味着有人相辅，得到他人的肯定和支持，此时利于前行；同位不相应意味着身陷孤立，不利于前行。

孔子处在春秋乱世，一心想着拨乱反正，实现"天下归仁"的理想，但苦于得不到社会大多数人的支持。据《论语·微子》记载，在孔子流亡他国期间，有一次迷路了，孔子让学生子路问路，路人知道来者是孔子，于是说："滔滔者天下皆是也，而谁以易之？"意思是：天下就像洪水泛滥一般，到处都是黑暗，有谁会同你们一道去改变呢？因为孔子孤立无援，所以他的理想终究未能实现。由此可见，事业的成功，离不开人的辅助，在实践智慧中，同位关系是重要的考虑内容。

曾子曰："以友辅仁。"（《论语·颜渊》）志同道合的朋友能够辅助仁德的培养。不过，是否有人相辅，只是外因，决定事业成败的根本还在自己。正如孔子曰："为仁由己，而由人乎哉？"（《论语·颜渊》）意思是：践行仁道，培养仁德，完全是自己的事，难道要靠别人吗？在《论语·学而》中，孔子还有一段非常著名的话，颇能说明这一问题。

　　子曰："学而时习之，不亦说乎？有朋自远方来，不亦乐乎？人不知而不愠，不亦君子乎？"

"学而时习之"是将知识的学习与道德的践行相统一，这是修身的功夫，修身是自我修养，是内因。"有朋自远方来"是得到朋友的辅助，犹如同位相应，《易传·系辞上》曰："二人同心，其利断金"，朋友是重要的外因。但是朋友有时可望而不可求，"人不知而不愠"犹如同位不相应，得不到他人的理解与帮助，这时该怎么办呢？孔子说君子处在此时应"不愠"，不怨天，不尤人，直道而行。

以上分别讲了三种实践智慧：其一，人们应该遵循事情的不同发展阶段来安排自己的行动；其二，人们应该按照自身的性情特点来寻求适宜的环境，或按照环境的要求来改变自身；其三，人们应该努力寻求他人的辅助。这三种实践智慧都偏重理智，理智所考虑的更多是现实功利，然而，实践智慧不仅包含理智，更包含价值，因为人的实践活动本身就是规律性与价值性的统一。就价值而言，理智的判断虽然是重要的，但又不是绝对的，在有些情况下，价值甚至高于理智。比如孔子，正是因为他在孤立的环境中仍然坚守理想，"知其不可而为之"（《论语·宪问》），才反衬出他伟大的品格。正如他说："岁寒，然后知松柏之后凋也。"（《论语·子罕》）到了一年最寒冷的冬天，万物凋零，但松柏依然挺拔，君子的品格就是这样！所以，实践智慧还需要着重考虑吉凶善恶之间的权衡。

四、吉凶善恶的权衡

实践智慧是天、地、人，即天时、地利、人和的综合应用，但是此三者，人和为先。正如孟子曰："天时不如地利，地利不如人和。"（《孟子·公孙丑下》）在人的方面，决定一个人最终成就与价值的是德与智，但最终是德，是善。一个人再有智慧，能力再强，再能利用天时与地利，再会搞人际关系，但如果身不正，终究会失道寡助、众叛亲离、身败名裂。正如《易传》曰：

> 积善之家，必有余庆；积不善之家，必有余殃。（《易传·坤·文言》）
>
> 善不积不足以成名，恶不积不足以灭身。小人以小善为无益而弗为也，以小恶而无伤而弗去也，故恶积而不可掩，罪大而不可解。（《易传·系辞下》）

在吉凶与善恶之间，善恶是根本，实践智慧不仅仅指向事情的成功，还以德行为基础，以理想为目标。吉与凶，侧重于功利，功利的达成需要理智，但是，一个人如果急功近利，就会不择手段，损人利己。而善与恶，则侧重于价值与品行，品行才是根本。每一个人都会面对吉凶与善恶、是非与成败之间的抉择。正如孟子说：

> 鱼，我所欲也；熊掌，亦我所欲也。二者不可得兼，舍鱼而取熊掌者也。生，亦我所欲也；义，亦我所欲也。二者不可得兼，舍生而取义者也。生亦我所欲，所欲有甚于生者，故不为苟得也；死亦我所恶，所恶有甚于死者，故患有所不辟也。（《孟子·告子上》）

鱼与熊掌，犹如利与义，时常是难以兼得的，这时，便需要有所抉择，勇敢地依据本心而做出正确的选择，这便是义。在抗战年代，那些舍生取义的革命烈士便是伟大的仁人志士！当面对死亡时，没有人不恐惧，理智告诉他们，应该极力地逃离危险的处境，但是，理想又在呼唤着良知，个人的牺牲是为了保护千千万万人的生命，所以，仁人志士并非没有理智，而是心中有超越理智的价值。

成功与正义、失败与邪恶并不是一一对应的关系，所以，我们不可以成败论英雄。有的人虽然在事业上取得巨大的成功，却仍遭人唾弃，但有的人虽败犹荣。这是实践智慧需要重点考量的地方，也是《周易》一书的关键所在。《周易》原来是一本占卜用书，占卜只论吉凶，只管得失成败，经过孔子及其弟子的研究与诠释，将儒家的价值观融入《周易》之中，开始关注善恶，并将善恶作为评判利害得失的根本标准。正是因为如此，《周易》才成了一本哲学著作，成为一本引导人们向善的、规范人们行为的、培养人们崇高理想的经典。在《周易》中，善恶对吉凶所起到的决定作用主要表现在以下三个方面。

第一，当自身处在不利的发展阶段和形势时，善可以使人及时调整状态，纠正错误，化解不利形势，做到逢凶化吉；而恶则会加重不利形势对自身的影响，过而不改，导致进一步的凶害。以《否（pǐ）》卦九四为例（见图3.5），"否"本来意味着衰败，九四处上卦之下，以阳处阴不当位，可以说是衰败之中的衰败了，但是，九四仍然可以发挥善的力量，知命而行义，推进否极泰来的实现。正如《否》卦九四《象》曰："'有命无咎'，志行也。"意思是：明白自己的使命所在，坚定志向而前行，就不会有灾祸。《象》是《易传》中的内容，是儒家对《周易》的诠释。又比如《乾》卦九三（见图3.6），三处下卦之上，未升至上卦，遭遇事业发展的瓶颈，处凶位，常使人不安，所以爻辞说"厉"。然而，人皆生于忧患，死于安乐，九三知"厉"，并"终日乾乾，夕惕若"（《周易·乾》），即每天都在努力进取，哪怕是在晚上也保持如白天一样的警惕，故终能无厉。正如王夫之盛赞九三曰："君子服膺于《易》，执中以自健，舍九三其孰与归！"[1]意思是说，君子将《易》的精神铭记于心，死守善道，自强不息，九三正体现了君子的信念。

---

[1] 王夫之：《周易外传》，中华书局1977年版，第11页。

图 3.5 《否》卦象

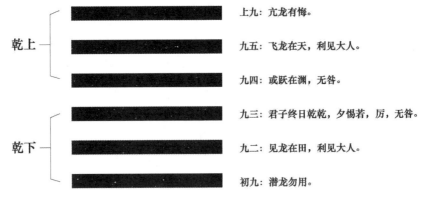

图 3.6 《乾》卦象

第二，当环境不利于自身前行时，善可以使人超越环境的不利影响，坚守正道，改变命运。以《乾》卦九四为例，《乾》主要讲进取，但是九四以阳处阴不当位，其环境不利于进取，从功利得失的意义来讲，九四应当逃离恶劣的形势，明哲保身，但是，九四却知其不可而为之，当仁不让，舍我其谁。《乾》卦九四爻辞曰："或跃在渊，无咎。""或"表示选择，是应当砥砺前行、一飞冲天呢，还是退回到深渊之中，待时而动呢？从理智上来说，此时不该跃；但从理想信念上来说，又必须跃。正如杨万里在解释此爻时说："命不可逃，则孰若守义以听命。"①意思是：人道的使命既然不可逃避，不如就直道而行，顺天由命吧。所以，《乾》卦九四，

① 杨万里撰，宋淑洁点校:《诚斋易传》，九州出版社2008年版，第3页。

非君子不能跃也。

第三，关于有人辅助的问题，善恶仍然起着决定作用，这又可以从三个方面加以分析。首先，能否获得他人辅助的内因是自己，而不是他人，具备美德的人才能得到更多人的辅助。正如孔子说："德不孤，必有邻。"（《论语·里仁》）具有美德的人不会孤独，他的美德一定会吸引很多人愿意与他相伴。《易传·系辞上》也说：

> 君子居其室，出其言善，则千里之外应之，况其迩者乎？居其室，出其言不善，则千里之外违之，况其迩者乎？

意思是说，君子不出门，只要他的话包含着善意，千里之外的人都会响应，更何况是他身边的人呢？小人不出门，只要他的话包含着恶意，千里之外的人都会排斥，更何况是他身边的人呢？所以，有德的人必有相辅之人。其次，获得什么样人的辅助，原因也取决于自身。《易传·乾·文言》曰：

> 同声相应，同气相求；水流湿，火就燥；云从龙，风从虎；本乎天者亲上，本乎地者亲下，则各从其类也。

人与人之间同类相感，己善可感召善人，己恶则会感召恶人，善恶皆自召。所以，有德之人自会招来志同道合之人前来辅助，而无德之人，则会招来和他一样的无德之人。最后，不管能否获得他人的相助，事情的最终结果也是由善恶决定的。一方面，当能够得到他人相助时，如果在善的指引下，依照道德的原则取师择友，一定会推动善的事业的实现；而如果在恶的感召下，人们往往结党营私，最终害人害己。另一方面，当得不到他人相辅时，善仍然会指引着人沿着正道孤独行进，纵然不能兼济天下，也必定能够独善其身；而在恶的感召下，人则会怨天尤人，自暴自弃。

综上所述，中国哲学的实践智慧是理智与价值的统一，以吉与善、义与利相统一为目标，简单来说，就是让好心办成好事。一方面，善是决定吉的根本因素，天下事唯善者可成；另一方面，善与吉又不是绝对的一一对应，善未必能带来吉，只是从根本上带来吉，恶也未必会带来凶，只是从根本上凶。这是因为，实践并不能完全由心决定，还需要把参与实践的人的性情、环境的特点、事情的发展阶段、人际关系等各种因素都考虑进来。所以，实践智慧反映了复杂的人事与社会，是具体的、动态的，实践智慧既是《周易》的根本特点，也是中国古代哲学研究的重要问题。

课后自学参考书目及读书提要：

［1］《周易译注》，作者黄寿祺、张善文。此书是现代学者解释《周易》的名著，作者是研究《周易》的大家。此书最大的特点是通俗、易懂、准确、精练，简体白话，适合作为《周易》初学者的入门书。

［2］《宋本周易注疏》，王弼、韩康伯注，孔颖达疏。此书是《周易注》和《周易正义》的合本，是深入研究《周易》的必读之书。曹魏时期的王弼撰《周易注》，扫汉代象数易学，开启易学义理之风；东晋韩伯康祖述王弼，在王弼注的基础上进行补注；唐代孔颖达对王、韩旧注义旨加以引申发挥，作《周易正义》。

［3］《周易程氏传》，又称《伊川易传》，程颐撰。程颐是北宋著名的理学家，他以理学思想阐释易经，也用《周易》为其理学思想的构建奠定基础。本书一方面继王弼《周易注》之后将易学的义理派推向了新的高峰，另一方面又充分继承了《易传》思想，通过《周易》完美地诠释了儒家思想，言简意赅，思想深刻，在易学史和哲学史上都有重要地位。

第四讲 《黄帝内经》中的医家哲学

　　医家是先秦诸子百家之一，其代表作是《黄帝内经》，简称《内经》。《内经》不仅是我国第一部系统的医学典籍，也是中国古代一部重要的哲学著作。《内经》较之于其他古代医学著作的独到之处在于，它以阴阳、五行的系统思维构筑医学理论体系，将人体的生理活动与精神活动有机相连，创建了形神一体的理论，把人放置于天地运动的大环境之中去考察，提出了关于人与自然关系的独到见解，因而使其具备了哲学的意味。《内经》与《论语》一样，都是对话体，以黄帝求问于岐伯的形式展开，通过两人的问答展开其思想。中医传自岐伯，医家哲学也创始于岐伯。正如陈邦贤在《中国医学史》中描绘了中医的传授大概：

　　　　古人论医学的传授，自岐伯以授黄帝，黄帝历九师以授伊尹，伊尹以授汤，汤历六师以授太公，太公以授文王，文王历九师以授医和，医和历六师以授秦越人，秦越人始定立章句，这是古代医事教育，所以《汉志》上有扁鹊《内经》九卷、《外经》十二卷。[①]

---

　　① 陈邦贤：《中国医学史》，商务印书馆1937年版，第26页。

中医传承始自岐伯，一直到战国时期，在秦越人扁鹊的修编之下，《内经》才最终成书。当然，《内经》的作者及形成过程在学术界尚有争议，不过，我们关注的重心并不在此，而是阐述以《内经》为代表的传统医家哲学。

一、治病必求阴阳之本

阴阳学说是中国古代哲学的重要内容之一，一经形成就被广泛地应用于解释生命、自然和社会治理领域，或者也可以反过来说，哲学上的阴阳学说正是对人们在生命、自然和社会中阴阳观念具体应用的总结。在《内经》中，阴阳哲学得到了广泛应用，并有所发展。阴阳学说也是《内经》理论体系的核心，《内经》把阴阳作为解释万物现象的根据。如《内经·素问·天元纪大论》曰：

> 阴阳者，天地之道，万物之纲纪，变化之父母，生杀之本始，神明之府也，治病必求于本。

自然界中的四季更迭过程是阴阳的变化，千差万别的事物也都以阴阳的运动规律为其共性，阴阳作为"万物之纲纪"和"变化之父母"，还孕育、生成、推动了人体的生理和精神活动。万物由阴阳的和谐统一而生，也由于其和谐秩序的破坏而死，所以，阴阳又为"生杀之本始"。疾病的防治也要以阴阳为根据，"治病必求于本"，此"本"便是阴阳。

《内经·素问·宝命全形论》曰："人生有形，不离阴阳。"人的生存必须具备两个基本条件：一为生理功能，一为食物营养，其中，生理功能属阳，营养物质属阴。饮食之物属阴，消化变化的营养物质也属阴；消化功能属阳，由营养物质而产生的活动能力也属阳。对于人体的运行来说，阴与阳是不可分割、相互作用的，如果单有功能而无食物的营养，功能不能持久；如果单有食物而无消化和吸收的功能，食物也无法转化为营养。就人体的生理活动来说，阳指人体无形的气及由气所产生的生化、运动的功能，阴指人体内的有形物质、营养成分、液体等。

阴与阳在人体中有不同的作用。阳气在人体中主要发挥两种作用：首先，阳气起到运行和生化的作用。人体血液、津液等运行循环，均需要阳气为之输送，而血液、津液之所以能营养全身，产生各种生理和精神活动，也需要阳气的生化作用。其次，阳气起到卫外的作用。《内经·素问·生气通天论》曰："阳者卫外而为固也。"这是说，阳气有防御和抵抗外邪等卫外的功能。再来说阴气的作用。《内经·素问·生气通天论》曰："阴者藏精而起亟也。"阴的作用在于藏精起气，而精和气正是身体器官和功能的物质本原，只有体内具有属阴的营养物质的不断支援，阳才能发挥出防卫、免疫的力量。就好像一个人身体素质再好，精神意志再强大，一顿不吃饭，工作时就会感到疲倦乏力。所以，对于身体来说，阴就好像后勤保障，而阳则是面朝敌人、冲锋陷阵的力量。正如明代医学家张介宾解释道："阴性静，故为阳之守；阳性动，故为阴之使。守者守于中，使者运于外。"[1]所以，阴是体，是质；阳是能，是用，阴不离阳，阳也不能离阴，二者是不可分割的整体。阴阳之间只有相互作用、通协合作、保持平衡，才能维持人体的正常生理活动。

人体中脉搏的波动也可以分为阴与阳。脉搏的波动有起伏，伏时称"去"，起时称"至"，脉伏属阴，脉起属阳。脉的起伏波动还有急与缓、躁与静之分，躁动急促为阳，平静和缓属阴。

阴阳的相互作用还构成了人的先天体质。如《内经·灵枢·通天》曰：

　　盖有太阴之人、少阴之人、太阳之人、少阳之人、阴阳和平之人。凡五人者，其态不同，其筋骨气血各不等。

---

[1] 张介宾：《类经》上册，中医古籍出版社2016年版，第19页。

"阴阳五态人"是依据先天阴阳禀赋的不同来划分的，即人体在成形之时，就已经形成了身体的基本素质，中医的先天禀赋学说与现代遗传学的概念是一致的。因为先天阴阳禀赋的差异，其易患疾病、抗病能力及临床治疗方法等也均有差异。

人体的健康需要阴阳的平衡，而人体的疾病也是由于阴阳失调导致的。阴阳有其特定的功能范围，一旦有一方超越此范围或不及此范围，则必定导致另一方的不及或过度，从而产生阴阳失调。如果人体阴阳失衡，就会引起疾病，即所谓"阳胜则阴病，阴胜则阳病"（《内经·素问·阴阳应象大论》）。阴阳二气在人体内正常运动、相互交感则身体健康，"阴平阳秘，精神乃治"（《内经·素问·生气通天论》）。"阴平"指阴气平顺，"阳秘"指阳气稳固，"阴平阳秘"指阴阳两者互相调节而维持的相对平衡。如果人体内正常的阴阳交感活动被干扰、阻碍，就会使人体的免疫力下降，身体不适，出现疾病。比如，大怒会导致体内阴阳失衡，气血上逆，突然昏厥，如果严重的话，阴阳平衡关系完全被打破，还会出现阴阳离决的死亡后果，这正是经中所说的"阴阳离决，精气乃绝"（《内经·素问·生气通天论》）。

既然一切疾病的发生及其病理都是由于"阴阳失调"所致，那么，不管临床上所呈现的病理现象怎样错综复杂，其疾病的性质和成因总不外乎阴阳两类。所以，诊断疾病的总纲就在于找准切入点，善于抓住阴阳这个关键。正是基于这样一种理路，《内经》说："善诊者，察色按脉，先别阴阳。"（《内经·素问·阴阳应象大论》）只有先分清"阴症"还是"阳症"，才能抓住疾病的本质，对症下药，这就是《内经》中治疗疾病的基本原则。如潮热是一种症状，阴虚和阳盛均可产生潮热，如果诊断，便需要先考虑阴阳之本，然后才能进行相应的治疗。

疾病源于体内的阴阳和谐关系被打破，而治疗疾病主要在于调和阴阳，恢复阴阳的平衡，从而达到健康的目的，正如《内经·素问·至真要大论》曰："谨察阴阳所在而调之，以平为期。"所以，能否掌握阴阳的变化，及时调和人体的阴阳，是疾病诊治能否取得良好效果的关键所在。

二、五行在医学中的运用

除了阴阳之外，五行学说也是《内经》医学理论的基础。五行比阴阳要复杂，因为阴阳是相对的两个方面，而五行是相互依存、相互制约的五个方面。五行从相生的顺序来说，是木、火、土、金、水，即木生火，火生土，土生金，金生水，水生木。从相克（相胜）的顺序来说，五行指木、土、水、火、金，即木克土，土克水，水克火，火克金，金克木（见图4.1）。五行的思想反映了事物之间或整体内部各要素之间的相互联系，具体表现为相生与相克的宇宙秩序。五行的相生相克原理是中国古代哲学最古老和最基本的内容之一。五行之间只有在相互依赖并相互制约中才能保持事物的正常秩序，从而维持整体的平衡。

图 4.1　五行生克图

拿五行说与阴阳说来比较，阴阳说偏重对宇宙本质和动因的揭示，即着眼于阐释事物之间最普遍的矛盾运动；而五行说则侧重于研究事物之间及事物内部各要素之间的结构关系，即宇宙万物相生相克的结构模式。阴阳与五行都具有实践理性的品格，被古代科学所吸纳，其中《内经》就是运用它们的思想来对人体生命活动进行理论说明的典范。

《内经》对五行说的运用，主要表现在以下三个方面。

第一，五行的归类与应用。《内经》为了说明人体脏腑与其活动能力之间的关系、人的内脏与其体表的关系、人体自身与其所处环境之间的关系等，以五脏（心、肝、脾、肺、肾）为中心，将人体各器官组织、感觉、精神、环境等按其性质、功能分别纳入相应的五行之中，于是构造了一个异质同构的大系统（见表4.1）。

表 4.1　五行系统归类

自然界							五行	人体				
五味	五色	五化	五气	五方	五季	五音		五官	五华	五情	五脏	五腑
酸	青	生	风	东	春	角	木	目	爪	怒	肝	胆
苦	赤	长	暑	南	夏	徵	火	舌	面	喜	心	小肠
甘	黄	化	湿	中	长夏	宫	土	口	唇	思	脾	胃
辛	白	收	燥	西	秋	商	金	鼻	毛	悲	肺	大肠
咸	黑	藏	寒	北	冬	羽	水	耳	发	恐	肾	膀胱

在上表中，形形色色、千差万别的事物和现象都被安排得井然有序，把不同的事物可能具有的相同的属性与功能联系起来，有利于全面系统地对事物和现象进行观察和分析。以肝为例，肝与胆互为表里，属木，肝开窍于目，情感中的怒与肝密切相关，暴怒首先伤肝，肝病常在春天发作，酸味入口，先走肝脏，酸味适量能养肝，过量则伤肝。再以肺为例，肺对应着鼻，肺开窍于鼻，肺气通于鼻，所以，肺病会影响鼻气的通利，鼻气的通利也会影响肺的呼吸与健康。又比如，肾对应着耳，《内经·灵枢·决气》说："精脱者耳聋"，凡慢性耳鸣、耳聋等症多属肾虚，治疗当以补肾为主。五行不仅对应着许多方面，而且五行之间还存在着相生与相克的机制。比如，悲为肺之志，属金，怒为肝之志，属木，金能克木，所以悲伤能化解愤怒。又比如，喜为心之志，属火，忧为肺之志，属金，火能克金，所以喜悦能克制忧伤。思为脾之志，属土，恐为肾之志，属水，土克

水，所以，思念能够克服恐惧。

第二，五行乘侮原理的运用。五行之间，既相生，又相克，只有在生与克的相互配合之下，五行才能得以平衡。所以，五行的生克关系构成了天地乃至万物和谐的秩序。正如张介宾所说：

> 盖造化之机，不可无生，亦不可无制。无生则发育无由，无制则亢而为害。生克循环，运行不息，而天地之道，斯无穷已。①

在五行归类中，肝属木，心属火，脾属土，肺属金，肾属水。按照五行之间的相生关系来说，五脏之间的关系是：肝生心，心生脾，脾生肺，肺生肾，肾生肝。按照相克关系来说，肾克心，心克肺，肺克肝，肝克脾，脾克肾（见图4.2）。相生即滋生、助养的意思，相克即抑制、约束的意思。所以，五脏中的任何一个部位都不是孤立存在的，既受到其他脏腑的影响，也影响着其他脏腑。正是在相生与相克的共同作用下，五脏系统才能够正常生化和协调发展；反之，如果五脏中任何一脏出现了异常变化，都会扰乱整个脏腑系统的正常生化，打破原有的生克秩序。

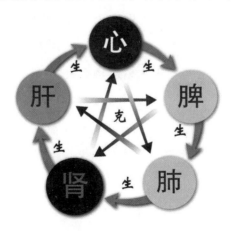

图4.2　五脏生克图

五行生克原理在中医中的具体应用体现在五行乘侮上。如果说五行生

---

① 张介宾：《类经图翼·类经附翼评注》，陕西科学技术出版社1996年版，第12页。

克原理所揭示的是人体正常生理关系的话，那么五行乘侮所揭示的则是病理关系。所谓"乘"即乘虚侵袭，"侮"即恃强凌弱。相乘相侮是异常现象，任何一行发生太过或不及的情况，生与克便失去了平衡状态，就会产生相乘相侮的现象。正如《内经·素问·五运行大论》中说：

> 气有余，则制己所胜，而侮所不胜；其不及，则己所不胜，侮而乘之，己所胜轻而侮之。

这说明，每一脏腑器官若太过，就会打乱生克关系，对自己克制的一方发生超过正常限度的克制，即"乘"；同时，对克我的一方反过来加以欺凌，即"侮"。如肝气有余，则会乘"制己所胜"的脾，同时，肺不能对肝加以正常的制约，肝还会反过来侮"己所不胜"的肺。同样，每一脏若不及，也会打乱生克关系，导致"乘"与"侮"的产生。如肝气不足，就会受到"己所不胜"的肺的乘害，又会受到"己所胜"的脾的反侮。相乘和相侮，意味着五脏内正常关系的破坏，这必将造成脏腑系统的失衡。

在中医中，五行乘侮原理应用广泛，还体现在饮食五味的调和上。《内经·素问·生气通天论》曰："阴之所生，本在五味；阴之五宫，伤在五味。"人的形体的生长所需要的营养物质，如精血、津液等，都来源于饮食中的五味，但是，五脏功能的伤害又导源于五味，如果对五味有所偏嗜，就会造成身体的损伤。所以，五味的调和不可不谨慎。在《内经·素问·生气通天论》一文中系统地阐述了五味偏胜所导致的不良后果。

（1）味过于酸。经中曰："味过于酸，肝气以津，脾气乃绝。""津"是太盛、溢出的意思。酸味对应着肝脏，本身有滋养肝的作用，但是，如果食酸太过，反而会伤害肝。而且，肝气偏胜还会克害脾土，使脾的运行失常，导致水谷精气的来源不足，进而导致肌肉缺少营养，皮肉变厚而皱缩。

（2）味过于咸。经中曰："味过于咸，大骨气劳，短肌，心气抑。""大骨"指腰间、两臂和两腿的骨头。咸味对应着肾，先入肾，肾生骨髓，所以，多吃咸味会伤害肾，肾伤则骨亦伤。所谓"短肌"，指肌肉萎缩。"心气抑"指心气被抑制。由于水克火，水对应着肾，火对应着心，所以肾病会克害心脏；又由于土克水，土对应着脾，脾能维持肌肉的正常功能，所以肾病又会反侮脾土，导致"短肌"。

（3）味过于甘。经中曰："味过于甘，心气喘满，色黑，肾气不衡。"脾对应着甘味，甘味先入脾，所以过食甘味，会伤害脾胃之气，引起胃部胀满，导致胃痛。此外，土克水，脾土太过会克害肾水，以致肾气失去平衡而发生疾病。

（4）味过于苦。经中曰："味过于苦，脾气不濡（rú），胃气乃厚。""厚"指胃功能的呆滞。苦味对应着心脏，苦味先入心，过食苦味会伤及心气。心与脾胃有火土相生的子母关系，所以，心气受伤会殃及脾胃。当脾不能为胃提供津液时，则胃气呆滞，进而导致消化不良和胀满等症状。

（5）味过于辛。经中曰："味过于辛，筋脉沮弛，精神乃央。""沮"指遏抑。"弛"指松弛。"筋脉沮弛"指筋脉发生阻滞不便利和松弛等失常现象。"央"是尽、完了的意思。辛味对应着肺部，过食辛味会伤肺。肺属金，金克木，木属肝，肺气太过则克害肝脏。木又对应于筋，所以，肺气太过又会引起筋脉失去正常功能。辛能伤气，气伤则神伤，会出现精神衰弱等现象。

第三，以五行指导临床诊断与治疗。阴阳是《内经》中诊治疾病的基本原则，五行则是《内经》用以阐释有机体病理关系的具体机制。其表现为推断病情、说明疾病传变及指导辨证立法三个方面。首先，《内经》认为，人体内脏的生克关系正常与否可以从人的色、声、味、脉等体表现象得到反映，古代中医治疗无法做到像现代医疗那样，运用先进的设备透视人体内在脏腑，不过，古代中医也有它的一套办法，即通过综合望、闻、问、切四诊来得到人体的外部器官及生活习惯、心理感受等信息，如五官、五味、五色、五声、五情等，然后再根据五行生克规律，通过这些外在情状来推断内在脏腑的情况，通过干预外在情状来达到作用于内在脏腑的目的。其次，疾病一旦产生，就会按照五行相克的顺序进行传变，正如《内经·素问·玉机真藏论》曰："五脏相通，移皆有次，五脏有病，则各传其所胜。"这就为疾病的发展提供了一个线索，使医生能够预判，及时治疗，防止"乘"和"侮"的发生。最后，《内经》以五行说指导辨证立法，强调治疗疾病时，要从整体系统观点出发，根据五行生克关系，进行全面协调，控制传变，从根本上治疗疾病。正是在这种原则的指导下，传统中医学在医疗实践中不断总结并制订出许多具体的治疗方案，如培土生金、滋水涵木、扶土抑木、壮水制火、补火生土等，充分体现了辨证立法的治疗观。

五行配合五脏，五脏与五味、五音、五色、五志等各个方面都能相互配合，从中可以引申出无限妙用。拿五脏配合五音为例，中国传统音乐有"五行音乐疗法"，就是以《内经》五行配五音通五脏的中医五行原理为治疗的理论依据，通过让患者聆听不同调式的音乐，达到调节脏腑经络和情绪的治疗目的。五音指角、徵、宫、商、羽，音乐触动人的情志，五音对应着怒、喜、思、悲、恐之五情，情动又会引发五脏的反应，如烦躁易怒会伤肝，兴奋乐极会伤心，过度思虑会伤脾，忧郁悲伤会伤肺，胆怯恐惧会伤肾。为了引导人的情绪，防止因五情过度而导致身体的损害，可以通过音乐来调节五情。正如《史记·乐书》曰：

> 音乐者，所以动荡血脉，通流精神而和正心也。故宫动脾而和正圣，商动肺而和正义，角（jué）动肝而和正仁，徵（zhǐ）动心而和正礼，羽动肾而和正智。故乐所以内辅正心而外异贵贱也；上以事宗庙，下以变化黎庶也。①

① 司马迁：《史记》第四册《乐书第二》，中华书局1959年版，第1236页。

这段话是在五行思想的指导下，将五音配五脏、五常，体现了艺术与生理、道德、政治之间的内在联系，也展现了中国古代哲学身心交感、万物一体的思想观念及思维方式。

由上可见，《内经》揭示了宇宙与人体是一个有机的大系统，一动而全动，一变则全变。而且，人体是宇宙大系统中的一个子系统，人与天同构而相感，所以，必须把人体放在宇宙大环境中进行观察，人与宇宙之间彼此依赖、相互制约。

三、精气神一体的生命观

什么是生命？自然科学和人文学科对生命的理解截然不同，自然科学往往从物质构成、化学反应等方面来理解生命，人文学科则强调生命的精神层面。然而，《内经》作为一本集科学与哲学于一身的著作，把生命看作是物质与精神相互交织的事物，生命是形神的统一。《内经》将人置于天地之间来考察，分析了生命的起源、生命的运动过程，以及如何使生命不受疾病侵袭以尽享天年等问题。在《内经》看来，生命是精、气、神三者的统一，是人身三宝，修养以保全精、气、神为要。精、气、神虽然无形无象，但却不是抽象的概念，而是具有切实的作用。

第一，精是人体的物质本原。《内经》曰："人始生，先成精"（《内经·灵枢·经脉》），"生之来谓之精"（《内经·灵枢·本神》），"精者，身之本也"（《内经·素问·金匮真言论》）。由此可见，精是形体的本原，形由精化。形即身体、肉体，它包括脏腑组织、皮脉筋骨及生命活性物质等，这些都是由精化生，人体既成之后，也同样依赖精不断提供营养，才能生长发育，维系生命的持续运动。

第二，气是物质具有的功能。如果说精是物质，那么气便是物质的功能。"气"的概念在春秋战国时期已经得到了广泛重视，哲学家一般把"气"理解为万物共通之物，气的运动决定了万物的运动和变化，如《庄子·知北游》曰："通天下一气。"在医家那里，气主要指人的生命活力，是以物质为基础的功能。无论是生理、病理现象，还是精神心理过程，都可以用气来加以说明和概括，如《内经·灵枢·决气》中说："余闻人有精、气、津、液、血、脉，余意以为一气耳。"构成人体的精、气、津、液、血、脉等精微物质都由气所化生。气是生命活动的动力和源泉，对人的生长发育起着推动和激发作用。气机失调会导致多种疾病，如《内经·素问·举痛论》说："百病生于气也。"因此，中医学以气的运动变化规律来阐述人体生命的运行规律，把气视为生命的基本特征。

人体中的精与气又是相互作用的，精可化为气，由物质展现为脏腑的各种功能；气又能生精，通过气的不息运动促使精的化生，正如《内经·素问·刺志论》曰："气实形实，气虚形虚，此其常也，反此者病。"由精所构成的身体是气存在和运行的场所，而气又充实了形体，是形之能量充满的内因，如果气不足，则人的身体所需要的物质之精便不能得到化生，同理，如果精不足，气也得不到物质的滋养。

第三，神是人体的统帅。精神产生和存在的物质基础是精与气，如《内经·素问·上古天真论》曰："形体不敝，精神不散。"神寄附于形，脱离了形体，精神就会消散；同时，精神消散了，形体也会随之死亡。《内经·素问·五常政大论》曰："根于中者，命曰神机，神去则机息。"所谓"神机"是指神所发动的关窍，在精、气、神三者中，神是气的发动者，是精与气的统领，神一发动，气乘机而动。神如果不在，气就失去了运动的契机。对于形神之间的关系，《内经》一方面认为神不离形，形是神得以发挥作用的物质基础；另一方面，《内经》并没有肯定神是由形产生的，反而认为身体的生死由精神决定。隋代医学家杨上善在《黄帝内经太素》中进一步发挥了《内经》的这一观点，提出"神先形后"论，正如他说："精合之时，有神气来托，则知先有，理不虚也。"[1]意思是：当精产生出人之形时，神便进入其中，神虽然依赖于形而发挥作用，但又独自

---

[1] 杨上善：《黄帝内经太素》，中医古籍出版社2016年版，第60页。

存在。

精气神三者的统一构成了生命，精气神三位一体。正如《内经·灵枢·天年》曰："血气已和，营卫已通，五脏已成，神气舍心，魂魄毕具，乃成为人。"《淮南子》也说："夫形者生之舍也，气者生之充也，神者生之制也，一失位则三者伤矣。"①精气神三者，又可以概括为形与神。形神关系是中国哲学讨论的重要问题之一，《内经》主张形神不离。

四、养生中的哲学思维

中医养生思想形成于《内经》。养生又名"摄生"，即保养生命的意思。《内经·素问·宝命全形论》曰："人以天地之气生，四时之法成。"人是天地之气的产物，所以人的养生也要做到与天地同步，与四时同行，与天道相合，与地道相契。养生要取法于阴阳，自然界的四季交替是阴阳变化作用的结果，春生、夏长、秋收、冬藏是其变化的规律，养生也应遵循此规律。《内经·素问·上古天真论》曰：

> 余闻上古之人，春秋皆度百岁，而运作不衰；今时之人，年半百而运作皆衰者，时世异耶？人将失之耶？岐伯对曰：上古之人，其知道者，法于阴阳，和于术数，食饮有节，起居有常，不妄作劳，故能形与神俱，而尽终其天年，度百岁乃去。今时之人不然也，以酒为浆，以妄为常，醉以入房，以欲竭其精，以耗散其真，不知持满，不时御神，务快其心，逆于生乐，起居无节，故半百而衰也。

在这段话中，《内经》讲了五种保持长寿的方法：第一，"法于阴阳"，即适应四季环境的变化；第二，"和于术数"，即运用养生的技术方法调和身心；第三，"食饮有节"，即饮食要定时定量；第四，"起居有常"，即作

---

① 何宁：《淮南子集释》卷一《原道训》，中华书局1998年版，第82页。

息要有规律；第五，"不妄作劳"，即体力和脑力劳动要有限度。反之，导致早衰也有五种原因，分别是：第一，"以酒为浆"，即把酒当作汤粥来饮用，恣饮无度；第二，"醉以入房"，酒醉后会促使性欲过度的冲动，酒后行房，导致精气的衰竭；第三，"不知持满，不时御神"，指不能够正确使用精神，结果不能保持精力的充满；第四，"务快其心，逆于生乐"，指追求一些违反人们正常生活的乐趣，贪图一时的快乐而不顾身体的健康；第五，"起居无节"，把没有规律的生活方式当作经常性的生活。下面从三个方面分别展现中医养生的哲学思维。

首先，阳气的保养与日月同行。阳气与阴气在身体中各有作用，在天地间，阴阳二气随着日月的变化而此消彼长，午时的阳气为最盛，午时之后，阳渐虚而阴渐长，子时的阴气最盛，之后阳气渐长而阴气渐消。天地有阴阳，人的身体内部也有阴阳，人身中的阴阳必须顺应天地间的阴阳，《内经·素问·生气通天论》曰：

> 阳气者，一日而主外，平旦阳气生，日中而阳气隆，日西而阳气已虚，气门乃闭。是故暮而收拒，无扰筋骨，无见雾露。反此三时，形乃困薄。

这段话的意思是说，人体中的阳气，白天都运行于外部，日出时人体中的阳气开始生发，中午时阳气最为旺盛，日落时阳气衰退，汗孔也就关闭了，所以，到了傍晚时分，体表的阳气已呈收敛、闭拒的状态，这个时候就应该休息，尽量不要扰动筋骨，不使身体暴露在雾露之中，如果违反了阳气在日出、日中和日暮三个时节的活动规律，身体就会日渐衰弱。

其次，养生要身体与心理兼养。人的身心是交感的，身体的生理状态与心灵的精神状态是相互作用、相互影响的，所谓修身养性，讲的正是身体与心理兼养。《内经·素问·上古天真论》曰："恬淡虚无，真气从之，精神内守，病安从来？"所谓"真气"，《内经·灵枢·刺节真邪》解释说：

"真气者所受于天，与谷气并而充身者也。"真气又叫"元气"，是产生人体一切功能活动和抵抗外邪力量的物质基础。真气是先天而有的，与后天补充的谷气不同。但是，保持真气的充满，发挥真心的作用，又必须要建立在心灵"恬淡虚无"的基础之上。心灵如果要恬淡虚无，就必须要减少喜、怒、忧、思、悲、恐、惊之"七情"的刺激和干扰，做到在心灵上清心寡欲，乐观愉快，只有这样，真气才能和顺，也才能发挥身体内在的潜质来抵御疾病。所以，养性以心安为根本，表现为情志的稳定。

由于五行对应着五脏，又对应着五种情志，即心之志为喜，肝之志为怒，脾之志为思，肺之志为忧，肾之志为恐，一个人如果长期受到不良精神状态的影响或突然受到超过极限的、剧烈的情绪的刺激，就会气血不和、阴阳失调，脏腑经络功能紊乱，导致疾病的发生。所以，养生必须做到恬淡虚无，精神内守，乐天知命，心胸开阔，不要计较眼前的利益得失，不患得患失，不怨天尤人。孔子说："仁者寿"（《论语·雍也》），仁者做事，只求心安理得，不计较事情结果的得失，得到了不会大喜，失去了也不会大悲，不管得与失，都不会影响到内心，心灵安宁，生命自然长久。

最后，养生要与四季同步。养生的方法必须适应四季气候的变化规律，其中涉及日常起居、精神状态、饮食安排等方方面面。

关于春天的养生方法，《内经·素问·四气调神大论》说：

> 春三月，此谓发陈。天地俱生，万物以荣。夜卧早起，广步于庭，被（pī，披）发缓形，以使志生，生而勿杀，予而勿夺，赏而勿罚，此春气之应，养生之道也。逆之则伤肝，夏为寒变，奉长者少。

春季是万物生发的季节，早晨应该早点起床，散开头发，松缓腰带，穿宽松的衣服，从容不迫地散步，晚上要比冬天晚一点休息。在精神方面，春天应该充满活泼的生气，像新生万物一样，让它生长，不去掠夺，多做一点赏心乐事,少一些烦心纠结,让心情舒畅,不要扼杀生机。春季五行属木,在五脏对应肝,如果失常,则会伤肝。在情志上,春季对应着怒,阳气升发,肝火易旺,人容易生气,因此,春季要平心静气,以此来养肝。在饮食方面,春季养生,为了顺应阳气升发的规律,人们要多食温补阳气的食物,如葱、姜、蒜、韭菜、芥末等,少吃寒性食物,否则,到了夏季就会得病。同时,春天时,人们不可过多食用酸性食物,以免助长肝气,使肝气过旺。正如唐代名医孙思邈说:"春七十二日省酸增甘,以养脾气。"①由于木能克土,土对应着脾,肝气过旺会有害脾气,所以,春季还可以适当多食甘性食物,如土豆、山药等以养脾气。

关于夏季养生的方法,《内经·素问·四气调神大论》曰:

> 夏三月,此谓蕃秀,天地气交,万物华实,夜卧早起,无厌于日,使志无怒,使华英成秀,使气得泄,若所爱在外,此夏气之应,养长之道也。逆之则伤心,秋为痎(jiē)疟,奉收者少,冬至重病。

夏季是茂盛秀丽的季节,白天变长了,相比春季来说,起床要早些,晚一点睡觉。夏天炎热,但不要只图凉快而厌恶日光,应该每天适当地接受阳光的煦照,使体内阳气正常布散。夏季五行属火,五脏对应心,如果失常,则会伤心。在情志上,夏季对应着喜,情绪要表达出来,不可闷在心中。夏天阳气继续生长,直至顶峰,心火易旺,人在大喜之时容易过度紧张、焦虑,所以夏季要调养好心神,勿急勿躁,以此养心。夏季饮食要注意顺应阳气生长的规律,以清淡为主,低脂、低盐饮食,可以适当喝些绿豆粥等有消暑止渴、清热解毒、生津利尿作用的食物。同时,夏季人体汗孔开泄,腠理(皮肤的纹理和皮下肌肉之间的空隙。腠,音 còu)疏松,出汗较多,要补充足够的维生素、水分,多食新鲜的水果蔬菜,如西红柿、冬瓜、西瓜等。

---

① 孙思邈:《备急千金要方》,中国医药科技出版社 2011 年版,第 450 页。

关于秋季养生。《内经·素问·四气调神大论》说：

> 秋三月，此谓容平，天气以急，地气以明，早卧早起，与鸡俱兴，使志安宁，以缓秋刑，收敛神气，使秋气平，无外其志，使肺气清，此秋气之应，养收之道也。逆之则伤肺，冬为飧泄（大便泄泻清稀。飧，音 sūn），奉藏者少。

秋季气候渐渐转凉，作息也要随之调整，早晨起床不要过早，晚上要比夏天早些睡。秋季五行属金，五脏应肺，如果失常，则会伤肺。秋季阳气收敛，对应的五志为忧，人的情绪也要以收敛含蓄为主，保持心境的平静，情绪乐观，胸怀舒畅，不让自己的意志外驰，尽量减少秋季肃杀之气对人体的影响。秋季饮食要注意顺应阳气收敛的规律，注意养阴防燥，饮食以养阴、滋润多津液为主。同时，要注意养肺，少食辛味食物，如姜、蒜、咖啡、花椒等，多食百合、莲藕、丝瓜等食物。

关于冬季养生。《内经·素问·四气调神大论》曰：

> 冬三月，此为闭藏。水冰地坼（chè，裂开），勿扰乎阳，早卧晚起，必待日光，使志若伏若匿，若有私意，若已有得，去寒就温，无泄皮肤，使气极夺。此冬气之应，养藏之道也。逆之则伤肾，春为痿厥，奉生者少。

在严寒的冬季，应早睡晚起，待太阳出来之后再起床，回避冬寒气候。冬季注意不要使汗孔过度开泄，勿使潜藏的阳气向外发散。冬季五行属水，五脏应肾，如果失常，则会伤肾。冬天阳气收藏，阴气旺盛，对应的情志为恐，所以，冬季养生要以藏为重，使精神安定，使情绪好像有件心事没有告诉人一样，又好像自己得到了一份有意义的收获而怡然自得。冬季饮食要注意养肾，防寒，无扰乎阳。饮食以养阴为主，养肾为先，可以吃一些动物类食品或豆制品，如羊肉、大豆、木耳、芝麻等。

综上所述，《黄帝内经》虽然是一部医学著作，但其中却蕴含着丰富的哲学思想。首先，它体现了中国哲学所具有的实践智慧的本性，中国哲学不仅仅是一门理论，更被广泛应用于生活中，不管是古代的道德伦理、政治思想，还是医术、艺术、工匠技艺、占卜、堪舆等，都有哲学的根据，也都体现了哲学的智慧；其次，它不仅继承了哲学中的阴阳五行学说，还在对身体的研究中加以发挥，推动了阴阳五行学说的发展；再次，《内经》所主张的身心一体、形神双修的思想本身就是哲学不可分割的一部分；最后，《内经》展现了中国哲学天人合一、整体思维的特点。因此，以《黄帝内经》为代表的医家既是中国哲学智慧的具体应用，又推动了中国哲学的发展。

课后自学参考书目及读书提要：

[1]《黄帝内经》，又称《内经》，全书分为《素问》和《灵枢》两部分。《黄帝内经》既是中医学的奠基之作，也包含了丰富的哲学思想，是中国哲学的重要经典。《黄帝内经》兼具"形而上"的哲理性和"形而下"的实用性，是中国古代哲学与自然科学完美结合的一本著作。

[2]《中医教·学经典备课笔记：黄帝内经》，南京中医学院（南京中医药大学）编著。这本书原是20世纪50年代国内中医学院的重要教材，当时国内中医药高等院校相继建立，却无教材可供使用，于是南京中医学院（现南京中医药大学）组织了一批造诣精湛的中医药学专家，将多年来的读书、备课笔记及资料加以整理修改，最终形成了这本著作。本书内容精粹、文字简洁、条理清晰，是现代人学习《黄帝内经》的重要参考资料。

[3]《类经》，作者张介宾。张介宾，字惠卿，号景岳，明代著名医学家。《类经》是一部注释《黄帝内经》的著作，全书将《素问》《灵枢》合

为一本，按摄生、阴阳、藏象、脉象、经络、标本、气味、论治、疾病、针刺、运气、会通等十二类，对《内经》加以重新分类编注，是一部学习《内经》的重要参考书籍。

第五讲　老子哲学的生态智慧

　　老子是中国乃至世界闻名的哲学家，道家学派的创始人，道教理论的奠基者。关于老子的哲学，有许多不同的解读与界定，有人从政治学角度来诠释老子，有人用军事理论来理解老子，还有人从道教信仰或修炼方法的方面从老子哲学那里获得启示，我们这一讲主要从生态哲学这一角度来讲解老子。《老子》没有提出"生态"概念，在老子所处的时代，生态问题也不像今天那么突出，但是，这并不妨碍我们以生态的问题意识来诠释老子。而且，现代生态哲学与老子哲学具有高度的契合性，生态即"道"，从现代生态哲学的角度能够更好地进入并理解老子哲学。所谓生态哲学，是在人与万物共生、共在前提下所探讨的人与世界、人与人之间关系及人的行为准则的哲学。老子的哲学中有非常深厚的生态哲学的资源，其中有许多有益的思想可以为当今世界生态文明建设提供有益的启发。

一、守藏室之史与老子哲学的超越性

　　关于老子的生平，历史记载并不详细，远不如孔子，今天我们只能根据《庄子》和《史记》等典籍中的一些记载加以整理与介绍。《史记》说：

"老子者，楚苦县厉乡曲仁里人也，姓李氏，名耳，字聃，周守藏室之史也。"①这里不仅交代了老子的家乡、姓氏，还提到了老子的职业是守藏室之史，老子的这个职业很不一般。

首先来讲"守藏室"。守藏室这个地方与后世的藏书阁、图书馆相似，这说明老子是东周藏书室的管理员，掌管国家的图册秘书。在春秋时期，造纸术和印刷术还没有被发明，人们书写用的材料主要是竹简，竹简不易写作且笨重，而且，那个时代的教育还没有普及，读书人很少，所以，想看书是非常困难的，而老子却有得天独厚的条件。此外，在秦朝焚书之后，大量古籍被销毁，老子一定看到了许多我们今天看不到的文献，尤其是上古文献。其次，老子不仅管理图书，还是一名史官，正如朱熹说："盖老聃周之史官，掌国之典籍、三皇五帝之书，故能述古事而信好之。"②老子是史官，又是道家的创始人，道家与史官存在着密切关系，正如《汉书》说：

> 道家者流，盖出于史官，历记成败存亡祸福古今之道，然后知秉要执本，清虚以自守，卑弱以自持，此君人南面之术也。③

老子作为一名史官，对于过往的历史一定是了如指掌的，对于人情世故也一定深明精微，而且作为一名哲学家，老子在了悟世事的同时，也看透了人世的变迁。所以，老子及道家哲学具有非常明显的超越性。

在我们正式讲解老子哲学的生态智慧之前，先要了解老子哲学的超越性或超越哲学，这是因为，老子哲学的生态智慧正是建立在超越性基础上的，如果不能超越自我的观念及人类观念的局限，生态是无从谈起的。老子的超越哲学首先体现在对历史观念的超越，这个方面主要有以下三点。

---

① 司马迁：《史记》第七册《老子韩非列传第三》，中华书局1959年版，第2139页。

② 朱熹撰，朱杰人、严佐之、刘永翔主编：《朱子全书》第二十一卷，《晦庵先生朱文公文集》(二)《答汪尚书》，上海古籍出版社、安徽教育出版社2002年版，第1293页。

③ 班固撰，颜师古注：《汉书》中册卷三十《艺文志第十》，中华书局2005年版，第1370页。

第一，老子哲学超越了世间所认同的是非、善恶、美丑的观念，认为这些对立的观念都是人为的、历史的、相对的，随着时空的变迁，这些观念都会发生变化，过去善的，今天可能就成为恶的，有些事情在某些地方认为是丑的，在另一些地方却认为是美的，所以，对立的观念都是不真实的。老子说："唯之与阿（hē，呵斥），相去几何？美之与恶，相去若何？"（《道德经·第二十章》）老子认为，你所赞同的与你所反对的，差别有多大呢？你认为美好的与你认为丑恶的，差别有多大呢？在一定的历史时空中，是非、善恶、美丑固然有区分的标准，但是，在历史的长河中，这些标准又是多变的、相对的。老子还说："祸兮福之所倚，福兮祸之所伏。孰知其极？"（《道德经·第五十八章》）老子认为，祸与福的区分也不是那么绝对，犹如塞翁失马，祸有时会转化为福，福也会转化为祸，而且，人们还无法预料转化的未来方向。所以，一切对立的观念，其对立性都不是绝对的。当我们纵观历史，俯瞰历史，不局限于某一特定历史时空时，就会发现许多历史观念的暂时性、变化性与虚假性。

第二，由于历史观念存在着暂时性、变化性与虚假性，所以，老子认为，人们不应当执着于观念上的具体判断，许多是非、善恶、美丑的确定性判断都是独断的、片面的，而且是有害的。老子说："天下皆知美之为美，斯恶已；皆知善之为善，斯不善矣。"（《道德经·第二章》）老子认为，当天下人都树立起美的标准的时候，这便是丑的开始；当天下人都树立起善的标准的时候，这便是恶的开始。人总有自己的有限性与狭隘性，喜欢自以为是、自以为善、自以为美。就好像辩论会的双方，各自都极力为自己辩护，但是哪方是正确的呢？辩论战胜的一方一定是正确的吗？人们习惯于按照自己的观念作为判断的标准，符合自己观念的为是、为善、为美，反之则为非、为恶、为丑。所以，任何基于自我观念的判断都是独断的、人为的、片面的。在人类社会中，任何标准的设立，既是对一方的肯定，也是对另一方的否定。比如在教育中，人们时常会规定好学生的标准，但如此一来，必然会导致以偏概全。当以学习好作为好学生的标准时，其他的好就不再是好了，于是，教育为了追求所谓好的标准，不自觉地放弃了人的全面培养，背离了个性化的教育，千篇一律。所以，执着于历史中存在的对立观念是有害处的。

第三，由于执着于观念上的判断是有害的，所以老子主张不去做判断，不自作主张，顺其自然。顺其自然，是老子乃至道家哲学的核心观念，它的意思不是我们今天所讲的随缘、不主动、不积极，而是指顺从和尊重万物的本性，不以自己的主观判断加以强行干涉。正如老子说：

> 圣人无常心，以百姓心为心。善者，吾善之；不善者，吾亦善之，德善矣。信者，吾信之；不信者，吾亦信之，德信矣。（《道德经·第四十九章》）

老子认为，观念上的判断大多是出于自己的理解，人心难以避免其有限性，所以，为了避免有限的人心所可能带来的自我的局限及对他人的伤害，最好的办法就是"无心"，即不让自己的心发挥作用。不过，历史的长河总是表现为每个时代的是是非非，每个时代的人们往往会固守着属于他那个时代的是非观念，但是，对于超越历史的圣人来说，他们既不去对每一个时代的观念做出自己的是非判断，也不与人们争执是非，只是顺其自然，顺从每一个人的观念而已，不去妄加判断。所以，老子认为，当人们赞同某种观念时，我赞同；当人们不赞同某种观念时，我也赞同，因为在我看来，人们赞同的与不赞同的并没有严格的界限。同样，人们信任的，我信任；人们不信任的，我也信任，因为人们信任的与不信任的也没有绝对的意义，此一时，彼一时而已。

老子把这种什么都赞同、什么都信任、不自作主张、不争执是非的境界称为"玄同"。正如老子说：

> 知者不言，言者不知。塞其兑，闭其门；挫其锐，解其纷；和其

光，同其尘，是谓玄同。不可得而亲，不可得而疏，不可得而利，不可得而害，不可得而贵，不可得而贱，故为天下贵。（《道德经·第五十六章》）

老子认为，真正知"道"的人不轻易下判断，而轻易下判断的人并不知"道"，所以"知者不言，言者不知"。知"道"的人缄默自守，不由耳目乱心；除去知见，消散纷乱的意见；不分贵贱，和同光辉与平凡，这就叫"玄同"。知"道"的人一定是保持"玄同"境界的人，他们既不与谁亲近，也不与谁疏远；既不给谁好处，也不给谁坏处；既不抬高谁，也不贬低谁，所以，受到天下人的尊重。

据《庄子》和《史记》记载，孔子曾问礼于老子。孔子见到老子，对老子说："我研究《诗》《书》《礼》《乐》《春秋》之六经已经很久了，却很难在这个世间推行，各国君王也不愿意采纳，这该怎么办呢？"老子回答道：

> 幸矣，子之不遇治世之君也。夫六经，先王之陈迹也，岂所以迹哉！今子之所言，犹迹也。夫迹，履之所出，而迹岂履哉？（《庄子·天运》）

老子认为，孔子所推行的道德，只适用于过去的历史时代，如今时代变了，道德的善恶标准也一同改变了，已经不需要再固守了，孔子所推行的道德不被采纳，是时代的必然选择，不是时代的悲哀，而是时代的幸事。历史中的观念只是通过语言留存下来的遗迹，真正应当跟随的是历史的车轮，而非车辙，是"履"而非"迹"。之后，孔子又问"仁义"该不该推行？老子说：

> 仁义，先王之蘧庐（旅馆。蘧，音qú）也，止可以一宿，而不可

久处，媾（gòu，交好，引申为固守、执着）而多责。"（《庄子·
天运》）

老子认为，仁义是过去君王用来治理特定时代的暂时性办法，犹如临时居住的旅馆，不具有永恒的意义，如果过分地推崇和执着，就会遭受许多的指责。由此可见，老子的思想是超越任何时代的，在他的哲学中，任何历史性的是非原则与道德规范都不具有永恒的意义。

二、"道"：从历史的超越到万物的关怀

老子哲学的超越性，不仅体现在对特定历史时代中的人的是非、善恶、美丑标准的超越，而且还超越了人类自身的观念，反对以人的观念来理解和评判万物，要求从历史的超越上升到对人类的超越，从对多元人性的尊重和关怀上升到对万物本性的尊重和关怀。

《吕氏春秋·孟春纪·贵公》中记载了楚人遗弓的故事：

> 荆（楚国）人有遗弓者而不肯索，曰："荆人遗之，荆人得之，又何索焉？"孔子闻之，曰："去其荆而可矣。"老聃闻之，曰："去其人而可矣。"

这个故事可能并不真实，但所体现的思想却是深刻的。孔子提出"仁"的思想，认为人应该去除个人的狭隘性，包括家族、国度与民族的界限，达到人与人之间的平等，对待一切人要一视同仁，这是因为，"仁"是发自人天生的对一切人的恻隐同情之心。然而，老子认为孔子将仁爱遍布人类全体仍然有局限性，主张将仁爱之心置于天地万物之中，主张万物之间的平等。如果说孔子主张的是"人类命运共同体"，那么老子所主张的则是"万物命运共同体"，认为人只是万物之中普通的一员，并不具有

任何的优越性，反而，人如果自视优越，则会给万物乃至人类自身带来灾难。

老子的哲学主要体现在《道德经》一书中。在这本书中，有一个最核心的概念叫"道"。道者，路也，指道路、轨道，引申为秩序和规则。老子的哲学具有超越性，认为人基于自身的有限性所规定的"道"都是暂时性的，而不是恒常性的。比如，古代社会的"三纲"中所谓的君道、臣道、夫道、妻道等，到了现代社会，这些"道"所代表的规则和秩序都已经发生了根本的变化，这些"道"其实都不是真正的"道"。但是，老子并没有由此陷入相对主义或虚无主义之中，反而，他承认存在一个恒常的"道"，老子称之为"常道"，《道德经》正是为了阐述这个"道"。老子认为，凡是基于人的有限性所规定的"道"都不是"常道"，所以，人如果要理解"常道"，必须要有"德"，要在"无我"的境界中，即超越有限性的"我"才有可能。而且，老子所讲的"常道"也不是人道，不是任何一个物种的道，而是万物共同拥有的"道"，是保证万物和谐相处、共生共存的秩序和规则。所以，本讲姑且从生态的角度来理解老子的"道"，生态即"道"，同时，也从生态智慧的角度来阐发老子哲学的当代意义。

老子的生态哲学主要体现在《道德经》一书中，其一为"道"论，其二为"德"论。首先，我们来讲解老子的"道"论。

第一，"道"不可由人任意说道。"道"运用于生态，是指维系包括人在内的万物共生的规则，而不是人对自身的规定，所以，"道"不是由人提出的，不是人可以改变的，也不是人可以任意说道和解释的。正如《道德经·第一章》说："道可道，非常道。名可名，非常名。"这句话是《道德经》的首句，老子一上来就对"道"进行了如下说明：可以由人任意说道的"道"不是真正的"常道"，而是历史性的、暂时性的"道"。所以，"道"不可由人任意说道。老子这一句话的意思并不是说，"道"不可言说，或"道"不可理解，如果是这样的话，老子也不可能去说"道"了，我们在这里也不可能从生态的角度去阐释"道"了。老子的意思是说，

"道"是客观存在的，在人没有来到这个世界之前，"道"就已经存在，而且，"道"不是人的自我规定，而是万物共生的规则，所以，"道"不可以由人按照自己的主观理解与愿望去任意规定和解释。"道"只有在"无我"的境界下才能接近和领会。"名"是人所命的名，是人为的结果，凡人能所想到或所触到的事物皆给予命名，如电脑、鬼神、外星人、金山等，不管是真了解的事物，还是假了解的事物，不管是真见到的事物，还是由意识构建出的事物，人们都会给予命名。人们在给事物命名时，此名不仅指称事物，而且还反映了命名者对对象的理解，"名"反映了人的本质。"道"也是名，由于"道"不可由人任意说道，人们也不可以按照自我的理解去命名"道"。所以，"道"之名只是老子姑且地称名，不含任何人为的理解，正如老子说："吾不知其名，字之曰道，强为之名曰大。"（《道德经·第二十五章》）

举两个简单的事例来说明"道"的这个特点。有一群小朋友在一起玩游戏，他们共同遵循着一个游戏规则，每个小朋友都在这个游戏中承担着某个角色，起着某种作用，而且公平合理。这时，新来了一个小朋友，如果他想融入这个群体，参与这个游戏，只有两种选择，其一是接受这个游戏规则，其二是重新制定游戏规则。如果重新制定规则，这个规则也必须像以前一样公平合理，要保证每个游戏的成员都能承担某个角色且起到作用，这是因为，游戏得大家一块儿玩，必须让每一位游戏的参与者自愿参与，如果新的游戏规则不公平、不合理，以自己为中心，游戏将很难持续下去。"道"就是这个世界的游戏规则，而人类就好像这位新来的小朋友，因为人类不能离开万物而独存，也不具备足够的智慧与德性来重新制定能够容纳万物的规则，所以，人类只能学会接受"常道"，而不能以"可道"参与其中，甚至妄想主宰一切。又比如，我们到别人家里做客，一定要入乡随俗、客随主便，充分尊重主人家的生活习惯，顺应主人的要求，在言行上适当谨慎，既不能像在自己家里一样从心所欲，也不能以自己家的习惯对主人说三道四。人们来到这个世界，就好像在世界里做客一样，这个世界本来就具有规则，我们应该学会摒弃自己的主观见解去理解它、遵循它，客人就要有客人的觉悟，不要妄想当世界的主人。

第二，"道"无所偏私，无爱亦无憎。"道"作为万物共生的生态秩序，对待万物是没有任何爱与憎的，这是因为，生态必须要在万物之间的相生相克及生死循环中才能达到平衡，以此来实现彼此间的和谐共生。万物不管是生，还是死，都是"道"的必要环节，天地之道作为维系生态平衡的秩序之所以能够长久，正是在万物的生生死死、死死生生之中才能得到实现。所以，"道"既不会爱惜生命，也不会厌恶生命，更不会有所偏袒。老子说：

> 天地不仁，以万物为刍狗；圣人不仁，以百姓为刍狗。天地之间，其犹橐籥（tuó yuè）乎？虚而不屈，动而愈出。（《道德经·第五章》）

刍狗是祭祀时用草扎成的狗，人们把刍狗当作牺牲贡献鬼神，人们对待刍狗是没有感情的，不过，刍狗可以为鬼神之用。老子认为，天地也把万物当作刍狗，天地对待万物也同样没有什么感情，既不爱，也不憎，不过，万物也同样能为天地所用。天地自然正是通过万物的生死循环、吐故纳新来达到自身的平衡与永恒，这便是世界的"常道"，是自然生态的内在秩序。老子把"道"的运动比喻成橐籥。橐籥是古代冶铁用的鼓风装置，橐籥的中心是空的，橐籥一开一合，能量无穷无尽。天地之间就好像橐籥，万物在其中相生相克，生死相续，在此过程中，天地得以永恒，万物也得以生生不息，这其中的秩序就是"道"，就是生态。人的生命也如橐籥，如天地，一呼一吸，一吐一纳，不断生成新的，不断摒弃旧的，如此，生命才能维系。如果天地像许多人一样爱生恶死、生而不克、伸而不屈、动而勿静、劳而不息，便不能吐故纳新，也更不能实现万物之间的平衡与和谐。

第三，"道"是往复的、平衡的。"道"表现为生态的秩序，犹如命令一般，万物在自然的往复运动中趋向于平衡。老子说：

> 万物并作，吾以观其复也。夫物芸芸，各复归其根。归根曰静，是谓复命。(《道德经·第十六章》)

老子认为，万物争相生长，而我则观其生死之间的往复运动。芸芸众生，都复归到它来的地方。复归了叫作"静"，不管是万物的生，还是死，皆是在"复命"，在遵循"道"的命令，是"道"的自然运动，是"道"的内在要求。为了说明"道"的往复及在往复运动中所趋向的平衡，老子阐述了两对概念，一是阴阳，二是有无。

老子说："万物负阴而抱阳，冲气以为和。"(《道德经·第四十二章》) 对于生命的生死来说，阳意味着争强好胜，万物皆需要争，不争则不强，不强则不能生。万物的诞生与成长都需要争，植物要破土而出，动物要破壳而生，婴儿也要在母亲分娩过程中挣扎与奋进才能顺利出生。正如王夫之在解释《周易·屯》卦的上六时说：

> 方春之旦，雷发声，蛰虫启，百昌将出，将有迅风、疾雨、骤寒以抑勒之，物之摧折消阴者亦不可胜道。非资乎刚健，见险而不朒(nǜ，退缩)者，固不足以堪此。[1]

这段话的意思是：早春时节，雷声大作，惊醒了蛰伏着的动物，在万物即将复苏的时刻，天地将以迅风、疾雨、骤寒来压抑生灵的成长，受此而被摧毁与消亡的生命不计其数，生命只有具备刚健的体魄和意志，经历磨难而不折伤，才能承受自然的考验，并最终渡过艰险。老子主张"抱阳"，可见，老子并不是一味地反对争，反对强。但是，他认为过分争、

---

[1] 王夫之：《周易外传》，中华书局1977年版，第17页。

过分强，又会损害他物的生，破坏生态的平衡，并得不到他物的助长。所以，争则必败，强则必衰，物极必反，于是又表现为阴，为柔，为死。万物皆由阴而阳，由柔而强，由顺而争；再由阳而阴，由强而柔，由争而顺，以此往复。正如《易传·系辞上》说："一阴一阳之谓道。"老子引进阴阳及刚柔的概念，旨在说明万物在阴阳中循环往复，并在往复中达到"中"与"和"，即生态的平衡，所以，阴阳要兼济，刚柔要协调。针对人们尊阳而贱阴、重刚而轻柔的偏见，老子主张不争、示弱，人们不仅要"知其雄"，更要"守其雌"（《道德经·第二十八章》）。

除了阴与阳之外，老子还用"有"与"无"这对概念说明"道"的往复与平衡。老子说："反者，道之动；弱者，道之用。天下之物生于有，有生于无。"（《道德经·第四十章》）老子认为，往复、往返是"道"的运动，所以，万物不可能一直保持刚强，物壮则老，必会由强转弱，这是"道"在作用。天下万物都在"有"中得以存在，而"有"又来自"无"。"有"与"无"是道家哲学的一对重要概念，后来在魏晋玄学中得到了重点发挥。"有"是具体事物的存在，凡是存在，皆要占有，只有占有一定的资源与能量，事物才能产生，所以，"有"是自利，是自我存在的原因。然而，万物不能只去占有，否则的话，天地就不会有新生，就不能吐故纳新、新陈代谢，万物就不能生生不息，所以，占有的还必然要归还。归还、让位可以称作"无"，"无"是自我的消亡，但也是利生、共生，因为只有自己让位，其他生命才能占有，才能获生。万物正是在从"无"到"有"，又从"有"到"无"的过程中生生不息，而"道"也因此表现为往复的运动，保持着平衡的状态。老子说：

> 天之道，其犹张弓与！高者抑之，下者举之；有余者损之，不足者补之。（《道德经·第七十七章》）

老子认为，"道"的秩序在发挥平衡作用时，就好像拉弓射箭，高于靶心时就抑制，低于靶心时就抬高，有余的就减损，不足的就补充。所以，"道"是维系万物生态平衡的力量，"天网恢恢，疏而不失"（《道德经·第七十三章》），无物可以逃脱。

第四，"道法自然"。"道"不是主宰，不是实体，"道"只是宇宙在久远的演化中、万物在自然运动中呈现出的平衡的秩序与和谐的生态。老子说：

> 太上，不知有之，其次亲之誉之，其次畏之，其次侮之。（《道德经·第十七章》）

"太上"，指最高的存在者，万物的主宰，老子称之为"道"。然而，"道"并不是神灵，而是自然。老子认为，首先，"道"的存在，万物皆不知晓，不知晓"道"，感受不到"道"，反而是最契合"道"的，也是最自然的。就好像人们穿鞋，最合脚的鞋子穿在脚上，脚是感觉不到鞋子存在的。又好像人体中的器官，当人们能感受到身体某个部位存在时，说明这个部位出了问题，没有感受就是最好的状态，所以老子说："太上，不知有之。"其次，是对"道"加以赞誉，人们赞誉"道"，说明已经离开了"道"。就好像当我们赞誉孝道，乃是因为我们缺少孝道；当社会倡导诚信，是因为缺少诚信。最后，当人们渐渐远离了"道"，甚至违反"道"，就会遭到"道"的惩罚，于是，人们开始畏惧，甚至辱骂，就好像一个违法并遭到法律制裁的人一样。"道"的存在是自然的，人对待"道"的最高境界也是"自然"。"自然"指不与"道"对立，是融入"道"之中，完全融合而不自知的状态。

当契合"道"时，便感受不到"道"。这表明"道"不是外在于万物的，不是在万物之外还另外存在一个"道"。"道"不是他物，而是万物所展现出来的最自然、最适宜的状态，以及在自然状态下所达到的万物之间和谐共生的秩序。所以，离开了万物，便没有"道"的存在。正如老

子说:

> 大道泛兮，其可左右也。万物恃之而生而不辞，功成事遂而不名
> 有，衣养万物而不为主。(《道德经·第三十四章》)

老子认为，大道广泛地存在于万物之中，它或在左，或在右，无所不在。万物依赖它而生长，却从不用辞谢它；万物都因它而成就自己，却不会归功于它；万物通过它而得到滋养，却从不以它为主宰。所以，"道"就是万物最自然的状态。老子提出"道"，其目的并不是要在万物之外另设一个主宰，而是要告诉人们，当人们创造了自己的文明并活在自己创造出的观念之中时，已经开始逐渐告别了自然，已经打破了这个世界完美的状态，因为万物处在自然的状态下才是最和谐的，所以人们需要顺其自然，返璞归真。

三、"德"："道"体的规定与返"道"的前提

老子哲学分为"道"论与"德"论两个部分，合起来叫《道德经》。老子讲的"道""德"与我们今天所指的伦理规范或行为准则不同，"道"与"德"具有不同的内涵。"道"讲的是天地自然的秩序，是宇宙长久演化而形成的规则，是天地万物在自然运动下呈现出的和谐的生态，生态即"道"。"德"是在人对"道"体悟的基础上效法"道"而提出的对人的诸多规定，包括思维方式与行为方式上的规定。在"道"与"德"的关系上，"道"是本体，"德"是"道"展现出的品质及对人的规定。老子说："生之畜之，生而不有，为而不恃，长而不宰，是谓玄德。"(《道德经·第十章》)老子认为，因为有了"道"，万物才得以生养，但是"道"从不占有万物，从不以此为依仗，也从不把自己当作主宰。"道"所显现出的这样的美德，被称为"玄德"。"玄德"是以"道"为本体，而不是以自

我观念为基础，"玄德"既是人们在无我境界下对"道"的体悟，即天地之德，也是人们根据天地之德对人之德行的规定。老子说："道法自然"（《道德经·第二十五章》），"道"只是万物在自然状态下所展现出的秩序，"道"不是人，本身没有美德，是人在对"道"的感悟中赋予的美德，是人希望通过对"道"的效法而培养出的自身的美德。所以，"玄德"既是"道"之"德"，也是人通过效法"道"而期望获得的"德"。

此外，"德"的提出也是因为人们在思维方式和行为方式上背离了"道"，通过"德"来引导人们复归于"道"，复归于自然的本性，正如老子说："失道而后德"（《道德经·第二十五章》）。就好像今天的生态秩序遭到破坏，与人的思维方式与行为方式存在着许多关系，所以，我们需要提出新的"德"，以此来转变旧的思维方式与行为方式，使人更符合生态的要求，与自然万物和谐相处。在《道德经》中，"道"与"德"同等重要。"道"是"德"的本体，人之德效法于"道"，目的在于复归"道"；而人如果要理解"道"，又必须要具备"德"，只有具备了虚静、无我、谦退、节俭、包容等美德，人才能使"可道"之"道"趋同于"常道"，所以，"德"又是人返"道"的前提。在《道德经》中，老子谈到了许多种"德"，归纳起来，大概有以下三个方面。

第一，回到素朴的生活状态。道家求"真"，与儒家求"善"有所不同，真即真实、原本、不造作、不妄作。在老子看来，素朴的就是真实的，真实的就是自然的。比如一个女子化妆，如果妆扮得过度了，就会失真，导致我们认不清她的本来面貌；如果妆扮得正好，即使有所修饰，仍然会保留她原来的样子，显得比较自然。老子讲的素朴，就好像化妆一样，不要妆扮过度而失真，而是要保留下原来的样子，要自然一些。

老子提出回到素朴，是针对人类文明来说的。文明的"文"就是修饰的意思，文明就是通过修饰使本质得以显明。比如，语文就是对语言的修饰，一个人不学习语文，也会说话，但学了语文后，能更加准确地表达自己的观点。但是，如果语言文字修饰过度了，就会含蓄隐晦，拐弯抹角，成为掩饰。当语言成为掩饰的时候，语文就失了真，就不再是素朴的、真实的、自然的，也就背离了语文的本来用途。所以，素朴不是反文明，而是对文明的反思，反对过度的文明对真实的遮蔽。

在我们的生活中，有许多因为文明的过度而导致的不素朴、不真实、不自然的状况，其中"名"是最大的原因。"名"常表现为好虚荣、爱面子、讲排场、附庸风雅等，人们为了"名"，常常背离素朴。比如，现代人捕杀野生动物的目的与原始人类不同，原始人类捕食野生动物是为了生存，这是素朴的、自然的、真实的；而现代人捕杀野生动物，其用途并不是为了生存，也不是简单为了食物的营养，更多的是以此作为地位、身份、财富的象征，是面子、排场、虚荣的表现，所以是非本真的。又比如，现在许多热爱中国文化的人喜欢各种文玩、文饰，追求一些雅趣，但有一些也失了本真。拿喝茶来说，从素朴和本真的意义上讲，喝茶首先是为了解渴和解乏，一个劳动的人劳累了一天，累了、渴了，喝茶是难得的休息，他喝的茶里面本身就蕴含着"道"，在实现着茶之道，而有些人常常专门为了喝茶而喝茶，虽然讲究各种仪式，却背离了喝茶的本真，很难说能喝出什么茶道来。

所以，素朴就是去除各种人为观念上的造作，返回最真实、最自然、最简单的生活之中。正如老子说："是以圣人之治也，虚其心，实其腹，弱其志，强其骨。"（《道德经·第三章》）老子认为，如果让得"道"的圣人来治理社会，会令人们"实其腹""强其骨"，返回素朴的生活状态；同时，让他们"虚其心""弱其志"，令他们不妄用主体观念。老子还说："见素抱朴，少私寡欲，绝学无忧。"（《道德经·第十九章》）老子认为，与"道"合一，需要复归素朴的生活，为此，一方面要减少过度的欲望，让人们的欲求回到正常；另一方面，还要去除观念上的对立与造作，从自身的所知之中认识到自身的有限性，不要将有限的所知膨胀为自大，进而成为智慧的障碍。老子还说："大丈夫处其厚，不处其薄；处其实，不处其华。故去彼取此。"（《道德经·第三十八章》）得"道"的大丈夫对待人与万物要厚道，不应刻薄；生活要朴实，不应浮华。只有去除了刻薄与浮华，才能返回厚道与朴实的真常。

在老子看来，生活回归了素朴与简单，自然就能减少过度的欲望。其实，生活本身就是素朴的，之所以有这么多的累赘，大多都是观念、文化带来的负面效果。所以，回归素朴有利于欲望的节制，有助于去除生命中的种种假象，这样，人性就回归了自然，人们的行为就符合了生态，自然也就契合了"道"。

第二，反主为客的思维转变。我们今天常讲反客为主，因为人们总想做主，想影响和改造他人，想成为主人，成为中心，成为主宰。但是，老子却提出反主为客的思想，以客体性而非主体性思维来看待自己与世界及其关系。老子说："吾不敢为主而为客，不敢进寸而退尺。"（《道德经·第六十九章》）老子认为，人类不是世界的主人，而是世界的匆匆过客，人在世界上非但不能进寸，反而要退尺。这个思维方式的转变是人契合"道"、符合生态的关键，也是老子为当今生态文明做出的重大启示与贡献。生态学家柯布说道：

> 有意的自我遮蔽使得尊重自然生命的思想在西方不能大行其道，而在中国，这种掩盖还显得不那么明显。有迹象表明，中国或许可以引领世界走出这种体制化的残酷和毁灭。①

西方的思想传统是主客二元的，在主体性思维的主导之下，人与万物和谐共生的生态之"道"遭受到了遮蔽；与此不同，老子倡导人在无我境界下向自然的复归，主张从主体性的思维复归至客体性思维。

工业文明的迅猛发展导致了现代社会的生态危机，而工业文明又与主体性思维密不可分。主体性思维是西方文化的主导思维，人是主体，自然

---

① 伯奇（Birch C.）、柯布（Cobb J.B.）著，邹诗鹏、麻晓晴译：《生命的解放》，中国科学技术出版社2015年版，第3页。

万物皆是客体，这本身就意味着人是万物的主宰。比如《摩西五经·创世记》里说：

> 上帝说：我要造人了，照我自己的形象，如同我的模样！我要人做海里的鱼、空中的鸟以及一切牲畜野兽爬虫的主宰！①

再让我们看看中国的老子是怎样描述一个得"道"之人的：

> 古之善为道者，微妙玄通，深不可识。夫唯不可识，故强为之容。豫兮其若冬涉川，犹兮其若畏四邻，俨（yǎn，恭敬）兮其若客，涣兮其若凌释，敦兮其若朴，旷兮其若谷，混兮其若浊。（《道德经·第六十五章》）

古代得"道"的人，他的一言一行都与"道"保持玄妙的契合，这样的人与"道"一样难以描述，只能勉强形容一番：他在世界中行事，小心谨慎，好像寒冬渡过冰川；迟疑不决，好像生怕惊扰到四邻；恭敬庄重，好像到别人家里做客；与万物亲和，好像冰雪融化；淳厚质朴，好像未经雕琢的朴木；心胸博大，好像空旷的幽谷；不分彼此，好像浑浊的河水。当人们以客人的身份自处，人们的一言一行都会格外的小心谨慎，而不会粗暴野蛮，人们就会尊重这个世界本来的规则，而不会肆无忌惮，人们就会对天地万物保持恭敬、庄重、亲和与宽容。这样，人们就真的成了这个世界的一分子，就真正遵循了这个世界的"道"，也就得了"道"。

人类为客不为主，并不意味着放弃、消极，或无所作为，反而，只有为客而不为主，才能真正有所作为。正如老子说："不自见，故明；不自是，故彰；不自伐，故有功；不自矜，故能长。"（《道德经·第二十二章》）意思是：不从自己的见解出发，才能获得明智；不自以为是，才能

---

① 冯象译注：《摩西五经》，生活·读书·新知三联书店2013年版，第4页。

彰明思想；不自夸，才能取得功劳；不自骄，才能真正高大。老子还说："是以圣人终不为大，故能成其大。"（《道德经·第三十四章》）得"道"的圣人之所以能够成就伟大，是因为他不自大，只有不自大，才能成就伟大。相对于"道"而言，人类所追求的"主"不过是一厢情愿，是人类虚妄的观念，只有放弃妄想，认清自己，敬畏自然，遵循规律，人类的事业才能真正有所成就。

第三，身为道体，愿做生态人。道家认为，人人皆是道体，这不仅是因为每个人都是大道的产物，而且只有人才能用"心"而知"道"、修"德"而返"道"、行教以弘"道"。正如道教经典《太上一乘海空智藏经·哀叹品》说："众生道性，不一不二，究竟平等，犹如虚空，一切众生同共有之。"①当人们自觉到自我为道体时，我即是圣人。在老子的哲学中，得"道"之人即圣人，生态即"道"，所以，得"道"的圣人也可以称为"生态人"。

圣人是自然的辅助者，是"道"的守护者，而不是主宰者，圣人的使命是做一个生态人，辅助万物以成就其自然之性。孔子也说："人能弘道，非道弘人。"（《论语·卫灵公》）孔子认为，人应当成为大道的弘扬者，而不是利用大道来为人谋求私利。生态伦理学家霍尔姆斯·罗尔斯顿也说：

> 人类（humans）与腐殖土壤（humus）是同根同源的，都是由尘土构成，只不过人因有反思其栖息地的高贵能力而成为万物之灵。他们来自地球又遍观地球（人类一词的希腊语词根an-thropos的含义就是：来源于、察看）。人类有其完美性，而他们展现这种完美的一个途径就是看护地球。②

---

① 张继禹主编：《中华道藏》第五册，华夏出版社2004年版，第295页。
② 霍尔姆斯·罗尔斯顿著，杨通进译：《环境伦理学：大自然的价值以及人对大自然的义务》，中国社会科学出版社2000年版，第461页。

今天我们发展科学，掌握自然界的规律，但人类常常受私欲驱动，把天地自然万物看作是人自己的资源与工具，在这样的思维之下，人类越是进步，越会加大对自然的掠夺，所付出的代价也越是惨重，这种进步很难说是真正的进步。

老子曾给人规定了一个使命："以辅万物之自然，而不敢为也。"（《道德经·第六十四章》）作为一个生态人，我们应该以身作则，培养谦下处卑、慈爱不争、节俭知足的美德，顺应自然，让自己的行为合乎生态的要求。只有这样，人类才能与万物共生，才能与天地合一，才能期望更美好的未来。

课后自学参考书目及读书提要：

[1]《老子道德经注》，王弼注，楼宇烈校释。王弼的《老子道德经注》是《老子》一书最重要的注释之一，王弼以道、儒两家的会通为归旨，以"有""无"概念为核心对《道德经》进行诠释，创造性地提出了崇本息末的观念和名教本于自然的思想。这本书不仅是《道德经》的重要注本，也是研究王弼哲学思想的重要参考资料。

[2]《老子本义》，作者魏源。这本书简洁明了，但思想深邃，读起来常使人耳目一新。魏源认为，《老子》包含了明道、修身、治国的极高智慧，他以清末中国时代问题为背景，力图通过诠释《老子》以"矫末世之弊"，将《老子》作为反对封建专制制度和革除社会弊端的思想武器，阐发了《老子》的经世致用之学。

[3]《道德经讲义》，王孺童讲解。这本书的最大特点是文字精练、通俗易懂，将老子玄奥的思想转化为现代人易懂的语言准确地表达出来。在阐释老子思想时，作者常举现实生活中的事例加以说明，发挥老子哲学的社会之用、生活之用，用老子的思想启迪现代人的智慧，适合初学者入门使用。

第六讲　孔子的行与思

　　孔子是春秋时期著名的哲学家，儒家学派的创始人，在中国享有"圣人"的称誉。孔子的哲学与他一生丰富而曲折的经历是密不可分的，他的哲学既是他对人生每一阶段困惑的求索所流露出的智慧的结晶，也为他身处的那个时代、社会与人心问题提供了解决之路。孔子对中国最大的贡献，不仅在于他提出的哲学，更在于他的德行及在德行中体现出的伟大人格。孔子所展现出的人格是生命可能达到的高度，孔子的精神塑造了中国人的脊梁。孔子于晚年时曾总结过自己的一生。子曰："吾十有五而志于学，三十而立，四十而不惑，五十而知天命，六十而耳顺，七十而从心所欲不逾矩。"（《论语·为政》）孔子把自己的一生分为了六个阶段，这六个阶段又对应了孔子的六层境界。下面，我们就按照孔子一生的发展来走进他的哲学。

一、"十有五而志于学"与孔子的志向

　　儒家重视家族传承，尤其是道德传承。孔子说："三年无改于父之道，可谓孝矣。"（《论语·学而》）意思是：即使父母死去多年，仍然要继承

父母身上的优良品质与家族的道德传统，这一点能够做到，就可以称作是孝了。孔子的家族有着非常优秀的道德传统，这对孔子产生了重要的影响。孔子的家族史为微子启→宋湣（mǐn）公→弗公何→正考父→孔父嘉→孔防叔→孔纥（hé）。

孔子的先世可以追溯到商代的微子启。微子启是商纣王同父异母的兄弟，纣王无道，微子屡谏，不被采纳，于是离开纣王。周灭商之后，周成王遵循"兴灭继绝"的传统，建立宋国，封商纣王的兄长微子启为宋国第一任诸侯，于是，孔子的家族从王室转为诸侯。微子四传至宋湣公，宋湣公的长子是弗公何，次子是鲋（fù）祀。湣公不传子，想把王位传给弟弟炀公。兄终弟及本是商代的制度，但周朝已盛行父子相传。鲋祀弑其叔父炀公，希望自己的哥哥弗公何当君王。但是，弗公何不愿接受通过弑君得来的王位，于是鲋祀继位，是为厉公，弗公何为卿大夫。孔子的家族遂由诸侯之家转为公卿之家。

弗公何的曾孙是正考父，辅佐过宋戴公、宋武公、宋宣公，皆为上卿。但是，正考父并不因此而自满，每次受命，愈加恭敬，生活俭朴，是一位非常有修养的人。正考父生孔父嘉。"孔父"是其字，"嘉"是其名。因为其家族道德高尚，于国家功劳卓著，君王准予后代以其先人之字为氏，乃曰孔氏。孔父嘉是孔子的六代祖，任宋穆公时的大司马。宋穆公传位给宋殇公，孔父嘉受命佐助。此时，宋国奸臣华父督谋反弑君，孔父嘉也被谋害而死。

孔父嘉曾孙叫孔防叔，为了躲避政治迫害，离开宋国，到了鲁国，在防这个地方当家大夫，所以叫防叔。离开宋国后，家族世袭的卿的爵位丢失了。孔防叔的地位是家大夫，即新兴的士。在当时，有这么一批人，他们或是贵族的后裔，或是平民中的俊秀子弟，因学习当时贵族的"六艺"，而得以跻身于贵族阶层中当差服务，成为贵族的属臣，受禄养以为生，这样的人就被称为"士"。孔防叔在鲁国，身份就是士，只受俸禄，没有爵位。至此，孔子家族遂由贵族公卿下降为士族之家。

孔防叔之孙叫孔纥，字叔梁，又叫叔梁纥，在鲁国鄹（zōu）邑当大夫。叔梁纥武力绝伦，在当时以勇称。叔梁纥是孔子的父亲。叔梁纥娶颜氏，名征在，生孔子。公元前551年，孔子出生于鲁国昌平乡鄹邑。因为孔子父母曾在孔子出生前在尼丘山祈祷，所以给孔子起名叫孔丘，字仲尼。仲是家里兄弟排行第二的意思，孔子还有个同父异母的哥哥。在孔子出生的那一年，其父叔梁纥就死去了，孔子十七岁时母亲去世。

童年时的孔子出生于士族家庭，学习六艺，以为进身谋生之途。这样的行当，当时被称为儒业。儒是当时社会的一种行业，在孔子之前就已存在。但自从孔子之后，儒业发生了质变。孔子曾告诉他的学生子夏说："女（汝）为君子儒，无为小人儒。"（《论语·雍也》）孔子所谓"小人儒"，即职业儒，也就是当时流行的儒，这些人把学习仅仅当作是一种谋求进身贵族的手段，通过学习，得一份职业，获一份谷禄，以此为生。孔子不满小人儒，教导他的学生们成为君子儒。所谓"君子儒"，是把学问的根本作用看作是提升自我修养、明道行道的人，君子儒在职业上守道义，如果不合道义，宁可舍弃俸禄而去。孔子说："三年学，不至于谷，不易得也。"（《论语·泰伯》）意思是：学习多年，不把心思放在俸禄的求取上，这是难能可贵的。孔子还说："君子谋道不谋食""忧道不忧贫"（《论语·卫灵公》），认为学习的目的在于求道，忧患道之不得，而不因贫穷放弃求道的理想。自此以后，儒自成一派，为诸子百家之一，而不再是一个职业了。

孔子自己称"吾十有五而志于学"，其重心不在"学"，而在"志"。"志"是为士立心，为读书确立理想。孔子十五岁时确立了为道义和真理而学习的理想，志于道，而非志于谷。

二、"三十而立"与孔子的志业

孔子早年家贫，十七岁时母亲去世，不得不出来工作。孔子曾经做过主管仓库的事情，也做过主管牛羊放牧的事。孔子自己也说："吾少也贱，故多能鄙事。"（《论语·子罕》）因为孔子年少时家境贫穷，所以他学会了许多谋生的技艺。孔子十九岁结婚，二十岁有了孩子，名叫孔鲤，字伯鱼。三十岁时，孔子正式授徒设教，最初的学生有曾点、子路、冉伯牛、闵子骞、冉求、子贡、冉雍、颜回、公西华等。

孔子说自己"三十而立"，这个"立"显然不是找到工作使生活能够自立的意思，也不是一般意义上我们所讲的成家立业，因为在很早的时候，孔子就已经投入工作之中了，二十岁时孔子已经结婚生子。这个"立"应该与孔子授徒设教有关。孔子之前管仓库、管牛羊，虽然这些职业也有道义包含其中，但主要还是为了谋生，而三十岁这年，孔子开始授徒设教，这是他的志业所在。志业不同于职业与事业。职业是以生存为目标，事业是以功名为目的，而志业则以理想为中心。不过，志业与职业、事业又不是截然对立的，志业同样可以谋生，可以求得功名，但主要不是为了谋生与功名。与孔子"十有五而志于学"相比，"三十而立"更照顾到现实性，是理想与现实的统一。十七岁时，孔子的母亲去世了，他生活艰辛，在心怀高远理想的同时，必须要找到一条现实的途径与方法，所以，真正的"立业"，是立志业，是找到一条通往理想的现实之路。

孔子是中国第一位在民间开办学校的人，是中国第一位人民教师。在孔子之前，学校只为贵族开放，学习是贵族的特权，即所谓"学在官府"。孔子开创私学，"有教无类"（《论语·卫灵公》），一视同仁，为平民接受教育提供了条件。而且，孔子还为教育赋予了灵魂，教育在于弘道。所以，从孔子开始，教师就不单纯是一个职业，而是一项志业。中国人尊师重道，把"师"与"道"联系在一起，也都源自孔子。子曰："默而识之，学而不厌，诲人不倦，何有于我哉！"（《论语·述而》）孔子教育学生从来不感到厌倦，如果他单纯把教育学生作为一种谋生的职业，一定做不到"不倦"。为了谋生而工作，越是工作，越是劳累，因为非心中所愿，而志向便不同了，本是自己的志向，所以才会不倦。孔子把社会与人类的希望都寄托在了教育上，通过教育传道、弘道，传承文明的理念，弘扬社会的正义。

孔子处在春秋乱世，当时的社会秩序已经开始崩塌，天子、诸侯与大夫全都乱了套。孔子说：

> 天下有道，则礼乐征伐自天子出；天下无道，则礼乐征伐自诸侯出。自诸侯出，盖十世希不失矣；自大夫出，五世希不失矣；陪臣执国命，三世希不失矣。天下有道，则政不在大夫。天下有道，则庶人不议。（《论语·季氏》）

孔子认为，天下太平时，政治文化制度与军事行动都统一于天子，但在春秋时，不管是诸侯，还是大夫，甚至家臣，都各自为政，擅自改变政治文化制度，擅自发动军事斗争，诸侯僭越、大夫弑君等犯上作乱的现象屡见不鲜。

在孔子看来，当时社会的当权者只知道谋一己之私利，已经失去了社会的担当。正如子贡问孔子：什么样的人才可称得上是真正的士？孔子说："行己有耻，使于四方，不辱君命，可谓士矣。"（《论语·子路》）他认为，真正的士一定是德才兼备的，"行己有耻"是讲德，指一个人做事要有羞耻心，道德要发于内心；"使于四方，不辱君命"是讲才，能够顺利地完成君王交代的任务。子贡又问："今之从政者何如？"孔子回答道："噫！斗筲（筲，音 shāo，一种盛饭用的竹筐。斗筲，比喻才短量浅）之人，何足算也！"（《论语·子路》）在孔子看来，如今的当权者只是一群器识狭小的人，是比不上真正的"士"的。孔子把社会的希望寄托在了"士"的身上，孔子兴办教育，所要培养的正是有道德、有能力、有信念、有担当的士。孔子的学生曾子也说："士不可以不弘毅，任重而道远。仁以为己任，不亦重乎？死而后已，不亦远乎？"（《论语·泰伯》）曾子认为，士既要有远大的志向，又要有坚忍的毅力，因为任务艰巨，道路遥远。士以天下归仁作为自己的使命，难道不是很艰巨吗？只有在生命终结之时才停止前进，难道不是很遥远吗？

正因为士是社会的希望，所以，孔子对弟子的要求也非常严格。当时，孔子有一名叫宰予的弟子，他白天睡懒觉，孔子看见后就严厉地批评他说："朽木不可雕也，粪土之墙不可圬（wū，涂抹）也！"（《论语·公冶长》）在孔子看来，士是这个社会最后的希望了，如果士也自暴自弃，这个社会就真的无可救药了，所以孔子看到弟子不争气，非常生气。孔子批评宰予，又何尝不是批评当时的社会呢？如果士都成为这样，整个社会就真的成了一块不可雕的朽木和一面不可粉刷的粪土之墙了。

孔子还有一名学生叫冉求，冉求的能力很强，擅长军事和理财，在季氏家里当官。在《论语》中有这样一段记载："季氏富于周公，而求也为之聚敛而附益之。子曰：'非吾徒也！小子鸣鼓而攻之可也。'"（《论语·先进》）季氏是鲁国的当权大夫，比周公还要富有，然而，冉求在给季氏当家臣时，还为之聚敛财富，剥削民众。于是，孔子说："我不认冉求为我的学生了，弟子们应该郑重地批评与反省。"季氏敛财，错主要在季氏，但孔子没有批评季氏，而是批评冉求，这不仅因为冉求是孔子的学生，更因为孔子把希望寄托在像冉求这样的士的身上。

如果教师只是一种兜售知识的职业，那么教师只要管好课堂教学就够了，至于学生的人生、理想，以及走入社会之后的所作所为便与教师无关了，如果这样的话，像冉求这样多才多艺、跻身于社会上流、得到当权者重用的学生应该是优秀的学生才对，孔子应该感到骄傲才对，但是，孔子却不愿认冉求为自己的学生了，并且还让弟子们郑重地批评这样的行为和反省自己。由此可见，孔子把教育看作是一项传承道义、拯救乱世的志业，孔子"三十而立"，所确立的正是这样一项志业。朋友们，获得一份谋生的职业容易，但寻找到志业却很难，你们找到自己的志业了吗？

三、"四十而不惑"与孔子思想的一以贯之

鲁国大夫季氏骄纵无礼，僭越君权，当时鲁国的朝政大多被季氏所把持，鲁国君王鲁昭公也不能忍受季氏，于是君臣之间发生了斗争。《史记》记载：

> （季平子）得罪鲁昭公，昭公率师击平子，平子与孟氏、叔孙氏三家共攻昭公，昭公师败，奔于齐，齐处昭公乾侯。其后顷之，鲁乱。孔子适齐。[①]

孔子三十五岁那年，季平子得罪了鲁昭公，鲁昭公率领军队攻打季平子，季平子和孟孙氏、叔孙氏三个家族联合起来反击鲁昭公，最后，鲁昭公的军队战败，昭公逃奔到了齐国，齐景公把昭公安置在乾侯这个地方。此后不久，鲁国大乱，孔子于是去往齐国。

在齐国，孔子与齐国乐师讨论音乐，欣赏并学习《韶》乐，以至于"三月不知肉味"（《论语·述而》）。音乐属于六艺之一，当时的士主要学礼、乐、射、御、书、数这六种技艺。此外，《乐》还是六经之一，蕴含着大道。孔子对待六艺，并不是单纯把它们当作技艺、工具看待，而是赋予它们哲学的本体、道德的价值及实践的目标，并将这些内容贯通起来，由道作艺，由艺见道；据德统艺，由艺践德；依仁游艺，以艺弘仁。所以，孔子对待六艺，与当时人们所学大不相同。

子曰："志于道，据于德，依于仁，游于艺。"（《论语·述而》）在这句话中，孔子谈到了四个根本问题："道""德""仁""艺"，并且阐述了这四个根本问题之间的内在关系。道者，路也，笼统地说，道是自然、社会、生命的内在秩序与法则。自然界存在着生态秩序，此为"道"；人

[①] 司马迁：《史记》第六册《孔子世家第十七》，中华书局1959年版，第1910页。

类社会的发展也存在着内在规律，这也是"道"；生命的演化、遗传、疾病及生死，也蕴含着法则，这同样也是"道"。孔子重视人道，他的理想是恢复和维系社会的秩序，所以叫"志于道"。德者，得也。人们体悟并效法"道"的秩序，用"道"来规范自己，以此形成符合秩序的行为方式，这就是德，即我们今天讲的伦理、美德的意思。人为什么要恢复和维系秩序呢？为什么要讲究伦理和美德呢？以及何以能够"志于道""据于德"呢？其内在根据就是"仁"。"仁"如同果仁的仁，是内在的种子，种子是先天形成的，有了种子，才能进行后天的培育。对于人来说，人性的种子就是仁，即良心、良知，人性是从仁这粒种子里逐渐培养出来的。从"道"到"德"，从"德"到"仁"，是一个追寻内在的过程，而当这种内在修养发用于日常生活之中时，就是"游于艺"。所以，"艺"不是单纯的技艺，而是包含了"道""德""仁"于其中。

首先，"道"所体现的秩序无所不在，诸艺之中皆包含着"道"。不管是古代，还是今天，所有的技艺都是对自然与社会内在规则的把握与应用，没有"道"，艺就不会产生，所以要据道游艺。另一方面，还要由艺见道，既然"道"遍布于诸艺之中，所以，人们在具体的技艺与知识中都可以发现"道"、展现"道"、体验"道"。

其次，游艺要遵循规范，要把美德贯穿于诸艺之中。孔子说："君子无所争，必也射乎！揖让而升，下而饮，其争也君子。"（《论语·八佾》）君子之间有竞争，在游艺中自然也有竞争，但是竞争也要有限度，不能毫无原则地竞争。今天奥林匹克虽然追求更高、更快、更强，但也以友谊第一、比赛第二为精神。射箭是六艺之一，君子进行射箭比赛，开始前作揖谦让，结束后还要共饮一杯，握手言和，用今天的话来说，就是赛出水平，赛出风格。所以，游艺要基于美德，也要通过才艺展现美德，弘扬美德。

最后，不管是礼，还是乐，或是其他的艺，都是一种表达内心世界的方式，是由内而外自然生发出来的。仁是一个人最真诚的内心，当我们去除掉名利与欲求而直面自己的内心时，内心所展现出来的状态就是仁。孔子说："人而不仁，如礼何？人而不仁，如乐何？"（《论语·八佾》）礼与乐，虽然经过了人们后天的加工与修饰，但又应该依从真诚的内心。孔子所谓"依于仁"，其中的"依"就是依从、顺从的意思，礼与乐的制作要顺从自己的内心，不自欺，不欺人，依真诚的仁心而行礼，依质朴的仁心而作乐。

孔子对"道""德""仁""艺"四者地位的理解与内在关系的连接，表明了他在理与事之间、心与物之间、天与人之间加以贯通。其中，"道"本之于天，"德"表现为理，"仁"是人心的本真状态，"艺"指生活世界。子曰："吾道一以贯之"（《论语·里仁》），孔子将本体论、伦理学、人性论贯彻于日用常行之中，达到了不惑的境界。

四、"五十而知天命"与孔子的义无反顾

孔子五十岁时，鲁国发生了一件事情。那时，季氏为鲁国三大家族之首，执掌鲁国政治，季氏有个家臣叫阳虎，阳虎反季氏，发动叛乱，后被镇压，季氏损失惨重。鲁国经过阳虎之乱，三家有所觉悟，深感秩序混乱所带来的灾难。所以，在此机缘下，鲁国君臣起用孔子，期望重振社会秩序，孔子因此出仕为官。《史记》记载："定公九年，阳虎不胜，奔于齐……其后定公用孔子为中都宰，一年，四方皆则之。由中都宰为司空，由司空为大司寇。"[1]孔子在一年之内连续升迁，可见当时鲁君与季氏急迫重用孔子的心情，而孔子也欣然往之。

孔子在三十岁之时，已然有所"立"，将自己的志业立在教育上，为何到了五十岁时还要出仕为官呢？孔子的学生子夏曾说："学而优则仕。"（《论语·子张》）孔子到了五十岁，已经与三十岁的状态有所不同。三十岁时，孔子兴办教育，希望培养出德才兼备的士君子来引领社会的道德

---

① 司马迁：《史记》第六册《孔子世家第十七》，中华书局1959年版，第1914—1915页。

风尚，以此改变世界。但是，通过二十年的人生经历，孔子发现，光靠自己的教育，其影响力还是有限的，而且，教育也无法解决社会的所有弊端。因此，孔子希望他的弟子们在学有所成之后积极从政，借助政治的力量最大限度地发挥道德的影响力，而他自己也非常重视出仕的机会。

孔子在当鲁国司寇期间，在政治上做了两件大事。其一是辅佐鲁定公与齐国谈判，最终收回了被齐国侵占的鲁国部分土地，获得了外交上的成功。其二是堕三都。堕三都就是毁去鲁国三大家族封地上违规建造的城墙。依据古礼，大夫是不准私自收藏兵甲的，大夫城邑的高度也有一定的要求。孔子拆除三家的城墙，起初三家是支持的，因为他们家族内部也存在着隐患，他们的家臣可能会占据城邑，谋反叛乱，就好像季氏的家臣阳虎叛乱一样。俗语说：上梁不正下梁歪，三大家族可以据此背叛鲁国君王，其家臣自然也可以效法他们的上级，背叛大夫。这正是三大家族的困扰之处。

不过，堕三都最终还是损害了三家的利益，受到三家的阻碍。并且，鲁国的邻国齐国看到孔子的改革措施，心有忌惮，于是施以离间之计，离间孔子与鲁国君王和季氏之间的关系。据《史记》记载：

> 齐人闻而惧，曰："孔子为政必霸，霸则吾地近焉，我之为先并矣。盍致地焉？"黎鉏（chú）曰："请先尝沮（jǔ，阻止）之；沮之而不可则致地，庸迟乎！"于是选齐国中女子好者八十人，皆衣文衣而舞《康乐》，文马三十驷，遗鲁君。陈女乐文马于鲁城南高门外。季桓子微服往观再三，将受，乃语鲁君为周道游。往观终日，怠于政事。子路曰："夫子可以行矣。"孔子曰："鲁今且郊，如致膰（fán，祭肉）乎大夫，则吾犹可以止。"桓子卒受齐女乐，三日不听政；郊，又不致膰俎（zǔ）于大夫。孔子遂行。[①]

---

① 司马迁：《史记》第六册《孔子世家第十七》，中华书局1959年版，第1918页。

　　齐人认为孔子在鲁国主政，会使鲁国强盛称霸，并吞并齐国土地，这其实是误解了孔子。孔子主张王道，即通过道德、教育、文化来治理国家与处理外交关系，正如他说："远人不服，则修文德以来之。既来之，则安之。"（《论语·季氏》）而齐人重霸道，主张通过法令、经济、军事来实现国富兵强。齐国君臣为了阻止孔子在鲁国改革，选了能歌善舞的美貌女子八十人和品相优良的骏马一百二十匹贿赂鲁国君王，将其安置在鲁国城门外。季氏不仅自己往观再三，还带着鲁君以巡游视察为借口前去玩乐，于是，鲁君荒废了朝政。孔子的学生子路觉得这样的环境已经不适合孔子践行理想了，于是劝说孔子离开。但是，孔子对自己的母国心存不舍，仍然怀有希望。结果，鲁君与季氏还是接受了齐人的贿赂，多日沉溺于享乐而不听政，又不按礼法将郊祭后的祭肉分给大夫。孔子失望至极，最终离开了鲁国。

　　通过这段记载，我们能够感受到孔子并不愿意离开自己的母国，当时孔子借阳虎叛乱的时机，挺身出仕，尽力而为，然而，此时君臣离心，孔子在鲁国已经难以再有所作为了，于是，孔子便离开了鲁国。这也说明孔子心中一直有个道义在，以道义为根基，孔子可以做官，可以教书，不管是做官，还是教书，都是行道义。正如孔子说："君子之于天下也，无适也，无莫也，义之与比。"（《论语·里仁》）这段话的意思是：君子立于天下，没有什么事情是非要去做的，也没有什么事情是必须不能做的，但是，不管做什么，都要与道义相伴。所以，当了官，也没有什么高兴和得意的，反而身负重任了；丢了官，也没有什么遗憾的，在平凡的事情中继续由仁行义而已。

　　此时的孔子，已经体验到了人道的意义。所谓人道，就是人之为人应走的道路，人作为一个独特的群体，既不同于天与地，也不同于万物，而是有其独特的道路、使命，这个道路和使命就是人道，也是孔子五十而知的"天命"。所谓"天命"，从字面上来说，指天的命令。万物皆秉承天的命令而各有其性，如大雁秋天从北方飞往南方，春天又从南方飞往北方，这是大雁的天性，是先天具有的本性。人也有自己的本性，人的本性也是先天具有的，好像秉承了天的命令，正如《中庸》曰："天命之谓性。"从内涵上来讲，"天命"指一个人先天的使命，是一个人一生下来就注定要走的路。在孔子的理解中，人的天命就是弘扬人道，人道就是由仁行义。所以，天命就是人道，人践行人道就是在遵循天命，人遵循天命就要践行人道。

当孔子感悟到天命所在，犹如孟子所言"天将降大任于是人也"（《孟子·告子下》），从此便义无反顾、无怨无悔，生命也因此充满了信念。子曰："朝闻道，夕死可矣。"（《论语·里仁》）孔子说：早晨听闻到大道，即使晚上死去也无悔了。孔子所谓的"道"正是人之为人应该要走的路，即人生的意义、人生的价值。这个"道"犹如"天命"，一个人活着就是为了践行人道，在人生的道路上体会做人的意义。

鲁国与卫国接壤，孔子在五十五岁时，终于离开了鲁国，前往卫国，从此开始了长达十四年的流亡生涯。孔子刚到卫国，闲日里喜欢击磬，有一位担着草筐的隐士路过门外，于是，两人有了一段未见面的对话。《论语·宪问》中记载：

> 子击磬于卫。有荷蒉而过孔氏之门者，曰："有心哉，击磬乎！"既而曰："鄙哉，硁硁（kēng，坚定）乎。莫己知也，斯已而已矣。深则厉，浅则揭。"子曰："果哉！末之难矣。"

这位隐士从孔子的音乐中听出其有心事，于是在门外说："固执啊，坚硬得像块石头。没有人能够理解你，既然如此，就算了呗，何必非要人理解你呢？人生在世就好像过河，水浅的时候还能掀起裤脚，如果水太深，就只能垂下衣裳、不管不问地直接过河了。"孔子听到后说："话说得固然没错，但是我难以做到这样毫不在乎啊！"当天下无道时，明智的做法应该是归隐而保身，孔子虽然明白这个道理，但天命难违，怎可舍弃人道呢？

孔子五十六岁时，准备离开卫国，前往陈国，当到达卫国的仪城时，仪城的边防官请求拜见孔子。《论语·八佾》记载：

> 仪封人请见，曰："君子之至于斯也，吾未尝不得见也。"从者见之。出曰："二三子，何患于丧乎？天下之无道也久矣。天将以夫子为木铎（duó）。"

弟子们跟着孔子背井离乡，理想无从实现，还遭人嘲讽，所以一个个都垂头丧气。但是，仪城的边防官却认为，天下无道已经很久了，虽然孔子无力改变，却是警醒世人的"木铎"。木铎，就是铃铛，有警醒的作用。哲人的作用不在于直接改变世界，而是通过观念来警醒世人，以此来影响世界。古希腊哲学家苏格拉底是西方世界的圣人，他把自己比喻为牛虻，针砭时弊，称自己甘冒天下之大不韪，即使为此而死也在所不惜。西方有像牛虻一样的苏格拉底，中国有像木铎一样的孔子，牛虻与木铎一样，都有警醒的作用。春秋时，天下无道，但有孔子这样的人在，说明大道不会断绝，就好像上天要保存人间的大道一样，而孔子正是人间大道的代表，就好像是上天派到人间的弘道之人。孔子在中国，仿佛一颗道义的星星之火，将道义不断地传承下去，使中国人的心中永远保存着对未来的希望。仪封人说"天将以夫子为木铎"，意在表明，孔子所行，既是天命所使，亦是天命所归。

离开仪城后，孔子又经过卫国的匡地，遭到围困，其原因是鲁国的阳虎曾经带兵攻打过匡，而孔子的形貌高大，状似阳虎，当孔子与众弟子浩浩荡荡地前往匡地时，匡人误认为是阳虎，所以遭到匡人的围攻。当孔子面对生死危机，并没有表现出恐惧，因为他的内心充满了信念，天命在身，无所畏惧。《论语·子罕》记载道：

子畏于匡。曰："文王既没，文不在兹乎！天之将丧斯文也，后死者不得与于斯文也。天之未丧斯文也，匡人其如予何？"

孔子认为，在周文王之后，人类文明之传承、大道之接续的使命不正在他这里吗？如果上天要使人类丧失文明，他就不会承受传承文明、接续大道的天命；如果上天没有使人类丧失文明，匡人又岂能奈何得了呢？后来，当误会解除之后，孔子又重新返回了卫国。

孔子五十七岁时返回卫国，在卫国当了一段时间的官。孔子随行弟子众多，如果不受禄，便不能久居。据《史记》记载："卫灵公问孔子：'居鲁得禄几何？'对曰：'奉粟六万。'卫人亦致粟六万。"[1]虽然卫国君王给孔子的俸禄不少，但是，孔子在卫国并没有待很长时间，因为卫王看重孔子的并不是文化教育本领，而是他的军事才能。"卫灵公问陈于孔子。孔子对曰：'俎豆之事，则尝闻之矣。军旅之事，未之学也。'明日遂行。"（《论语·卫灵公》）卫灵公问孔子如何陈列战阵，孔子却说他只懂得一些礼乐教化，军事没有学过。孔子不愿谈及军事，是因为他的理想是王道，而非霸道，孔子推行礼乐教化，正是希望结束诸侯之间的混战，还社会以太平，又怎么会推波助澜，大谈军事斗争呢？孔子与卫灵公"道不同，不相为谋"（《论语·卫灵公》），五十九岁时，孔子离开了卫国。

五、"六十而耳顺"与孔子乐处

五十九岁时，孔子离开卫国，前往曹国。六十岁时，离开曹国前往宋国。路过宋国境内时，孔子与弟子遇到宋国司马桓魋的追杀。据《史记》记载：

孔子去曹过宋，与弟子习礼大树下，宋司马桓魋（tuí）欲杀孔

---

[1] 司马迁：《史记》第六册《孔子世家第十七》，中华书局1959年版，第1919页。

子，拔其树。孔子去。弟子曰："可以速矣。"孔子曰："天生德于予，桓魋其如予何！"①

春秋之时，"君不君，臣不臣"（《论语·颜渊》）的现象非常普遍，孔子宣扬道义，整顿秩序，自然侵犯到许多人的利益，为乱世所不容，因此遭到像司马桓魋这样人的追杀。但是，孔子并未因此而放弃自己的信念，认为天命在身，文在兹乎，桓魋也不会得逞的。

六十三岁时，孔子离开陈国，前往蔡国，绝粮于陈、蔡之间。关于孔子在陈国和蔡国边境绝粮一事，许多书中都有记载，我们以《吕氏春秋·孝行览·慎人》中的记载为例：

孔子穷于陈、蔡之间，七日不尝食，藜（lí，一种野菜）羹不糁（sǎn，米粒）。宰予备（通"惫"）矣。孔子弦歌于室，颜回择菜于外，子路和子贡相与而言曰："夫子逐于鲁，削迹于卫，伐树于宋，穷于陈、蔡。杀夫子者无罪，藉（凌辱）夫子者不禁。夫子弦歌鼓舞未尝绝音，盖君子之无所丑也若此乎？"颜回无以对，入以告孔子。孔子憱然（改变脸色。憱，音cù）推琴，喟然（形容叹气的样子。喟，音kuì）而叹曰："由与赐，小人也！召，吾语之。"子路与子贡入，子贡曰："如此者，可谓穷矣！"孔子曰："是何言也？君子达于道之谓达，穷于道之谓穷。今丘也拘仁义之道，以遭乱世之患，其所也，何穷之谓？故内省而不疚于道，临难而不失其德。大寒既至，霜雪既降，吾是以知松柏之茂也。……"孔子烈然返瑟而弦，子路抗然执干而舞。子贡曰："吾不知天之高也，不知地之下也。"

面对事业之不畅、理想之不达、生命之危机，孔子的弟子们纷纷志气消沉，甚至怀疑自我。但孔子却依然保持着乐观，他的心灵似乎超越了外

---

① 司马迁：《史记》第六册《孔子世家第十七》，中华书局1959年版，第1921页。

在的境遇，不为外物所动，这样的生命境界，可能就是"耳顺"之义吧。孔子"耳顺"所表现出的乐观，并不是因为外物触动所产生的情欲上的快乐，也不是因为能够预料到美好的未来而暂且隐忍，而是"安贫乐道"之乐，是由心怀对"道"的坚守而产生的乐，所以不再受到任何外在的影响，心外无物。如果说孔子"五十而知天命"尚且带着一丝无奈与悲壮，那么"六十而耳顺"则豁然开朗，以更加自然、轻松的心态对待生命中的得失与成败。

六十三岁时，孔子由陈国到达蔡国，此时的蔡国已经属于楚国，楚叶（shè，邑名）公向子路问孔子的为人。《论语·述而》记载：

> 叶公问孔子于子路，子路不对。子曰："女奚不曰，其为人也，发愤忘食，乐以忘忧，不知老之将至云尔。"

孔子远道而来，初入楚国，情意未洽，叶公私下里问孔子的为人，子路不知叶公问意何在，所以避而不答。但孔子却说自己"发愤忘食，乐以忘忧，不知老之将至"。从中可见，孔子胸中有一腔乐气盘旋，自然通达，已无一丝遗憾。之后，孔子又从蔡国返回陈国，并由陈国再返回卫国。孔子六十八岁时，鲁国季康子想请回孔子，于是，孔子结束了长达十四年的流亡之旅，返回自己的家乡鲁国。

六、"七十而从心所欲不逾矩"与孔子晚年传承

孔子晚年回到鲁国之后，主要做两件事：一是继续收徒授学，后辈弟子从学者愈众，如子游、子夏、有子、曾子、子张、樊迟等；二是诠释"六经"，"从心所欲不逾矩"讲的可能就是孔子诠释"六经"的活动。这两件事体现了孔子的晚年传承。

"从心所欲不逾矩"是一种对待生命、理想及人世间各种事情游刃有

余的境界，这个境界也体现在孔子的经典诠释中。据《史记·孔子世家》记载，在孔子的一生中，经典诠释主要分布在两个时期。其一是在鲁定公五年到八年之间，即孔子四十七岁到五十岁之间，也即阳虎作乱之前，"孔子不仕，退而修诗书礼乐，弟子弥众，至自远方，莫不受业焉"[①]。对孔子这一时期的诠释经典活动，司马迁记述不多。其二是孔子六十八岁之后，即经过十四年的流亡生涯返回鲁国之后。司马迁对这一时期孔子的记载颇有重点，在叙述"孔子之去鲁凡十四岁而反乎鲁"[②]之后，便是"鲁哀公问政"一节，"然鲁终不能用孔子，孔子亦不求仕"[③]。这一节具有承上启下的作用，因为孔子"不求仕"，于是迎来了后面孔子诠释经典的重点。对此，司马迁大书特书，用了大段文字叙述了孔子晚年返鲁之后的经典诠释活动。概括来说，孔子于《书》，"序书传""编次其事"；于《礼》，孔子为《礼》作"记"；于《乐》，孔子令"乐正，雅颂各得其所"；于《诗》，孔子"去其重，取可施于礼义"，并将所删定的诗与所正的乐相合；于《易》，孔子"序彖、系、象、说卦、文言"，作《易传》。司马迁把孔子作"五经"的内容分别记述完毕之后，又专门用了一大段内容来记述孔子作《春秋》之事。根据《孔子世家》中的时间排序，《春秋》应该是孔子在人生最后一个阶段修订的，大概在孔子七十一岁到七十二岁之间。

　　孔子一生最后几年的主要活动是经典诠释，结合孔子"七十而从心所欲不逾矩"的总结性自述，两者可能存在着密切关联，"从心所欲不逾矩"可能是孔子对他的经典诠释思想的概括和总结，而经典诠释也可能成为他"从心所欲不逾矩"的主要进路和方法。"从心所欲"指实现理想，孔子的心中所欲是拨乱反正，令天下归仁。然而，经过之前的不懈努力，孔子的心中所欲显然没有达成，到了人生的最后阶段，孔子只能将未竟的理想传承下去，而经典诠释就是他传承理想的主要途径。

---

① 司马迁：《史记》第六册《孔子世家第十七》，中华书局1959年版，第1914页。

② 司马迁：《史记》第六册《孔子世家第十七》，中华书局1959年版，第1935页。

③ 司马迁：《史记》第六册《孔子世家第十七》，中华书局1959年版，第1935页。

孔子带着自己心中的理想对"六经"进行诠释，借"六经"来表达自己的理想，正如王夫之在解说孔子时说："强将自己立下的柱子栽入圣言内，如炙铁相似"[①]，"六经"也因为被孔子赋予了理想成为经典。然而，孔子诠释"六经"，其表达又是极其隐晦的，好像不敢直抒胸臆，而是将自己的思想深深地隐藏于字里行间，尤其是修订《春秋》，孔子只是通过对《春秋》原书中个别字词的修改来传达其弦外之音。孔子诠释经典如此小心谨慎，正是他"不逾矩"的体现。钱穆在解释孔子"不逾矩"时说："矩，曲尺，规，圆规。规矩方圆之至，借以言一切言行之法度准则。此处言矩不言规，更见其谨言。"[②]钱穆从"矩"中体验到孔子"谨言"，因为有"矩"的存在，所以不能直接表达其心中所欲，只能借"微言"来表诠"大义"，将自己的思想委婉地寄托于"六经"之中。由此可见，孔子"从心所欲"是谨慎的、迂回的，而不是完全的、直接的。

那么，孔子不愿逾越的"矩"是什么？是什么样的"矩"阻碍了孔子直抒胸臆呢？孔子曾说他"述而不作"（《论语·述而》）。"述"指转述，是对历史的因循继承，不加变革，不阐己意，是"不逾矩"的表现。"作"有开创、革新的意思，是以己意阐发经典，是"从心所欲"的体现。孔子修订"六经"，有自己明确的原则和想法，单靠"述"是不可能满足他"从心所欲"的。但是，孔子明明有"作"，却为何又自言"不作"呢？以《礼》《乐》来说，孔子只能"述"却不能"作"。子曰："虽有其位，苟无其德，不敢作礼乐焉；虽有其德，苟无其位，亦不敢作礼乐焉。"（《中庸》）《礼记·乐记》中也说："作者之谓圣，述者之谓明。"[③]由此可见，能"作"的人必须同时具备德与位，犹如《乾》卦九五的圣王；而孔子则如九二的君子，有德而无位。孔子因为缺"位"，所以不敢称"作"。对于"位"，孔子是非常看重的，子曰："不在其位，不谋其政。"（《论语·泰

---

① 王夫之：《读四书大全书》，中华书局1975年版，第206页。

② 钱穆：《论语新解》，生活·读书·新知三联书店2012年版，第26页。

③ 胡平生、张萌译注：《礼记》下册《乐记第十九》，中华书局2017年版，第722页。

伯》)既然孔子没有圣王之位，便不具备"作"的资格，所以只能"述而不作"。

对于孔子修订《春秋》来说更是如此。孟子曰：

> 世衰道微，邪说暴行有作，臣弑其君者有之，子弑其父者有之。孔子惧，作《春秋》。《春秋》，天子之事也。是故孔子曰："知我者其惟《春秋》乎！罪我者其惟《春秋》乎！"（《孟子·滕文公下》）

孟子将孔子修订《春秋》之事界定为"作"，并言"《春秋》，天子之事也"，这说明孔子作为一介布衣，是不能作《春秋》的，此"作"已经逾越了孔子的本位，孔子不应有"作"。《春秋》是史书，在孔子之前，著史之权掌于史官，私家著史乃是僭越之举，孔子修订《春秋》实际上比他所极力批评的"八佾舞于庭"（《论语·八佾》）的性质更为严重，更加逾矩，正因为如此，孔子才说："罪我者其惟《春秋》乎！"既然如此，孔子为何还要"知其不可而为之"呢？这是因为，孔子见"世衰道微，邪说暴行有作，臣弑其君者有之，子弑其父者有之"，心中充满恐惧，不得不作。司马迁在《报任安书》中也说："孔子厄而著《春秋》"，是"贤圣发愤之所为作也。此人皆意有所郁结，不得通其道，故述往事，思来者"①。作则逾矩，不作则难以"从心所欲"，难平心中之愤，最后的结果只能是在"不逾矩"的形式下行"从心所欲"之事，将"作"隐藏在"述"之中，通过经典诠释来表达其难言之隐，委婉地表达其思想主张。

在六十九岁时，孔子的儿子孔鲤去世。七十一岁时，孔子最得意的学生颜渊去世。颜渊的离世对孔子打击很大。《论语·先进》记载：

> 颜渊死，子哭之恸。从者曰："子恸矣。"曰："有恸乎？非夫人之为恸而谁为。"

---

① 班固撰，颜师古注：《汉书》中册卷六十二《司马迁传第三十二》，中华书局2005年版，第2068页。

孔子"六十而耳顺",已经达到了不动心的境界,但是,当颜渊死时,孔子却哭得很悲痛,以至于他的弟子们都感到非常惊讶,似乎从未见过孔子这么悲伤过。孔子之所以如此悲痛,是因为孔子视颜渊为他的继承人,更是天命这个重任的接续者。《论语·先进》又记载:

> 颜渊死,子曰:"噫!天丧予!天丧予!"

对孔子来说,颜渊的死意味着天命难传、大道难续,犹如天命离开了"我"。所以,孔子哭颜渊,实际上是哭大道之不传。孔子七十二岁时,卫国发生内乱,当时,孔子另一位得意的学生子路正在卫国,并惨遭杀害。孔子听闻后,难过不已。第二年,孔子去世,终年七十三年。

孔子被誉为中国的圣人,司马迁称其为"至圣",可以说,对中华民族的影响力,没有哪一位哲学家能够超过孔子。太史公曰:

> 诗有之:"高山仰止,景行行止。"虽不能至,然心向往之。余读孔氏书,想见其为人。适鲁,观仲尼庙堂车服礼器,诸生以时习礼其家,余祗(zhī,恭敬)回留之不能去云。天下君王至于贤人众矣,当时则荣,没则已焉。孔子布衣,传十余世,学者宗之。自天子王侯,中国言六艺者折中于夫子,可谓至圣矣![1]

课后自学参考书目及读书提要:

[1]《孔子传》,钱穆著。钱穆是中国现代思想家,也是研究孔子及《论语》的大家,此书综合了司马迁等各家研究成果,按照孔子的一生进行讲述,不仅完整反映了孔子的生平事迹,而且还分析总结了孔子学说的精髓,文辞典雅,深入浅出,是了解和研究孔子生平的必读之书。

---

[1] 司马迁:《史记》第六册《孔子世家第十七》,中华书局1959年版,第1947页。

[2]《论语新解》，钱穆著。从古至今，《论语》注本很多，有以理学解释的，有以心学解释的，有以道家解释的，还有用佛教思想解释的，而这本书最大的特点是平实、准确，是较忠实于《论语》原义、孔子本意的注本。这本书不仅包括原文重要概念的解释，还有对全文的"白话试译"，此外，还有作者自己的理解心得，是一本阅读和研究《论语》的重要参考用书。

[3]《论语注》，康有为著。康有为是中国近代著名哲学家、社会改革家，他的《论语注》特点鲜明，以西方进化论的思想、自由平等博爱的人权思想诠释《论语》，给《论语》注入了近代化的色彩。虽然康有为借《论语》来宣扬自己的思想主张，但他对孔子的思想的确有精深的理解，对《论语》的解释多有精妙之处。

第七讲　墨子平民哲学

墨子，姓墨，名翟（dí），墨家学派的创始人。墨家在先秦非常兴盛，但于秦朝时基本消亡，西汉时，墨家思想虽然被董仲舒所吸收，但作为一个学派已莫知其详，所以，《史记》虽捃采极博，先秦诸子皆论列言行为传，但唯有墨子仅附缀于孟荀传之中。《史记·孟子荀卿列传》曰："盖墨翟，宋之大夫，善守御，为节用。或曰并孔子时，或曰在其后。"①司马迁提到了墨子的节用思想及善守御的技术，但对墨子的生卒时间却不确定。按照清代思想家孙诒让的考证，墨子是鲁国人，宋国大夫，生于公元前468年（鲁哀公二十七年），卒于公元前376年（周安王二十六年）②，大概生活的时期介于孔子和孟子之间。孔子于公元前479年去世，墨子大概在孔子去世的十多年后出生；孟子出生于公元前372年，墨子去世几年后孟子出生。在孔子和孟子之间，墨子的思想得到了迅速传播，影响很大，正如孟子说："天下之言，不归杨，则归墨。"（《孟子·滕文公下》）杨指杨朱，墨指墨子。《吕氏春秋·仲春纪·当染》也说："孔墨之后学显荣于天下者众多矣，不可胜数。"

---

① 司马迁：《史记》第七册《孟子荀卿列传第十四》，中华书局1959年版，第2350页。

② 参见孙诒让撰，孙启治点校：《墨子闲诂》，中华书局2021年版，第588—600页。

墨子思想主要集中在《墨子》一书中,《墨子》是对墨子思想及墨家门徒思想记录的辑集。在思想渊源上,墨子曾深受孔子思想的影响,《淮南子》曰:"墨子学儒者之业,受孔子之术"①,但是,墨子最终与孔子分道扬镳,同根殊途,走向对立。究其根源,是因为墨子的哲学反映和代表的是平民,而孔子代表的则是作为社会精英阶层的士君子。墨子本人就是平民,他出身低贱,自称"贱人""鄙人"。贱人不是指品德低下的人,在古代,凡是士以下的平民百姓都被称为"贱人"。墨子曾为手工业者,精于各种机械制造,是当时罕见的技术人才。《墨子·贵义》中记载,墨子曾到楚国想游说楚惠王,但是惠王不想见他,派了大夫穆贺见墨子,穆贺虽然很喜欢墨子的学说,但认为他的思想是"贱人之所为",即下等人的思想,是不会得到楚王采纳的。荀子也称墨子之学为"役夫之道"(《荀子·王霸》),墨子一派的成员大多都是底层手工业者。

所以,墨家哲学与儒家哲学截然不同,墨家最先要保障的是百姓的生存,最关心的是"饥者不得食,寒者不得衣,劳者不得息"(《墨子·非乐上》)这些底层百姓实际的生活问题,所以他的思想偏重实用,重视技艺;而儒家最看重的是精神层面的道德品质,轻视体力劳动,偏向精神理想。正如冯契在《中国古代哲学的逻辑发展》中说:"如果说孔子的哲学思想具有贵族的色彩,那么墨子则可以说是平民的哲学家。"②周富美在《墨子:救世的苦行者》中说:"在先秦诸子中,没有一个能像墨子那样站在民众的立场发言,并且那样热心谋求人民的幸福、那样注重实践的效果的。"③墨子的思想非常丰富,可以概括为平民哲学。

---

① 何宁:《淮南子集释》卷二十一《要略》,中华书局1998年版,第1459页。

② 冯契:《中国古代哲学的逻辑发展》,上海人民出版社1985年版,第96页。

③ 周富美:《墨子:救世的苦行者》,九州出版社2018年版,第11页。

一、顺天之志以兼爱万民

在中国哲学中，天与地都具有本体的地位，发挥本体的作用，墨子哲学也不例外。墨子哲学的本体论体现在天志、天意的哲学思想中。墨子以天统地，既树立了天的至高地位，又将地道的宽厚、平等、博大的精神统一于天道之中。正如墨子曰：

> 圣人之德，若天之高，若地之普，其有昭于天下也，若地之固，若山之承，不坼（chè，裂开）不崩，若日之光，若月之明，与天地同常。（《墨子·尚贤中》）

这段话的意思是说，圣人之德既像天一样高，又像地一样广，他的光辉普照天下；像大地一样稳固，像高山一样耸立，不会断裂和崩塌；像太阳的光辉，像月亮的明亮，与天地一样常存。由此可见，墨子综合了天道与地道的美德，用天道统摄地道。墨子取天道之至高，意在树立天志的权威性，以天志来规劝人间；取地道的博大，意在体现天志的平等与包容，尤其是对平民百姓的关怀。

"天志"即天的意志，苍天本没有意志，墨子以自己的思想诠释天，赋予天以公正无私的品德和意志，借天来表达墨子自己的意志。天在人之上，为高；地在人之下，为卑。中国古代哲学家常常将天作为最高权威的代表，通过诠释天，将自己的思想权威化，其目的在于借助至高的天将自己的思想凌驾于世俗的权力之上，以此来规劝、约束世俗的权力，引导和匡正社会。墨子的"天志"也同样带有这样的实践目的。墨子站在平民的角度，认为天的意志是希望人与人之间互爱互利，而厌恶人们相互侵害。正如墨子曰："天何欲何恶者也？天必欲人之相爱相利，而不欲人之相恶相贼也。"（《墨子·法仪》）在中国古代的大多数时期，统治者要求百姓忠诚、爱戴上级，但上级却不关爱百姓；取利于百姓，却很少给百姓带来利益，反而残害百姓。所以，墨子站在平民的立场，倡导互爱互利。

为了进一步树立天的权威性，发挥天志的现实作用，墨子不仅赋予意志于天，还称天有奖善罚恶的能力。墨子曰："爱人利人者，天必福之；恶人贼人者，天必祸之。曰杀不辜者，得不祥焉。"（《墨子·法仪》）又说："顺天意者，兼相爱，交相利，必得赏；反天意者，别相恶，交相贼，必得罚。"（《墨子·天志上》）为了使天志的赏罚功能得到落实，墨子又提出了"明鬼"的思想，认为天以鬼来执行其赏罚，通过激起人们对鬼神的敬畏，来达到顺从天志的目的。这个思想是中国古人一贯的神道设教的做法，在当时的社会有一定的积极意义，有助于规劝上位者爱护百姓，以民为本。此外，借助天志、鬼神来表达诉求也体现了墨子所代表的平民的无助。

天至高无上，顺天则昌，逆天则亡，因此，人们需要敬天意、顺天志；天广大无私，兼爱万物，统治者效法天志，也应当兼爱百姓。墨子的兼爱思想是针对儒家的"亲亲"提出的，儒家虽然倡导仁爱的广大，但又肯定"亲亲"之爱，要求从"亲亲"之爱出发层层扩充，如孟子曰："老吾老，以及人之老；幼吾幼，以及人之幼。"（《孟子·梁惠王上》）所以，儒家所讲的爱，是有层次、有厚薄、有分别的。在春秋战国这样的乱世之中，广大的仁爱遥不可及，更多是狭隘的"亲亲"之爱，当社会处在资源分配严重不均的等级制时，对偏爱与私情的倡导只会加重社会的不公，为此，道家提出"大仁不仁"（《庄子·齐物论》），墨子提出"兼爱"，两者都将"亲亲"之爱看作仁爱的阻碍。

墨子认为，世俗中的人常听从父母的话、学者的话和君王的话，但是这三类人都不免有私心和偏爱，做不到公心和兼爱。兼爱必须要心胸广大，大公无私，而"天"至广至大，是兼爱的代表，对待万物，天没有像人间社会那样区分上下尊卑。正如墨子说："今天下无小国，皆天之邑也；人无幼长贵贱，皆天之臣也。"（《墨子·法仪》）以"天"观之，国无大小，民无贵贱，皆一视同仁。因此，墨子主张通过"法天"来实现兼爱，以天的平等、无私、公正的品德作为衡量人间社会善恶的最高准则。正如墨子曰：

> 然则奚以为治法而可？故曰莫若法天。天之行广而无私，其施厚而不德，其明久而不衰，故圣王法之。（《墨子·法仪》）

天之德广大而没有私心，普遍地给予民众深厚的恩惠却不自以为有功，所以能光明长久而不衰竭。正是由于天平等地赐予天下所有的人恩赐，天的这种精神有利于打破贵族的特权与社会的不公，最符合平民的利益，所以墨子尊天、贵天。天是兼爱的本体，天之广大体现为兼爱天下，而人间社会的统治者也必须要顺应和遵循天志，兼爱百姓。

兼爱还是社会得以健康发展的前提。社会成员有不同的职业分工，他们彼此相互依赖，本没有高低贵贱之分，如果有所偏爱，顾此失彼，社会就会畸形发展，而不能平衡、和谐。所以，社会应该倡导兼爱，而非偏爱。正如墨子说：

> 江河之水，非一源之水也；千镒（yì，重量单位，二十两或二十四两）之裘，非一狐之白也。夫恶有同方取不取同而已者乎？盖非兼王之道也。（《墨子·亲士》）

这段话的意思是说，江河的水不只有一个源头，价值千金的裘皮大衣也不是一只狐狸的毛就能做成，哪里能只取"同方"而不取"同"呢？以天观之，万物皆有共性，此为"同"，此"同"不仅包含差异性，而且因差异而同；"同方"指同类，比"同"要狭隘。墨子取"同"而不仅仅取"同方"，表现了他以天为志、兼爱万民的思想。

与兼爱思想相关的，还有墨子的非攻思想。墨子曾任宋国大夫，宋国在春秋时是一个弱国，又处楚晋争霸的必争之地，因此宋国战争不断，百姓深受战争之苦，宋人非常渴求和平，反对战争，这对墨子的非攻思想产生了直接影响。非攻是兼爱思想的延续，兼爱要求照顾多数人的利益，而不能为了满足少数人的利益去侵害多数人的利益。在墨子看来，战争的获益者是统治者，而受害者却是广大平民，战争无益于国家和百姓，只是一些野心家所利用的工具。因此，墨子主张兼爱，必然反对相害，反对战争，尤其是侵略战争。墨子曰："兼者，处大国不攻小国，处大家不乱小家，强不劫弱，众不暴寡，诈不谋愚，贵不傲贱。"（《墨子·天志中》）春秋时期，诸侯、大夫相互侵伐，大国侵小国，大家欺小家，强凌弱，众暴寡。然而，战争不管是胜利，还是失败，不管是入侵方，还是受侵方，百姓都是最大的受害者。正如墨子曰："今大国之攻小国也，攻者农夫不得耕，妇人不得织，以守为事；攻人者，亦农夫不得耕，妇人不得织，以攻为事。"（《墨子·耕柱》）在墨子看来，战争侵害了多数人的利益，是不义的。由此，墨子希望统治者顺从天意，践行兼爱，制止战争。

针对当时诸侯、贵族们大肆宣扬战争的重要性和追求战功所带来的荣誉，以及学者们热衷于研究战争的规律和战胜的方法，鼓励并推动着战争，墨子给予了强烈反驳。他说：

> 世俗之君子，皆知小物而不知大物。今有人于此，窃一犬一彘（zhì，猪）则谓之不仁，窃一国一都以为义。譬犹小视白谓之白，大视白则谓之黑。（《墨子·鲁问》）

墨子认为，世俗的人只明白小道理，却不明白大道理。有人偷了人家的一条狗、一只猪被认为是不仁义，而有国家侵占了另一个国家或一个城市却被认为是仁义；有人杀死了一个人要判死刑，而杀死了百万人，反而成了备受人们称颂的英雄。这就好像看到一点白叫白，看到很多白就称之为黑。在墨子看来，不管是偷东西，还是侵略战争，本质上没有什么区别，都是损人以利己，自私自利，都是对兼爱的抛弃。通常人们以爱为善，但此爱一定要兼相爱，为了自爱而害他并不是真正的爱；同样，人们求利本无可厚非，但一定要交相利，损人利己也不是真正的利。

为了反对侵略战争，墨子没有停留于思想和口头上的批判，而是将非攻的思想落到实处。墨子及他的许多弟子是手工业者出身，精于机械发明创造，他们通过科学技术的研究，研发了许多防御装备，以此来制止战争。在《墨子·公输》篇中记载了墨子救宋的故事：

鲁班为楚国制造了攻城武器云梯，制成后，楚国准备用它攻打宋国。墨子听说后，连忙赶了十天十夜的路来到楚国郢（yǐng）都，面见鲁班。墨子对鲁班说："北方有个人欺侮我，我想奉送给你二百两黄金，请你帮我杀了他。"

鲁班不高兴地说："我尊崇仁义，从不杀人。"

墨子说："听说你制造了云梯，帮助楚国攻打宋国。宋国和宋国百姓有什么罪过呢？无罪却攻城杀人，这难道能算作仁义的举动吗？你虽然不愿杀一个人，却在帮助楚国杀害众多人。"

鲁班被墨子说服了，但认为自己无力改变结局。墨子说："我能制止楚国攻宋。"鲁班向楚王引荐了墨子。见到楚王后，墨子对楚王说："我可以用我的守备器械抵御云梯。"随后，当着楚王的面，鲁班试着进攻多次，都被墨子成功防御，无法攻克。

楚王想杀掉墨子，墨子却说："我知道你的用意，但是我的弟子三百多人已经拿着我的守城兵器，随时等着楚兵入侵，即使杀了我，也无法杀尽我的弟子。"最终，楚王放弃了对宋国的攻打。

在回去的路上，墨子路过宋国，天忽下大雨，墨子想在城门下避雨，守门人却不让他进去。墨子悄悄地把酝酿中的灾祸解决掉，但众人却不知道他的功劳；而那些在明处争辩不已的人却声名远扬，人人知晓。

这则故事在《战国策》《吕氏春秋》《淮南子》等书中都有详细记录，深刻体现了墨子的兼爱、非攻的思想。兼爱不是爱一个人，而是爱一切人，兼爱必须要落实到非攻，而非攻又必须要能切实地做好防御。墨子是一名有理想的实干家，是一名救世的苦行者，他用自己的一生践行了他的思想，顺天志而无私。

二、尚同尚贤本之于天

墨子主张"尚同"，即社会上下思想要统一。然而，统一于谁、与谁相同，先秦诸子对这个问题的回答是不同的。法家坚定地主张同于君王以及由君王制定的法律；儒家既要求忠实地履行君王的命令，又主张听从内心的道义；道家以自然之道为"同"的标准，要求虚心弱志以顺自然之道。墨子讲"尚同"，虽然也要求百姓同于官吏，官吏同于君王，但并不以君王的意志为最高，他认为在君王之上还有天，应以天志作为"同"的最高标准。墨子曰："天之重且贵于天子也"（《墨子·天志下》），认为天比天子尊贵，比天子更有智慧。墨子还说："天子未得次己而为政，有天政之"（《墨子·天志上》），认为天子不应该放纵自己而自以为是，因为还有天在上面管理着他。所以，尚同就是尚同乎天，正如胡适在《中国哲学史大纲》"墨子"一章中说："天志就是尚同，尚同就是天志。"[1]

在墨子的诠释下，天的意志是广大、兼爱、平等、包容的，人数最多的群众、百姓正是天的意志的代表。因此，尚同在于同于天，又具体表现为同于百姓。尊重百姓就是尊天，就是尚同，只有得到广大百姓的认同和支持，社会才能得到治理，君主也才能得到天下。墨子曰：

> 若苟上下不同义，上之所赏，则众之所非。曰：人众与处，于众得非，则是虽使得上之赏，未足以劝也。（《墨子·尚同中》）

这段话的意思是说，如果上位者的赏赐与百姓的意见不同，上位者赞

---

[1] 胡适：《中国哲学史大纲》，上海古籍出版社1997年版，第123页。

赏，百姓反对，那么，这样的赞赏就不足以引导百姓，也不值得赞赏。所以，墨子的尚同思想虽然表现为对天志的尊崇，但从根本上却是以广大百姓的意志为归旨，天志在于民志。

墨子还从天志的思想中推导出尚贤的思想。儒家和墨子都主张尚贤，但是他们对贤人的理解是不同的。儒家所讲的贤人主要是有德才但无太高地位的士，并不包含地位更低的农和工，正如曾子曰："士不可以不弘毅，任重而道远。"（《论语·泰伯》）孟子也说："尊贤使能，俊杰在位，则天下之士皆悦而愿立于朝矣。"（《孟子·公孙丑上》）与儒家不同，墨子的尚贤更为彻底，他欲打破社会既定的贵贱等级秩序，提出了"官无常贵，而民无终贱"（《墨子·尚贤上》）的思想，为社会底层的普通百姓争取政治权力。墨子曰：

> 古者圣王之为政，列德而尚贤，虽有农与工肆之人，有能则举之，高予之爵，重予之禄，任之以事，断予之令。（《墨子·尚贤上》）

自从确立世袭制，中国古代的人才选拔在很长一段时间受到阶级地位和家族身份的影响甚至决定，农民与工匠在当时的社会中被视为贱民，并不具有为官从政的条件和资格。然而，墨子却认为天是广大无私利，众人皆为天臣，是平等的，上天兼爱万物，也自然给予了人民平等的权利，所以，统治者应该效法和遵循上天的意志，不论身份，只要有才能就应当得到提拔，授予高的爵位，赐予丰厚的俸禄，委以重任，并给予决断的权力。因此，墨子的尚贤思想是从其"天志"的思想中引申而来，"天"是墨子哲学的本体，墨子的道德、政治、文化等思想皆基于他对"天"的诠释。

尚贤也与兼爱有关。墨子曰："圣王之治天下也，其所富、其所贵，未必王公大人骨肉之亲、无故富贵、面目美好者也。"（《墨子·尚贤下》）墨子认为，古代圣明的君王治理社会，所富和所贵的人不一定是王公大人的亲人，也不一定是没有功劳而只有美貌财富的人。兼爱即冲破私情和偏爱，尤其是贵族之间的"亲亲"之爱，任贤使能不可任人唯亲，所以，只有兼爱才能尚贤，而只有尚贤，才能体现兼爱。

三、非命论

儒家和墨家皆言命，但内涵不同。孔子说："五十而知天命"（《论语·为政》），孔子言命，主要为了使士君子坚定道德理想，将修、齐、治、平作为自己的人生使命。子曰："不知命，无以为君子也"（《论语·尧曰》），他将"知命"作为士君子的重要标志和标准。墨子将命理解为一个人当下所处的贫富经济状况和贵贱政治地位，墨子站在社会底层百姓的立场，否认存在恒定不变的命，鼓励百姓积极发挥主观能动性，打破命定的束缚，为了自身的幸福而努力改命。

墨子首先批判了命定论，认为"执命者不仁"（《墨子·非命上》）。命定论主张一切都是命中注定、无法改变的，不仅否定了人们主观努力的作用，而且还固化了不合理的社会等级秩序。墨子站在社会底层百姓的立场，认为持命定论者是对统治者的放纵，是对百姓的不仁。

面对当时统治者对百姓的压迫及百姓贫困的现状，墨子一方面认为统治者应该积极改变自身，不要将自己拥有的权力看作天命赋予的，更不应该把剥削百姓看作天经地义的，应该重视人民的力量，时刻保持忧患意识，还社会以清平，还百姓以安乐。墨子曰：

> 昔者三代之暴王，不缪（miù，纠正）其耳目之淫，不慎其心志之辟（pì，偏邪），外之驱骋田猎毕（用长柄网捕取禽兽）弋（yì，用带绳子的箭射鸟），内沉于酒乐，而不顾其国家百姓之政。繁为无用，暴逆百姓，使下不亲其上。是故国为虚厉，身在刑僇（杀戮）之中，

不肯曰："我罢不肖，我为刑政不善。"必曰："我命故且亡。"（《墨子·非命中》）

这段话的意思是说，从前三代暴虐的君王，不节制耳目的欲望，不谨慎内心的邪念，出门享受狩猎的乐趣，在房中沉迷酒色，不顾及国家政治和百姓生活，做了大量对百姓无用且干扰百姓生活的事情，欺压百姓，使百姓不愿意亲近上位者，所以国家人口减少，没有后代子孙，自己也遭受杀身之祸，但是，他们却不肯将原因归结为自己的不贤能、治理不善，而是认为命运如此。所以，命定论是不利于社会治理的。

另一方面，墨子提出非命这一主张是希望人民振作，通过自己的努力工作来改善自己的生活，改变贫苦的命运。墨子曰：

昔上世之穷民，贪于饮食，惰于从事，是以衣食之财不足，而饥寒冻馁（něi，饥饿）之忧至，不知曰："我罢不肖，从事不疾"，必曰："我命固且贫"。（《墨子·非命上》）

墨子认为，人不是生来就是贫穷的，从个人因素来讲，贫穷的原因是人懒惰、无能，所以，改命需要依靠自己的力量。

墨子主张非命，但又肯定天志、天意。在儒家思想中，天与命是等同的，合称为"天命"。但是在墨子的哲学中，命与天不同，命固化了现有的等级秩序与贫富差距，否定了改变的可能性，确定了底层百姓的贫苦、低贱的命运；而墨子的"天"则代表了底层百姓的利益，带有社会批判性质。所以，在墨子的哲学中，命与天是对立的，非命与天志是统一的，非命本身就是顺从天志的要求。

天志、天意作为社会最高的价值判断标准维护了百姓的利益，具体展现为"三表"。"表"即标准，墨子认为，天意表现为三个方面的标准，当人们的言行、思想及国家政策符合"三表"时，便顺应了天意，取得天下人的认同。何谓"三表"？墨子曰：

> 有本之者，有原之者，有用之者。于何本之？上本之于古者圣王
> 之事。于何原之？下原察百姓耳目之实。于何用之？废（fā，发生，
> 实践）以为刑政，观其中国家百姓人民之利。（《墨子·非命上》）

首先，"本"是指依据，具体指以历史来源和历史经验的考证，即考察"古者圣王之事"的实践效果，作为评判当下社会是非对错的依据。墨子所选取的及由他所诠释的历史经验，皆是以维护平民利益为根本的，所以，以历史为本，亦是以平民为本。墨子在论述他的兼爱、尚贤、非乐、节用、非攻等思想时总会列举一些古代圣王的传说，通过借用和诠释上古的传说来为其思想寻求历史的根据，如墨子曰："尚欲祖述尧舜禹汤之道，将不可以不尚贤。"（《墨子·尚贤上》）墨子尚贤思想是以过去禅让之说为直接来源，并以禅让之说来论证其尚贤思想。

其次，"原"是指民情和民意，要求人们的思想、国家的政策要"察百姓耳目之实"，调查民情，符合民意。百姓耳目的经验虽然不能等同于实际，但却是思想的来源和政策制定的依据，针对百姓的耳目之情，找出问题所在并加以改善，最终落实在"用"上。

再次，"用"指应用，即将思想应用于现实的政策，以对百姓有利的实践效果为标准，凡是对广大百姓有利的就是正确的，是符合天意的，反之就是错误的，是违背天意的。

从中可以看出，"三表"作为衡量思想见解的标准反映了墨子的思想主张，既体现平民百姓的利益诉求，又洞察到了百姓在社会治乱与国家存亡中的根本地位。一方面，墨子通过"三表"呼吁诸子的思想应以人民为本，思想主张应得到大多数人的认同，"通意后对"（《墨子·经下》），使彼此用意相通之后再作应答，不能抛开广大百姓的意见，陷入一己之见；另一方面，墨子也呼吁统治者以百姓利益为中心，以民为本，运用国

家权力为人民生活提供保障，以此为目标积极作为，顺应大公无私的天志，改变人民不合理的历史命运。

四、民性论

先秦诸子热衷于人性问题的讨论，对人性的界定深刻影响了人性的修养方法及社会的治理手段。道家多从自然的角度谈论人性，认为人性在本然天性上是合乎自然之理的，但由于人为的妄作激发了人欲，令其膨胀，使人性偏离了正常的轨道，所以要求返璞归真。儒家主要是从士君子的角度讨论人性，士君子拥有一定的经济和社会地位，要求在内心中存有良知，保持理想不动摇，不被物欲名利所诱惑。而墨子的人性论所谈论的是社会底层人民的本性，即民性。

民性代表了最基本的人性，或人性的最基本要求。在当时的社会中，底层人民最为劳累，但收入却被层层盘剥，时常处于衣不蔽体、食不果腹的状态之中。对于他们而言，生存是第一位的，是首要目标，是底线，挣扎在生存线上的底层人民根本谈不上受名利的诱惑，所以，各种用来克服欲望膨胀和权力滥用的道德伦理并不适用于他们。何谓善？何谓恶？在墨子看来，善、仁、爱人，首先就要保障人的生存，而不应该限制人的生存；恶在于不顾人的生存，对人身加以残害。

墨子对民性给予了充分的同情，认为百姓在本性上并没有一个绝对的善或恶的性质或倾向，百姓表现出善或恶的行动主要取决于他们的生存条件，当生存得以保障，百姓就会愉快和善良；当生存受到威胁，活不下去时，百姓就会为了生存而反抗，破坏既有的社会秩序，表现为恶。正如墨子曰：

> 时年岁善，则民仁且良；时年岁凶，则民吝且恶。夫民何常此之有？（《墨子·七患》）

墨子认为，当风调雨顺、社会风气良好的时候，百姓就仁义而且善良；当遇到灾害和苛政，百姓就会吝啬而凶恶，所以，百姓的仁良或吝恶怎么会是固定的呢？墨子用染丝来比喻民性，"染于苍则苍，染于黄则黄"（《墨子·所染》），染缸里染料的颜色决定了丝的颜色，同样，决定民性的也不是人性本身，而是取决于统治者如何对待百姓，社会何以保护百姓。

墨子认为，对于挣扎在生存线上的贫苦百姓来说，道德的前提不是先天的良知、良能，而是现实的物质条件，作为精神层面的道德是建立在基本物质生活得到保障的现实基础上的。墨子曰：

> 若苟不足，为人弟者求其兄而不得，不弟（tì，悌，敬爱兄长）弟必将怨其兄矣；为人子者求其亲而不得，不孝子必是怨其亲矣；为人臣者求之君而不得，不忠臣必且乱其上矣。（《墨子·节葬下》）

墨子认为，如果基本的物质生活不能得到保障，生存遇到了危机，这时，弟弟求助于哥哥却得不到帮助，弟弟就不会恭敬哥哥，甚至产生怨恨；子女求助于父母却得不到帮助，子女就不再孝敬父母，甚至产生怨恨；臣下求助于君王却得不到帮助，臣下就不再忠诚于君王，甚至以下犯上。诚然，道德是高于物质的，因而是高尚的，道德也并非绝对地由物质生活条件所决定，正如孟子曰："富贵不能淫，贫贱不能移，威武不能屈。"（《孟子·滕文公下》）但是，站在广大贫苦人民的角度来说，崇高的道德往往抵御不住生存的压力与威胁，为了生存而有所争、有所怨，并不能将此归于人性的缺陷，更不能归于人欲。当基本的物质生活无法得到保障却一味地谈论道德时，道德就会沦为压抑人性的异化工具。

尊重人性，首先就要保障人的生存权利，漠视生存是对人性最大的漠视，而尊重生存就必须要肯定利益，尽可能地满足人民合理的利益需求。儒家重义轻利，将利排除在道德之外，甚至置于善的对立面，如孔子说：

"君子喻于义，小人喻于利。"（《论语·子罕》）与儒家不同，墨子重视利，把能否给他人带来利益和实现利益的均等看作判断善恶的重要标准，将利与义统一起来。墨子曰："义，利也。"（《墨子·经上》）又说："利，所得而喜也。"（《墨子·经上》）墨子认为，真正的仁爱一定要能切实地对人民有利，人与人之间兼相爱首先就要交相利，相爱就必须相利，兼相爱是顺从天意，交相利也同样是顺从天意。正如他说："今夫天兼天下而爱之，撽（qiào，驱使）遂万物以利之。"（《墨子·天志中》）因此，墨子的哲学总是表现出实用、功利的特点，正如荀子评价墨子"蔽于用而不知文"（《荀子·解蔽》），即重视能够实现利益的实际效用，而轻视作为形式的礼仪。王邦雄等人编写的《中国哲学史》中用"以质救文"概括墨学思想的特色，认为：

> 以质救文者，在一扫周文形式僵化之种种虚伪无用之繁文缛节，而求对实际之国计民生有所助益。[1]

"文"侧重于礼仪的形式，而"质"则重视实际的内容。在墨子看来，礼仪形式并不能从根本上促进民性向善，只有实际的民生才是民性所需，改善人民的生活水平，给人民提供生活的便利，才能从根本上提升人民的幸福感，当人民身心愉悦了，道德水平自然也就提高了。

五、节用以保民的改革举措

为了保障人民生存，维护民性的仁良，墨子不主张对人民提出过高的道德要求，反而要求用道德约束统治者的行为。这是因为，人民的生存遭受威胁，被迫成为吝恶，并不因为人民本性是恶的，而是统治者为了满足过度的私欲对百姓剥削所致，罪魁祸首在于统治者过度的欲望。正如墨子

---

① 王邦雄等著：《中国哲学史》上册，里仁书局2012年版，第155页。

曰："富贵者奢侈，孤寡者冻馁。"（《墨子·辞让》）后者是前者之果，所以，需要管理、约束的不是人民，而是统治集团。墨子主张"节用"，要求统治者生活节俭。墨子曰：

> 虽上世之圣王，岂能使五谷常收，而旱水不至哉？然而无冻饿之民者，何也？其力时急，而自养俭也。"（《墨子·七患》）

意思是说，即使是上古圣贤的君王，也不能保证五谷时常丰收、旱灾水灾不发生，然而却没有受冻挨饿的百姓，这是因为，君王不耽误百姓的农时，并且自己十分节俭。节俭就要去除无用的奢华，以实用为标准。在这一点上，墨子与老子的主张是相同的，老子也主张"处其实，不居其华"（《道德经·第三十八章》），只不过墨子是基于落后的社会生产力的条件，以保民为目的，而老子则是出于顺应自然之道，追求素朴的人生态度与生活方式。

为此，墨子对上位者提出了节用、实用等要求，在建筑、饮食、衣着、安葬等各个方面提出了具体的改革举措。在屋室建筑方面，墨子主张：

> 室高足以辟（bì，避）润湿，边足以圉（yù，防御）风寒，上足以待雪霜雨露，宫墙之高足以别男女之礼。谨此则止。凡费财劳力，不加利者，不为也。（《墨子·辞过》）

墨子认为，屋室的修建，地基的高度要足以避免潮湿，墙壁的四周足以抵挡风寒，屋顶足以抵挡雪雨露霜，墙壁的高度足以使男女有别，到此为止就够了，反对因个人奢侈的享乐而浪费钱财、劳累百姓。在饮食方面，墨子认为："其为食也，足以增气充虚，强体适腹而已矣。"（《墨子·辞过》）在衣着方面，墨子主张：

> 冬服绀（gàn，微带红的黑色）緅（zōu，黑中带红的颜色）之
> 衣，轻且暖；夏服绤（chī，细葛布）绤（xì，粗葛布）之衣，轻且清
> （qìng，清凉），则止。（《墨子·节用中》）

认为冬天穿深青带红、轻便且暖和的衣服；夏天穿粗、细葛布的衣
服，轻巧且凉爽，如此就足够了，不必再刻意追求美观与奢华。在丧葬方
面，墨子主张：

> 衣三领，足以朽肉；棺三寸，足以朽骸。堀（kū，穿穴）穴深不
> 通于泉，流不发泄则止。死者既葬，生者毋久丧用哀。（《墨子·节
> 用中》）

在丧葬中，给死者穿衣三套，足以穿到肉体腐烂；棺木三寸，足以用
到尸骨腐烂；墓穴的深度不达到地泉以免污染了水源，不让腐烂的气味散
发到地面上就可以停止了。死去的人被安葬之后，活着的人不要长久地服
丧致哀追悼，而要积极投入现实的生产生活之中。

在等级制的社会中，统治者通过盘剥百姓来满足自己的欲望，即节民
之用以利己，而墨子的主张则正好相反，他主张节制统治者的奢侈生活以
利民。正是出于这个方面的考虑，墨子提出非乐的思想。墨子并不是否定
音乐之美，正如他说："非以大钟、鸣鼓、琴瑟、竽笙之声以为不乐也。"
（《墨子·非乐上》）但是，在当时落后的物质生产条件和不公平的社会
环境之中，音乐不是平民百姓所能享受得到的，只是统治者的专享，而
且，统治者为了追求音乐的享乐，还"亏夺民之衣食之财"（《墨子·非
乐上》），给人民带来沉重的负担，所以墨子主张非乐。

墨子提出诸多节用的改革举措，其目的在于保民，关注的是普通百姓
的生活，"凡足以奉给民用，则止。诸加费不加于民利者，圣人弗为"

（《墨子·节用中》），他以是否利民作为节用的标准。所以，我们不能简单地将墨子的节用思想理解为吝啬、不通人情、刻薄天下人、阻碍文明的发展等，不是如后人所评价的那样，如庄子批评墨子说：

> 歌而非歌，哭而非哭，乐而非乐，是果类乎？其生也勤，其死也薄，其道大觳（hú，刻薄），使人忧，使人悲，其行难为也，恐其不可以为圣人之道，反天下之心，天下不堪。（《庄子·天下》）

庄子认为，人们为了表达情感需要歌唱，墨子却反对音乐；为了表达悲伤需要哭泣，墨子却反对哭泣；为了表达喜悦需要欢乐，墨子却反对欢乐，这样做，果真与人的真情实感相合吗？他要世人活着时勤劳，死时要薄葬，墨子的学说实在是太苛刻了，做起来太难了，恐怕不能成为圣人之道，因为他的思想违反了天下人的心愿，天下人无法忍受。

墨子以一切为了人民为宗旨，认为当百姓食不果腹、衣不遮体时，自然要以物质生活为本，并限制贵族们为了奢侈的精神享受而掠夺百姓的行为。但是，当百姓的物质生活得到基本满足后，当精神生活已经成为基本的"民用"时，为了"民利"，相信墨子也一定会肯定精神文化价值的。

六、墨家后学

墨家后学的发展有两种趋向，一是建立以"巨子"为中心的民间组织，在巨子的领导下，他们献身救世、济弱锄强、替天行道、为民除害，在中国大地上掀起了一场持久的侠义之风。正如《淮南子》曰："墨子服役者百八十人，皆可使赴火蹈刃，死不还踵。"[1]陆贾也说："墨子之门多勇士"[2]。二是形成了以技术与逻辑为中心的"别墨"，别墨即科学一派的

---

[1] 何宁：《淮南子集释》卷二十《泰族训》，中华书局1998年版，第1406页。

[2] 王利器：《新语校注》卷下《思务第十二》，中华书局1986年版，第173页。

墨学，他们注重经验和推理，研究各种科学知识，如算学、几何学、光学、力学、心理学、机械制造等。梁启超曾说："在吾国古籍中欲求与今世所谓科学精神相悬契者，《墨经》而已，《墨经》而已矣。"[①]这里所讲的《墨经》指《墨子》一书中的《经上》《经下》《经说上》《经说下》《大取》《小取》六篇，亦称《墨辩》，是科学一派的墨学的思想总结。

中国古代哲学的主流重体验轻逻辑，重伦理轻科学，别墨作为墨家后学，受到墨子哲学的影响，重视逻辑学与科学的研究，在中国古代哲学中具有特殊的思想价值。不过，遗憾的是，墨家从秦汉统一天下后逐渐衰微，几乎从思想界消失，直到清代中叶，学者们受到西方科学思想的影响，才对墨学进行重新整理和研究，使墨子的思想价值得到了重新评估和肯定。

课后自学参考书目及读书提要：

[1]《墨子间诂》，孙诒让著。孙诒让是晚清著名学者，精通校勘训诂，谙熟古文献，这本书综合了前人对墨子的研究，取长补短。在本书附录中，汇集了墨子佚文、墨子旧叙、墨子传记，还有孙诒让对墨子出生地点、生卒时间、学脉传承的考证及他对墨学思想的理解。总之，此书是一部集清代墨学大成的汇解性注书，是研究墨子哲学的必备用书。

[2]《墨子评传》，邢兆良著。本书对墨子的生平活动进行了介绍，对墨子思想的产生背景、基本内容和历史影响做出了阐述，尤其对墨子的科学思想进行了深入讨论，是一本墨子研究的学术性著作。

[3]《墨子：救世的苦行者》，周富美著。本书最大的特点是通俗、有趣，全书基本没有古文，将《墨子》的原文用现代文翻译，并以故事的形式讲述，生动展现了墨子救世苦行者的形象，较为全面地讲述了墨子的思想，适合初学者，尤其是青少年阅读。

---

① 梁启超：《墨经校释·自序》，中华书局1941年版，第2页。

第八讲　孟子与荀子的人性论比较

继孔子之后，孟子与荀子是战国时期儒家的两位重要代表，两位哲学家身处不同的时代，具有不同的境遇、身份和性格，他们对于孔子的思想各有侧重，在人性论上提出了截然不同的见解，其中孟子提出性善论，荀子主张性恶论，他们两人对人性问题的不同见解影响了后世，也将儒家对人性问题的讨论引向深处。孟子与荀子的哲学思想都非常丰富，其中人性论是他们的思想核心，其余的思想皆由人性论引申而来。在这一讲中，我们通过比较的方式，对两人的人性论展开集中阐述。

一、内圣与外王

内圣与外王是儒家思想发展的两条线索，孟子侧重于内圣之学，荀子侧重于外王之学。我们首先通过内圣与外王的分析来展现孟子与荀子思想的不同特点，以此来开启他们的人性论比较。

在人性问题上，孔子直接表述的只有一句话："性相近也，习相远也。"（《论语·阳货》）大义是：人的天性是相近的，后天的积习使得人的差距越来越大。"性"指一个人的先天品质，正如董仲舒说："如其生之自然之资谓之性。性者质也。"①"习"是指后天作为。孔子对于人的先天属性并没有做出具体的阐释，而是把重心放在后天的"习"上，孔子对"习"的重视程度要远远大于"性"，认为英雄不论出身，在于后天努力。

孟子和荀子非常重视"性"，都对"性"进行了集中阐述，其中孟子主张人性善，荀子主张人性恶。他们之所以重视先天之性，乃是因为，先天之性直接决定了后天的修养方法。本性是先天的，是一个人先天具有的能力；修养是后天的，通过后天的学习和修养来完善本性。如果先天资质完备，则人人皆能自主向善，那么，成善只要发挥人自身内在的力量就可以了，如教育、法律等外在的社会力量则居于其次，这是孟子的思路；而如果先天资质欠缺，人不能自主向善，则需要加强外在条件，以弥补先天不足，此为荀子的思路。

拿道德修养来说，内在品质是指一个人先天具有的向善之心及内在的自觉性与意志力，外在条件包括家庭的影响、社会道德与法律的约束、师长的教育、朋友的辅助等。在现实生活中，内在品质与外在条件在不同人的道德修养中的重心是不同的。有的人身处恶劣的环境中也能成长得好，"出淤泥而不染"，这种人是先天具足的；有的人先天品质不够好，需要依赖于外在的条件，"近朱则赤，近墨则黑"；还有的人外在条件优良，却自暴自弃，即所谓"朽木不可雕也"。儒家把这三类人称作上人、中人与下人。孔子说："唯上知与下愚不移。"（《论语·阳货》）上知与下愚这两类人都是先天品质极其坚固的人，后天条件难以强加其上，其中上知具有极强的自觉性，下愚走向另外一个极端，具有极强的不自觉性，所以，孔子认为，对这两类人施展教育是没有用的，教育改变不了他们，只有中人，才是教育的对象，外在条件才能施加其上。孟子人性论主要是针对上知之人而言，他认为人人都具有上知之人的资质，肯定"人皆可以为尧舜"（《孟子·告子下》）；荀子人性论主要是针对中人而言，主张通过建

---

① 苏舆撰，钟哲点校：《春秋繁露义证》卷十《深察名号第三十五》，中华书局1992年版，第291—230页。

构善良的政治制度、合理的教育机制和营造良好的社会氛围来引导人们向善。

　　一个人先天品质和他身处的社会条件都很重要，但是对于人的道德修养来说，两者又发挥着不同的作用，两者相互对立，又相互补充。其中，通过先天品质内在自觉来自主向善的，儒家称为"内圣"；强调通过外在社会条件的建构来引导人们向善的，儒家称为"外王"。孟子侧重内圣，荀子侧重外王，两者合称为内圣外王之道，构成了儒家思想的一体两面。

　　首先来讲内圣的孟子。孟子的理想是做圣人，他虽然也有"得天下英才而教育之"（《孟子·尽心上》）的兴趣，但更有天下唯我独尊的气概，正如他说："如欲平治天下，当今之世，舍我其谁也？"（《孟子·公孙丑下》）当身处逆境之时，孟子非但不会受环境的影响，反而会迎难而上。正如他说：

　　　　天将降大任于是人也，必先苦其心志，劳其筋骨，饿其体肤，空乏其身，行拂乱其所为，所以动心忍性，曾益其所不能。（《孟子·告子下》）

　　孟子认为，上天将要赋予人以重大使命，一定要先使他的内心痛苦，使他的筋骨劳累，使他的身体经受饥饿，使他贫穷，使他做事不顺，通过这些来磨炼他的意志，使他的性格坚强起来，理想坚定起来，增强他过去所无法达到的能力。孟子将人生的逆境看作是对内在品质的磨砺，把苦痛看作是人生的修行，可见他的内在品质有多么强大。孟子还说："无恒产而有恒心者，惟士为能。若民，则无恒产，因无恒心。"（《孟子·梁惠王上》）孟子认为，真正的士内心是坚定的，即使没有固定的产业，没有物质的保障也丝毫影响不了他们的内在操守，而普通人的精神则是受物质决定的，没有物质的保障就难有坚定的理想。所以，孟子的教育对象既不是下人，也不是中人，而是上人，孟子也是以上人的标准来要求自己，孟子是内圣的躬行者。

在《孟子·公孙丑下》中记载了这样一段故事。孟子曾前往齐国游历，打算去见齐王，齐王派人对他说："我本应该来看您的，但是感冒了，明天我将上朝，不知您能否来朝廷上，让我见到您？"孟子回答说："可惜我也生病了，明日不能上朝廷。"第二日，孟子没有到朝廷见齐王，却到了东郭大夫家里吊丧。孟子的学生公孙丑说："昨天您托辞生病谢绝了齐王的召见，今天却又去东郭大夫家里吊丧，这样或许不太好吧？"孟子说："昨天生病，今天好了，有什么不可以的呢？"齐王听说孟子生病了，派人问候孟子，还带来了医生。孟子的弟弟孟仲子应付说："昨天孟子正病，不能上朝。今天病刚好一点，可能已经上朝廷去了，不知能否赶得上。"于是，孟仲子立即派人去拦孟子，并转告孟子说："请您无论如何不要回来，赶快上朝廷去吧。"孟子没办法，干脆去他的朋友景丑家里住宿。景丑说：

> 内则父子，外则君臣，人之大伦也。父子主恩，君臣主敬。丑见王之敬子也，未见所以敬王也。

景丑对孟子说："君子在家要讲父慈子孝，在外要讲君礼臣忠，这是儒家倡导的人伦。父子之间主要讲恩情，君臣之间主要讲恭敬。如今我见到大王尊敬您，但没见到您尊敬大王啊。"孟子回答道：

> 天下有达尊三：爵一，齿一，德一。朝廷莫如爵，乡党莫如齿，辅世长（zhǎng，领导）民莫如德。恶得有其一，以慢其二哉！故将大有为之君，必有不召之臣；欲有谋焉，则就之。其尊德乐道，不如是，不足与有为也。故汤之于伊尹，学焉而后臣之，故不劳而王。桓公之于管仲，学焉而后臣之，故不劳而霸。今天下地丑德齐（比喻各诸侯国彼此相差不大。丑：同类，相等），莫能相尚；无他，好臣所

教，而不好臣其所受教。汤之于伊尹，桓公之于管仲，则不敢召。管仲且犹不可召，而况不为管仲者乎！

面对景丑的批评，孟子认为，天下有"三尊"，在政治生活和工作单位中以爵位高的人为尊，在家乡亲人中以年长者为尊，在师生朋友中以德才最胜者为尊。孟子自诩为德尊，认为自己非齐国之臣，亦非齐王之亲，所以齐王应该尊孟子，而非孟子尊齐王。由此可见，孟子不愿意向世俗权力示弱，极力维护知识分子的独立性与超越性，也不期望借助外在的政治权势，这显示出他强大的内在自信。

孟子以高标准要求自己，在教育上也同样以高标准要求学生。孟子的弟子公孙丑曾对孟子说：

> 道则高矣，美矣，宜若登天然，似不可及也；何不使彼为可几及而日孳孳（勤勉不怠。孳，音 zī）也？（《孟子·尽心上》）

公孙丑认为，老师的道很好但又太高，学它就像登天一样难，似乎不可能达到，何不降低一些标准，让它变得有希望达到，从而使人通过每天的不懈努力而逐步接近呢？孟子回答道：

> 大匠不为拙工改废绳墨，羿不为拙射变其彀率（拉弓的限度。彀，音 gòu，拉弓）。君子引而不发，跃如也。中道而立，能者从之。（《孟子·尽心上》）

孟子认为，高明的工匠不会因为笨拙的徒弟而改变或废弃标准，羿不会因为笨拙的射手而改变拉弓的限度。君子虽没有射出箭，却拉满了弓，做出示范。君子以道为标准，只有能充分发挥自己能力的人才能跟上他。由此可见，孟子坚持自己的原则，树立崇高的标准，毫不妥协。

孟子之所以对自己和他人都这般严格，并且不太在意外在的辅助，是因为他对人的先天之性充分信任，坚信人人都可以发挥自己的能力而自觉成圣。正如孟子说："万物皆备于我"（《孟子·尽心上》），又说："思则得之，不思则不得。"（《孟子·告子上》）在孟子看来，每一个人的人性基础都是完善的，是自足的，只要愿意，都能成贤成圣，如果不能成就，只是自暴自弃。正如他说：

> 挟太山以超北海，语人曰："我不能"，是诚不能也。为长者折枝，语人曰："我不能"，是不为也，非不能也。（《孟子·梁惠王上》）

孟子认为，要求一个人抱着泰山跨越北海，这个人说他做不到，是真的做不到。但是，要求一个人为老人弯腰拾取草木之枝，这个人说他做不到，其实是不愿做，而不是做不到。不管是道德的养成，还是知识的学习，一个人的成长关键在于发挥自己的内因。孟子充分相信人自身的力量，认为先天条件都是具足的，依赖自己就可以成就圣贤。所以他主张内圣之道。

其次再讲主张外王的荀子。荀子生活在战国末期，他将自己所处的时代状况比喻为"小涂"。涂，通"途"，指道路，"小涂"就是小路。他曾举例说："人们走在大路上，由于路面宽广，自然会相互谦让；如果只有一条小路，人们就会因为拥挤而争道。"荀子认为，决定人谦让或争夺的不是人性的品质，而是"道路"的状况。像战国这样弱肉强食的乱世，强者为了避免走向衰弱而不断扩张领土，弱者为了维系生存也不得不去争夺、杀伐，所以，单纯依赖人性的自觉是远远不够的，必须要借助外在的力量。荀子主张，通过社会制度的建构、风俗礼仪的熏陶和良师益友的引导来共同营造一个良好的社会环境，以此来培养人们的德行，这样的方式就被称为外王。荀子是外王的倡导者。

从时代背景来看，荀子生活在战国末期，孟子生活在战国中期，孔子生活在春秋中后期，这三个时期的社会状况差异很大，在士的身上体现得尤为明显。孔子生活在春秋中后期，当时，旧的秩序虽然大多已经名存实亡，但还保留着外在的形式，也还在发挥着一些作用，所以，孔子有时怀念旧邦，希望通过"正名"来重建秩序。到了战国初期和中期，旧的秩序已经全面崩溃，新的秩序处在纷争的阶段，离建立起来还遥遥无期。这个阶段也是中国思想最自由的时期，各诸侯或从保国或从争霸的动机出发，对士加以尊崇，士上受诸侯重视，下受百姓礼敬，靠游说"传食于诸侯"（《孟子·滕文公下》）的士多以不卑不亢的态度交于诸侯之间。这样的士已经不同于春秋时期为大夫打工的属臣了，而被称为"游士"。游士的"游"即无恒产（没有固定的产业）、无常职（没有固定的职业）、无定主（没有效忠的君主）的意思。正如孟子说：

吾闻之也：有官守者，不得其职则去；有言责者，不得其言则去。我无官守，我无言责也，则吾进退，岂不绰绰然有余裕哉！（《孟子·公孙丑下》）

孟子认为，有官职的人，如果不能履行职责，就应该离职；有谏言责任的人，如果不能有效谏言，也应该离去。但是孟子既无官职，也无谏言匡辅的责任，所以进退自如。正是因为当时时代的状况，作为游士的孟子极力高扬个人的能动性，把士的独立性和批判性精神发挥到了极致。

相对于孟子来说，荀子生活在战国末期，秦国强大，大一统的局势日益明朗，荀子晚年曾亲自前往秦国各地考察，称赞秦国之强大，肯定了秦国为中国霸主的地位。荀子是公元前238年去世的，荀子去世后的第八年，秦灭韩；再后两年，秦灭赵；再后两年，秦灭燕；再后一年，秦灭魏；再后一年，秦灭楚；再后两年，秦灭齐，于是统一全国。可以说，荀子身处在大一统的前夕，作为一名关心政治的哲学家，他应该能深切感受到中国即将来临的巨变。面对新的社会形势，荀子认为，儒士一方面要坚持自己的道义，"从道不从君"（《荀子·臣道》）；另一方面又应该积极参与到政治实践中，用道义来规范政治，借助于政治权势来推行理想。正如荀子说：

> 假车马者，非利足也，而致千里；假舟楫者，非能水也，而绝江河。君子生非异也，善假于物也。（《荀子·劝学》）

一个人可以达到千里之外，并不是因为脚走得快，而是善于借助车马；一个人可以横渡江河，并不是因为他擅长游泳，而是因为他借助了船只。君子的天性跟一般人并没有什么不同，只是君子善于借助外物罢了。荀子还说："君子非得势以临之，则无由得开内焉。"（《荀子·荣辱》）君子如果不能借助外在条件的辅助，是无法显出内在德性的。所以，荀子非常重视外在之势，认为君子应该参与国家治理，建构礼法制度，推行教育，移风易俗，从而完善人性。

在外在的社会条件中，法律与道德是最为重要的。所以，荀子既重视道德规范的建立，也强调法律的制定和执行。正因为如此，荀子才能培养出韩非和李斯这样的法家杰出人物。荀子的这两位学生虽然没有继承他的儒家思想，却成了中国历史上最著名的法家代表人物，韩非是一名理论家，是法家思想的集大成者，李斯是法家思想的践行者。这两位学生皆出自荀子之门，这也显示出荀子对外王的重视。

二、心或情：人性的起点

通常我们讲"性本善"，或"性本恶"，这个"本"是起点、基础、本来的意思，具体来讲，"本"是指道德的起点和基础。所以，"性本善"的意思是人性的起点和基础是善的，"性本恶"是指人性的起点和基础是恶的。那么人性的起点具体指什么呢？孟子认为人性的道德起点是心，而荀子则以情为起点来讨论人性。

首先来讲孟子人性论起点的心。所谓人性，是区别于其他事物之性来说的，既是一切人所共同具有的属性，也是人所独有的特性。人的共性有很多，但不是所有的共性都是人所独有的，必须要找到一个既是一切人所共有且又是人所独有的才行。孟子认为，"心"具备这两个条件，所有人都有心，而且只有人才有心。孟子所讲的心不是心脏这一生理器官，不是感受、心情，也不是观念、思维，而是相当于我们平常所讲的良心。孟子认为，心有四个方面的功能和属性，正如他说：

> 恻隐之心，人皆有之；羞恶之心，人皆有之；恭敬之心，人皆有之；是非之心，人皆有之。（《孟子·告子上》）

孟子认为，心的这四个方面是"人皆有之"的，所以，心是一切人的共性。同时，心还是人所独有的，正如孟子说道：

> 无恻隐之心，非人也；无羞恶之心，非人也；无辞让之心，非人也；无是非之心，非人也。（《孟子·公孙丑上》）

有了心才是人，失去了心便不是人。由此可见，心既是人人皆有，而且又是人所独有，心是人之为人的本质，是人与禽兽的根本区别。心在孟子哲学中居于本体的地位。

孟子认为，心表现为四个方面，即恻隐、羞恶、辞让、是非。所谓恻隐之心，就是同情心、不忍之心，如见到别人生病、流血受伤，心中会有不忍；所谓羞恶之心，就是做了坏事，心中有羞耻、羞愧之心；所谓辞让之心，如同见到老、弱、病、残而不忍相争，产生帮助、爱护的心；所谓是非之心，是指明辨是非的能力，我们常讲良心是一杆秤，就是在说心的辨别是非能力。

孟子认为，心的这四个方面的表现是本能的、自然的，既没有欲望参与其中，也没有理智的分析参与其中，只要你直面事情，心自然而然地就会被触动。如孟子举例说道：

> 所以谓人皆有不忍人之心者，今人乍见孺子将入井，皆有怵惕恻隐之心——非所以内交于孺子之父母也，非所以要誉于乡党朋友也，非恶其声而然也。（《孟子·公孙丑上》）

人们突然见到一个婴儿即将掉入井里，都会油然生出担心、紧张和同情的心，之所以会有这样的心，不是因为和这个婴儿的父母有交情，也不是为了在老乡和朋友面前夸耀自己，更不是因为厌恶婴儿的哭声。在这个事例中，"乍见"一词极为关键，"乍见"指突然看见，是指在没有任何心理准备下所见，也没有时间进行利害的理智分析。"乍见"是第一念，由此所产生的心是本能的反映，是先天的，是最自然的，如果落入第二念，就可能会有得失的权衡与功利的计较等理智分析掺杂其中了。我们有时在新闻中看到一些见义勇为的人，当记者采访他们，问他们当时是出于什么样的原因而见义勇为时，他们的回答常常是一致的，皆是出于本能的、自然的反应，并不是想到什么才去做的，犹如"乍见孺子将入井，皆有怵惕恻隐之心"。所以，本心的发现需要在第一念中去寻求，良心的培养也需要涤除一切私欲。孟子正是把这样的心作为人性的起点，而且，这个起点是纯粹的、至善的，因此主张人性本善。

其次来讲荀子人性论起点的情。与孟子不同，荀子把情看作是人性的起点。情包含欲，凡是人都免不了生理的欲求，饿了想吃饭，冷了想保暖，累了想休息等，这些都是欲，也是人之常情。正如荀子说：

> 凡人有所一同。饥而欲食，寒而欲暖，劳而欲息，好利而恶害。

是人之所生而有也，是无待而然者也，是禹、桀之所同也。（《荀子·荣辱》）

荀子认为，人的生理欲求是人之常情，凡是人皆有，是自然而然的，不管是谁，都不可避免，所以，欲本身无善恶之分。但是，人不但有欲，还有情，情包含欲但又超出欲。欲侧重于正常的生理和心理需求，而情则超出了欲的正常的范围，甚至无限放大。正如荀子说：

人之情，食欲有刍豢（牛羊猪狗等牲畜。豢，音 huàn），衣欲有文绣，行欲有舆马，又欲夫余财蓄积之富也。然而穷年累世不知足，是人之情也。（《荀子·荣辱》）

如果说欲是人与动物的共性，那么情就体现人之为人的特性。动物有欲，却无情，即只求生理上的满足，却不会有过度的欲求，一旦满足了，就会知足。而人却不同，一个欲求满足了，又会产生更多的欲求，好像永远都不知足。所以，情既表现为正常的欲求，即常情；又表现为欲求的无穷膨胀，即"不知足"。情是人所特有的，荀子把它作为人性论的起点。

荀子认为，情是人性的基础和起点，凡是人都有情，无情便不是人了，不管是禹还是桀都一样有情。从客观结果上来看，人的情只是对外物的追求，此追求只要不妨碍他人，利己只要不损人，便不具有道德的属性，既不能说是善，也不能说是恶。正如荀子说："欲之多寡，异类也，情之数也，非治乱也。"（《荀子·正名》）荀子认为，有的人欲求多，有的人欲求少，这是人之情在程度上的区别，与社会治乱并没有必然的关系。既然如此，荀子为何从情这个人性的起点推导出人性恶的结论呢？这是因为，情之多寡之数虽然没有善恶之别，但是，如果顺着人情的欲求无限索取，使欲求无限制地发展下去，就会导致恶的结果。正如荀子说：

今人之性，生而有好利焉，顺是，故争夺生而辞让亡焉；生而有疾恶焉，顺是，故残贼生而忠信亡焉；生而有耳目之欲，有好声色焉，顺是，故淫乱生而礼义、文理亡焉。然则从人之性、顺人之情，必出于争夺，合于犯分乱理而归于暴。（《荀子·性恶》）

在人情的作用下，欲是无止境的，但是，现实的物质条件是有限的，社会权力的分配也不可能完全均等。所以，如果顺从人的欲求发展下去就必然会导致争夺，争夺就会致使社会道德沦丧，秩序陷入混乱。正如荀子说："势位齐而欲恶同，物不能澹（dàn，寡欲）则必争。争则必乱，乱则穷矣。"（《荀子·王制》）荀子认为，如果人们都想拥有同样的财富、权势与地位，那么，当欲望得不到节制，人类就会陷入争斗和混乱。所以，作为人性起点的情虽然本身没有恶的性质，但却有向恶的趋势，因此荀子主张人性本恶。

三、尽心或制情：人性的修养

不管是孟子，还是荀子，他们的哲学从主旨上来说都属于儒家，因为他们都主张仁义之道，注重个人的道德修养，以人性成善与社会的整体和谐为归宿。虽然两人对人性的起点有着不同的理解，但都重视人性的完善，也都以人性之善为目标。不过，因为他们对人性起点这个问题的理解不同，所以，他们提出了不同的人性修养的途径。孟子和荀子之所以对人性起点问题十分关注，其原因在于，人性起点的不同决定了人性修养方法的不同。孟子的人性修养论可以概括为"尽心"，荀子的人性修养论可以概括为"制情"。

首先来讲尽心，即孟子的人性修养论。孟子认为，心是人性的起点，而且心是纯善的，在心中不夹杂任何情欲、功利与计较，所以，人性的修养只要顺着心所指引的方向不断巩固和扩充就可以了。

　　"尽"指巩固和扩充。心为什么需要"尽"呢？这是因为，作为人的先天之心非常微小，如果不能保存并发扬光大，就会被后天的私欲所遮蔽，不能真正成就人性。正如孟子说："人之所以异于禽兽者几希，庶民去之，君子存之。"（《孟子·离娄下》）"几希"就是一丁点儿的意思。心是人的本质，是人与禽兽的根本区别，但是这个区别非常微小，就只有一丁点儿。但正是这微乎其微的心却是人之为人的根本，是道德的源头。心虽然人人先天有之，但是，后天能否保存、扩充和发扬"心"就成为庶民与君子的区别了。所以，人性修养的起点是人人皆有的心，根本途径则在于"尽心"。孟子说：

　　　　恻隐之心，仁之端也；羞恶之心，义之端也；辞让之心，礼之端也；是非之心，智之端也。（《孟子·公孙丑上》）

　　孟子认为，心是人性的起点，是仁、义、礼、智的开端和起始。既然是开端，而且是好的开端，所以只要顺其心发展即可；既然只是开端，还不是成熟的、稳定的、完全的善，所以又需要不断扩充和发扬。

　　孟子认为，"尽心"是一种持久的道德修养功夫，具体有两个方法：一是从深度来讲，是对内用功，即养气；二是从广度来讲，是由内而外的功夫，即推扩。

　　先讲孟子"尽心"中的养气功夫。孟子认为，在生命之中，心是统帅。以心为统帅，就是让心来做主，不让私欲做主。让心做主，就需要发挥气的作用。简单来说，气就是一个人的意志及由此产生的驱动力，是人们去思、去言、去行的动因。气的本原在于心，气由心决定。当心发出善念时，气就会产生向善的意志与动力，并驱使身体行善。反之，当那颗先天纯善的心被私欲遮蔽时，当心不能做主时，意志就会被私欲所占领，就难以产生向善的驱动力。所以，要想保存、巩固和发扬心，就要让心来统帅气，并让气专注于心。为了保存心，使人的起心动念和言行举止由心做主，孟子提出"养气"的功夫，孟子说："我善养吾浩然之气"（《孟子·公孙丑上》）。孟子对"浩然之气"解释道：

> 其为气也，至大至刚，有直养而无害，则塞于天地之间。其为气
> 也，配义与道；无是，馁也。是集义所生者，非义袭而取之也。行有
> 不慊（qiàn，不足）于心，则馁也。（《孟子·公孙丑上》）

孟子认为，浩然之气至大至刚，直接去培养它而不要损害它，这样就能不断充实起来。浩然之气的培养要与道义相配合，以道义为本质内容，牢牢把握道义，如果没有道义，浩然之气就会萎缩。浩然之气是通过不断积累和持久专注道义而产生的，不是偶尔一次正义的举动就能取得。一旦行为有愧于心，就会气馁，浩然之气的存养就会功亏一篑。由此可见，养浩然之气就是在日常生活中提撕警觉，让自己的起心动念、一言一行都保持对道义的坚守，经过长久的养成，使正义充满全身，成就人性。

养气就是培养意志对道义的专注力，如果意志离开了道义，偏向了私欲，正气自然就会气馁，良心就会被人们放任失去。人们今天常用"放心"一词，这个词正是来自孟子。不过，孟子讲的"放心"是贬义的，不是我们今天理解的使情绪安定、不再担忧的意思，而是指心被放任失去，心的自我放逐。正如孟子说："放其良心者，亦犹斧斤之于木也，旦旦而伐之，可以为美乎？"（《孟子·告子上》）孟子认为，如果一个人放任良心失去，就像用斧头砍伐树林一样，天天砍伐，日子久了，树林还会茂盛吗？所以，人性的修养就是把那颗被我们放逐的心重新找回，"学问之道无他，求其放心而已矣"（《孟子·告子上》）。

浩然之气的养成是"直养"。"直"即顺延、不造作之义，因为人心本有善端，尽其心就能成善，所以，善的培养不需要掺杂任何外在的因素。然而，"直"又离不开"养"，因为心是"几希"，不养则不成，不养则气馁，所以，道德的养成又离不开人的主体能动性。"直养"介于有意与无

意之间，体现了因循与能动的统一。孟子用"勿忘"和"勿助"的统一来说明"直养"，"勿忘"侧重于能动的"养"，"勿助"侧重于因循的"直"。正如孟子所说：

> 心勿忘，勿助长也。无若宋人然。宋人有闵（怜悯）其苗之不长而揠之者，芒芒然归，谓其人曰："今日病矣，予助苗长矣。"其子趋而往视之，苗则槁矣。天下之不助苗长者寡矣。以为无益而舍之者，不耘苗者也。助之长者，揠苗者也，非徒无益，而又害之。（《孟子·公孙丑上》）

培养人性和培养禾苗是一样的，禾苗自身就有内在的生长力，只要顺应它、耐心地等待就好了，不可用外力刺激它、拔高它，否则就会干预它的成长，导致它的死亡，所以要求"勿助"。不过，"勿助"并不是完全放任不管，"勿助"只是为了尊重和顺应禾苗自身的生长力，是为了顺从人心的自主向善的趋势，"尽心"仍然需要存养其心。禾苗的养成不能一味地靠天收，还需要农民锄草、灌溉，付出辛勤的劳动，所以还要"勿忘"。在"勿忘"与"勿助"的统一下，养气要专注于心，要相信人心本来自足，顺从良心发展即可，不要通过功利引导人们向善，否则，人心就会被私欲所掩盖，道德的培养就会适得其反。为了达到外在的功利，而不是出于内在的本心，这样成为的君子表里是不一的，是难以成为真君子的。

由此可见，人性的修养是一个漫长的过程，如果说心是人性的种子，那么，只有当种子长成一棵参天大树，才能算是一个真正意义上的人。所以，人性并非生来就是的，而是需要漫长的修养才能成就。"成人"既有生理意义上的，也有道德意义上的，儒家讲的"成人"更多是后者，生理意义上的"成人"容易达成，但道德意义上的"成人"却不容易做到。

"尽心"不仅表现在向内的养气功夫，还体现在由内而外的推扩。养气是向内用功，使心由微而著，表现了人性修养的深度；而推扩则是由内而外，推而扩之，使心由近及远，表现了人性修养的广度，两者的统一才是完整的"尽心"功夫。心是善之源，孟子讲心，主张"尽心"，目的是让人在对待他人与处理事情上基于良心，发挥本心的作用，使人过上符合道义的生活。心虽然是内在的，但心能在与他人、他物打交道的过程中发挥作用，心也要在由内而外的实践活动中得到验证、磨炼和提升。所以，人们要善于用"心"，使"心"的作用不断扩展广大，并在此过程中得到巩固。正如孟子说："人皆有所不忍，达之于其所忍，仁也；人皆有所不为，达之于其所为，义也。"（《孟子·尽心下》）这段话的意思是：每个人都有不忍心干的事，把它推扩到能忍心干的事上，便是仁；每个人都有不肯干的坏事，把它推扩到肯干的坏事上，便是义。这是事情上的推扩。此外，孟子还说："老吾老，以及人之老；幼吾幼，以及人之幼。"（《孟子·梁惠王上》）意思是：爱自己家的老人，并把这份爱心推扩至他人家的老人身上；爱自己家的孩子，并把这份爱心推扩至他人家的孩子身上。这是在人上的推扩，也是"心"的培养过程。

讲完孟子的"尽心"之后，我们再来讲"制情"，即荀子的人性修养论。荀子把情当作人性的起点，情在本质上虽然无所谓善恶，但如果顺其发展则会导致恶，所以，荀子主张节欲制情。为此，他提出了"化性起伪"的思想。

所谓"化性起伪"，就是通过后天的人为来规范先天的人性，使人知礼节，避免人因为欲求的过度膨胀而导致争夺与混乱。"伪"不是我们今天所讲的虚伪、诈伪，而是指人为，与天性相对。荀子说：

> 性者，本始材朴也；伪者，文理隆盛也。无性则伪之无所加，无伪则性不能自美。性伪合，然后成圣人之名，一天下之功，于是就也。（《荀子·礼论》）

荀子认为，人的本性即天性，好像是一块朴木，未加雕琢和修饰，而

"伪"就是后天的加工。一个人如果没有经文明的教化就会粗野而不知礼义，正如孔子说："质胜文则野"（《论语·雍也》）。因为"性不能自美"，所以，光靠人的天性是远远不够的，还要有后天的礼义教化加以修饰和引导。同时，荀子还认为"无性则伪之无所加"，正因为人的先天是不足的，社会规范与道德教育才有了存在的必要，所以，"礼"的发明正是出于"伪"的必要。正如他说：

> 礼起于何也？曰：人生而有欲，欲而不得，则不能无求；求而无度量分界，则不能不争。争则乱，乱则穷。先王恶其乱也，故制礼义以分之，以养人之欲，给人之求，使欲必不穷乎物，物必不屈于欲，两者相持而长，是礼之所以起也。（《荀子·礼论》）

荀子认为，先王制礼义，不是否定人的正常欲求，反而是"养人之欲，给人之求"，合理地满足人们的欲求。不过，尊重人的欲求并不等于顺从人的欲求的无限增长，而应对欲求加以引导和节制，"使欲必不穷乎物"，并通过知识的应用来促进物质的生产，增加社会的财富与物质的供给，使"物必不屈于欲"，以此达到人与自然的和谐共进。由此可见，荀子出于人性的现实需要来解释礼的产生，礼的产生与推行是为了解决人无限膨胀的欲求所导致的混乱。

荀子认为，欲求要靠礼义来节制，而礼义节制欲求的方法是"分"。分即分别，即把人加以分别，以此来进行物质和权力的分配，物质分配主要通过职业分工来实现，权力分配是通过尊卑贵贱的社会等级的划分来确立。正如荀子说：

> 夫贵为天子，富有天下，是人情之所同欲也。然则从人之欲，则势不能容，物不能赡也。故先王案为之制礼义以分之，使贵贱之等，长幼之差，知贤愚、能不能之分，皆使人载其事而各得其宜……故或

禄天下而不自以为多，或监门（守门的小吏）、御旅（迎接宾客的人）、抱关（把守城门的人）、击柝（击梆子巡夜的人。柝，音 tuò）而不自以为寡。（《荀子·荣辱》）

荀子认为，天子至富至贵，人人都想当，但一个国家的最高领袖就只能有一个，绝大多数人的权力欲求必然是满足不了的，如果顺从，势必会造成混乱。所以要通过礼义来分别人群，设立标准和规范把人群分为贵与贱、长与幼、贤与愚、能与不能，使每个人都能在社会中找到自己的位置，履行自己的职责。人与人之间有了等级与差别，便有了秩序，权力与物质的分配自然就有了多寡区分的标准，社会也由此安定了。

荀子的这一思想为即将到来的中国封建大一统社会制度的形成产生了直接影响，具有重要的历史贡献。不过，站在现代社会的视角看，荀子的思想作为中国封建社会的主流思想又具有极大的局限性。近代反封建思想家谭嗣同就曾批判过荀子，他说："二千年来之政，秦政也，皆大盗也；二千年来之学，荀学也，皆乡愿也。"①所谓"乡愿"，既是指荀学向权威妥协，媚世而无原则，也指在荀学的影响下，知识分子丢掉了人格的独立与思想的自由，把知识变成了迎合政治统治的工具。谭嗣同把秦政与荀学联系起来，有一定的道理。一方面，秦政所用的是法家，当时的两位最重要的法家代表皆为荀子的学生；另一方面，荀学也的确在为封建制度立法，维护君权，反对思想的独立和自由，维护社会的等级制度。当然，通过分析荀子的思想来揭露封建制度的等级制的产生并以此来反封建，这本无可厚非，而且一针见血；但以此来贬低荀子的思想，甚至简单化地否定则不太恰当。历史地看，站在战国末期这样的社会背景下，荀子的思想又具有历史的进步性，其中的许多见解也具有超越时代的永恒价值。

综上所述，孟子和荀子的人性论虽然截然不同，但又不是完全对立的。孟子告诉人们，先天之心人人皆有，所以每个人对人性都应当充满信

---

① 谭嗣同著，蔡尚思、方行编：《谭嗣同全集：增订本》，中华书局 1981 年版，第 337 页。

心，不要因为见识到现实中的某些恶而对人性失去希望，道德的养成要基于自己的力量，只要有足够的信念与意志，再恶劣的环境都可以克服和超越。荀子告诉人们制度与环境的重要性，社会治理不能完全依靠人的自觉，应该建立完善的社会制度，兴办教育，营造良好的社会氛围，以此来引导和规范人性。孟子和荀子的人性论对中国哲学的发展影响巨大，其中孟子的人性论被宋明理学发扬光大，产生了儒家的心性哲学；而荀子的人性论不仅对法家有所启发，而且还为后来政治儒学的形成奠定基础。

课后自学参考书目及读书提要：

[1]《孟子译注》，杨伯峻译注。杨伯峻是中国现代语言学家，他对《孟子》的译注比较注重字词的解释，对文中所涉及的历史知识、地理沿革、名物制度都进行了准确的阐述，有助于我们理解《孟子》原文。此书将《孟子》分成了章句，除了重点字的注音、词的解释之外，还列有白话译文，基本做到了无障碍阅读，非常适合初学者使用。

[2]《四书章句集注》，朱熹著。朱熹是宋代理学的集大成者，中国著名哲学家，这本书是他最有代表性的著作之一，也是他用了大量心血撰成的著作，甚至在他七十一岁临终前的一天还在修改完善。这本书是他的《大学章句》《中庸章句》《论语集注》和《孟子集注》的合编，朱熹用理学的概念和思想诠释"四书"，所以，这本书既是他理学思想的展现，是我们今天研究朱熹哲学的必读之书，也是学习和研究"四书"的重要参考资料。

[3]《荀子校释》，王天海校释。此书汇集了古今中外的重要《荀子》注释，有所取舍，重点突出，精要但不烦琐。附录列有《荀子》佚文、古今著名学者对荀子思想的讨论、古代史传所记载的荀子事迹及荀子年表等，资料齐全，是学习和研究荀子思想的重要参考书。

第九讲 汉代经学诠释学

中国哲学史是由一个个哲学家的生命历史及由此生发出的生命智慧构成的，而哲学家的生命智慧又体现于文本、典籍之中，可以说，中国哲学史就是哲学典籍的发展历史。中国哲学典籍的发展历史主要是通过经典诠释的方式展开的，后人不断对先秦经典加以诠释，以此展现哲学家的独特思想及时代特征，并由此构成了中国哲学的发展史。中国哲学的经典诠释正式产生于汉代，汉代的经典诠释构成了中国哲学经典诠释的基本范式。

一、经典以及经典诠释的产生

先有经典的产生，然后才有经典诠释活动的产生；经典诠释活动又促进了经典的产生，从一般文本到经典的提升正是通过诠释活动来完成的。可以说，经典的产生与经典诠释的产生是相互促进的，是同步进行的。

今天我们熟知的中国古代哲学经典有许多。最早的经典有"六经"，即《诗》《书》《礼》《乐》《易》《春秋》，后来在儒家的诠释下，"六经"进一步演进为"十三经"，即《周易》《尚书》《诗经》《周礼》《仪礼》《礼记》《春秋左氏传》《春秋公羊传》《春秋谷梁传》《论语》《尔雅》《孝经》

和《孟子》，"十三经"是儒家的基本经典。道家和道教也有经典，如《道德经》（《老子》）、《南华真经》（《庄子》）、《冲虚真经》（《列子》）、《通玄真经》（《文子》）以及《太平经》《清静经》等。中国佛教也有自身所认定的经典，如禅宗六祖慧能所作的《坛经》。中国哲学史正是以这些基本经典及经典诠释为内容展开的。

先秦是经典产生的时期，尤其是春秋和战国，这一时期，思想集中爆发。汉代以降，经典诠释要远远大于并重于经典的创作，而且，许多经典本身就来自经典诠释，如"十三经"中的《春秋》"三传"就是对《春秋》的诠释，"传"即诠释之义。今天我们把汉代的哲学概括为"经学"，正是因为汉代思想界的主要工作是对"五经"进行诠释。到了魏晋时期，哲学家们集中诠释《周易》《老子》《庄子》，正是因为此三部经典合称为"三玄"，所以我们称魏晋哲学为"玄学"。隋唐两代是佛教在中国兴盛和中国佛教哲学正式产生的时期，中国佛教各依不同的经典以及对经典的不同理解而形成不同的宗派，如三论宗依《中论》《十二门论》《百论》这三部经典立宗，华严宗依《华严经》而立宗，法华宗主要依《法华经》而创立宗派等。这些宗派各以印度佛教的不同典籍为依据，并加以创造性诠释，于是形成了别具一格且彰显中国气派的佛教宗派。宋代与明代的哲学思想主要体现于理学，理学的形成也与经典诠释密不可分，他们主要通过诠释并发挥《大学》《论语》《孟子》《中庸》之"四书"以及《周易》中的义理来阐发其思想，如程颐《程氏易传》、朱熹《四书章句集注》等，王阳明的《传习录》也主要是以他诠释和讲授"四书"为内容的。清代哲学更是以经典诠释为主要内容，他们重视经典文字的考证，通过名物训诂来发明经义。由此可见，经典诠释是贯穿中国哲学史的一条主线，中国哲学史正是通过经典诠释的方式得以展开。

经典之"经"，本义是织布时用梭穿织的竖纱、编织物的纵线，后来引申为具有思想、道德、行为标准和典范作用的书。中国最早的经典是"六经"，即《诗》《书》《礼》《乐》《易》《春秋》。当时孔子以"六经"为教材教授弟子，但是，"六经"这些教材并不是现成的，大多是零散的材料，即便有些已经成书，也需要加以甄别和择取，为了满足教学的需求，还要加入自己的理解。于是，孔子开始对"六经"进行编订，并在编订中展现自己的思想。

第一，《诗经》。孔子对当时流传和应用于宫廷、民间和祭祀活动中的诗进行了删节，曰："《诗》三百，一言以蔽之，曰：思无邪。"（《论语·为政》）"思无邪"是孔子删订《诗》的标准。当时流行的诗歌有很多，但不是所有的诗歌都符合孔子教学的需要，符合孔子的道德观念，符合修齐治平的目标，于是，孔子按照"思无邪"的标准删诗。《诗》虽然不是由孔子所作，但是他在节选时已经将自己的思想加入其中了，《诗》体现了儒家的思想主张，于是成了儒家经典。

第二，《书经》。司马迁认为，孔子为《尚书》整理次序，正如他说："孔子之时，周室微而礼乐废，诗书缺。追迹三代之礼，序书传，上纪唐虞之际，下至秦缪（mù），编次其事。"[1]此中的"序"指书文中的次序。班固认为，孔子不仅编辑《尚书》，还为其作序，并"言其作意"，正如他说："故书之所起远矣，至孔子纂焉，上断于尧，下讫于秦，凡百篇，而为之序，言其作意。"[2]《尚书》是上古时期公务文书的汇编，经过孔子的编选，选出百篇，为全书作序，此"序"是序跋的序，不同于次序，孔子于序中言明自己作《尚书》的意图。班固明言孔子"作"而非"述"，而且"作"中亦有其"意"，可见在班固看来，孔子对《尚书》不是一般的编辑整理那么简单，而是有明确的创造性。孔子实质是借《尚书》以明仁君治民之道、贤臣事君之道，目的在于治国平天下。

第三，《礼经》。孔子依据前世流传下来的古礼进行了选编整理，正如清代经学家皮锡瑞所说：

---

① 司马迁：《史记》第六册《孔子世家第十七》，中华书局1959年版，第1935—1936页。

② 班固撰，颜师古注：《汉书》中册卷三十《艺文志第十》，中华书局2005年版，第1354页。

《仪礼》十七篇，虽周公之遗，然当时或不止此数而孔子删定，或并不及此数而孔子补增，皆未可知。观"孺悲学士丧礼于孔子，《士丧礼》于是乎书"，则十七篇亦自孔子始定。犹之删《诗》为三百篇，删《书》为百篇，皆经孔子手定而后列于经也。①

《礼经》最早指《仪礼》，后来才发展为《仪礼》《周礼》《礼记》之"三礼"。皮锡瑞认为，《仪礼》十七篇，虽然基本内容是周公传授下来的，但是这些篇目很有可能经过了孔子的删定或补增，并举《士丧礼》为例。当时孔子的学生子路死在卫国，孺悲向孔子学习士丧礼，孺悲学成后，才有了《士丧礼》的流传，并成为《仪礼》中的一篇。由此可见，《仪礼》篇目及内容的确定受到了孔子的影响。

第四，《乐经》。关于音乐，孔子曾说："吾自卫返鲁，然后乐正"（《论语·子罕》）。又说："恶郑声之乱雅乐也"（《论语·阳货》）。虽然《乐》这部经至今我们也未能见到，有人说《乐》本无经，也有人说《乐经》的遗失是秦朝焚书所致，但是，通过孔子的这两句话，我们可以看出，孔子倡导"雅乐"，反对"郑声"，出于教学的需要，孔子应该对当时传颂的各种音乐进行了删节。

第五，《易经》。对于《周易》，孔子的发挥就更多了，在《易传》中，我们看到许多"子曰"，《易传》本身就是孔子及其弟子对《周易》的诠释。据帛书《要》篇记载：

子曰："《易》，我后其祝卜（泛指巫）矣，我观其德义耳也。幽赞而达乎数（规律），明数而达乎德，有仁存者而义行之耳。赞而不达于数，则其为之巫；数而不达于德，则其为之史。史巫之筮（shì，占卦），向之而未也，好之而非也。后世之士疑丘者，或以《易》乎！吾求其德而已，吾与史巫同途而殊归者也。君子德行焉求福，故祭祀

①　皮锡瑞著，周予同注释：《经学历史》，中华书局1959年版，第19—20页。

而寡也；仁义焉求吉，故卜筮而希也。①

　　孔子说："对于《易》，我是把占卜的作用放在次要地位的，我所重视的是它的德义。《易》的内容包含从低到高的三个层面：从赞颂神灵上达至通晓吉凶规律，从通晓吉凶规律上达至修身养德。德，要用仁来存养，用义来践行。巫师用《易》来赞颂神灵，却不通晓吉凶规律；史官通晓吉凶规律，却没有落实到修身养德。他们虽然向往《易》，却未达《易》的根本；虽然爱好《易》，但所爱的并非《易》的根本。如果有后世的人误解我，大概会是因为《易》吧！我不过是追求《易》的德义而已，我和史官、巫师虽然都重视《易》，但是我们的追求和归旨是不同的。君子以自己的德行求福，所以不常祭祀；以自己的仁义求吉，所以不常占卜。"《易》本来是一部占卜用书，孔子将道德的善恶融入吉凶之中，使其上升为一本道德哲学的著作，正是经过孔子的诠释，《易》才成为了《易经》，并成为儒家的主要经典。

　　第六，《春秋经》。《春秋》原是一本以鲁国为中心的编年史书，记载了自鲁隐公元年（公元前722年）至鲁哀公十四年（公元前481年）共242年的部分史事。孔子对《春秋》中的部分用词进行了修改，在字里行间中含蓄地流露自己的意图，通过肯定和批判各种史事，表明自己的道德原则与政治主张。现代新儒家代表徐复观说："《春秋》之所以入于六经，是因孔子从鲁史中取其义。离开孔子所取之义，则只能算是历史中的材料而不能算是经。"②所以，经过孔子删定后的《春秋》已经不再是一部单纯的历史书，而是寄托了孔子的政治理想，成了一部反映儒家政治哲学的经典著作。

　　综上所述，孔子对周代及传统文化的继承主要来自"六经"，通过对"六经"的诠释，孔子的思想也得以阐发。孔子与弟子们学习和研究"六

---

　　① 刘彬：《帛书〈要〉篇校释》，光明日报出版社2009年版，第16页。
　　② 徐复观：《徐复观论经学史二种》，上海书店出版社2006年版，第29页。

经"，既在诠释"六经"中取"六经"之义，使其成为儒家思想的来源，又在诠释"六经"时赋予其新义，使"六经"成了儒家的哲学经典。孔子对"六经"的形成及"六经"对儒家思想的流传皆发挥了重要作用。由此可见，经典诠释存在着两个基本面向：一是通过经典诠释阐述经典的义理，二是通过经典诠释彰显自己的思想。这两个面向是同步进行的，是相互交织的。经典诠释的这两个面向在汉代经学中得到了正式确立。

二、汉代经学的产生背景

汉代经学的产生与西方的文艺复兴运动颇为相似，文艺复兴旨在复兴被中世纪神学湮没的希腊和罗马古典文明，而汉代经学则要复兴被"秦火"摧毁的儒家思想。先秦儒家思想之所以需要在汉代复兴以及经典之所以需要重现，既有政治方面的考量，也有文化方面的因素。

从政治方面来说，汉初统治者和思想界反思秦亡教训，认为秦朝短命而亡的原因在于抛弃传统文化，独任法家，不用礼教，使国家丧失了价值追求与精神凝聚力。所以，汉初思想家普遍重视道德礼仪的作用，并且希望在古代经典，尤其在"五经"中汲取治世之方。汉初哲学家陆贾在《新语》中说道：

> 礼义不行，纲纪不立，后世衰废；于是后圣乃定五经，明六艺，承天统地，穷事察微，原情立本，以绪人伦，宗诸天地，纂修篇章，垂诸来世，被诸鸟兽，以匡衰乱，天人合策，原道悉备，智者达其心，百工穷其巧，乃调之以管弦丝竹之音，设钟鼓歌舞之乐，以节奢侈，正风俗，通文雅。[①]

此外，汉初运用黄老道家的无为而治，休养生息，虽然在一定程度上

[①] 王利器：《新语校注》卷上《道基第一》，中华书局1986年版，第18页。

恢复了生产，暂时稳定了政局，但又隐藏着诸多内忧外患，内部诸侯强盛，尾大不掉，外部匈奴猖獗，侵犯不断，所以，亟须一种像儒家那样积极有为的思想来指导国家政治。为此，汉代延续了战国以来的博士制度，设置经学博士，并要求博士在学问上"通古今"，在政治上能够于"法古"中创新，服务现实政治的"国体"。正如汉成帝下诏曰：

> 儒林之官，四海渊源，宜皆明于古今，温故知新，通达国体，故谓之博士。①

从《汉书》对"博士"的定义可以看出，博士作为"学"与"官"的统一，在学问上要钻研传统经籍，在实践上要服务于现实政治，概言之，博士即通经致用之士。汉代的博士皆经学博士，其作用在于发挥经典的现实之用，这就需要对经典加以创造性地诠释。

从文化方面来说，"秦火"导致的典籍销毁及秦汉两代文字的变化为经典的整理、校勘和诠释提出了客观的要求。秦朝"焚书坑儒"，除了医药、卜筮、种树之书外，其余皆令烧毁，西汉想要复兴儒学，就必须寻找古籍。于是，从汉惠帝开始，全社会掀起了一场经典复兴运动。《汉书》曰："三月甲子，皇帝冠，赦天下。省法令妨吏民者；除挟书律。"②汉惠帝四年，汉朝废止了秦朝的挟书禁律，鼓励民间献书，于各地访求佚失经籍。在政府的大力推动下，先秦时的许多典籍得以重现。据《汉书》记载：

> 河间献王德以孝景前二年立，修学好古，实事求是。从民得善书，必为好写与之，留其真，加金帛赐以招之。繇是（于是。繇，音yáo）四方道术之人不远千里，或有先祖旧书，多奉以奏献王者，故

---

① 班固撰，颜师古注：《汉书》上册卷十《成帝纪第十》，中华书局2005年版，第219页。
② 班固撰，颜师古注：《汉书》上册卷二《惠帝纪第二》，中华书局2005年版，第66页。

得书多，与汉朝等。……献王所得书皆古文先秦旧书，周官、尚书、礼、礼记、孟子、老子之属，皆经传说记，七十子之徒所论。①

　　由于朝廷广开献书之路，大规模在民间搜集古籍，于是民间藏书纷纷出世。这为后来经学的复兴奠定了重要基础。

　　然而，当古籍重见天日之后，又出现了文字不通这一新的问题。当时，出于山岩屋壁的古籍所用的文字皆是由战国时六国文字书写。在战国时，六国文字与秦国文字有所不同，六国文字源于殷周古文，秦国流行的文字主要是西周后期形成的大篆，即籀（zhòu）文，因为"六经"主要流行于齐鲁，以及赵、魏，很少在秦国流传，所以，西汉发现的古文皆为六国文字，而非大篆。秦灭六国统一中国之后，将文字进行了统一，所用的文字是在大篆基础上简化而来的小篆，并要求烧毁由六国文字撰写的"六经"。汉代通行的是隶书，隶书是由小篆演化而来，这样就造成了文字不通的问题。于是，汉代人将战国六国的文字称为古文，并把由古文写成的"六经"称为古文经。由于历史岁月的影响，有些古籍因为韦带断绝等原因造成了简片缺页或文字脱漏，有些则因竹简前后次序错乱而导致错简，所以，整理和校对古籍需要花费较长时间，这也成为古文经在西汉没有发挥重要作用的原因之一。

　　西汉流行的主要是今文经，今文指流行于汉代的隶书。由于秦代存在的时间较短，儒家思想从春秋时便开始代代相传，"秦火"之后，儒家的师道传承并未中断，于西汉又重现于世。那个时候的师道传承主要是口耳相传，不太依赖文本与文字，所以受到秦朝焚书及文字变更的影响较少。西汉复兴儒学时，由师道传承而来的经师们便根据自己的记忆，用今文重新撰写"五经"，这样的"五经"被称为今文经。显然，今文经比古文经更便于教授与传播，但是，这并不是今文经在西汉流行的最主要原因。汉

---

① 班固撰，颜师古注：《汉书》中册卷五十三《景十三王传第二十三·汉间献王刘德》，中华书局2005年版，第1839页。

代之所以复兴儒学及"五经",是出于现实的需要,希望在古籍中找到解决现实政治问题的出路,所以,"五经"在汉代的流传并非完全出于人们学术的兴趣,更多是出于实践的需要。如此一来,经学便不能局限于古籍的整理和文字的校勘,更重要的是结合现实政治的需要来诠释经义,为现实服务。由于"五经"所反映的主要是周代乃至更早的历史和文化,时过境迁,西汉发挥"五经"的现实之用,必须要对"五经"加以创造性地诠释,才能继续发挥经典的当代价值。由于今文经不完全依赖于古代文献,受文本束缚较少,研究今文经的经师们以现实需要为依归,以经典附会现实,善于从经典中发挥符合现实政治需要的理论,所以首先脱颖而出。

经学就是对经典,尤其是对"五经"加以整理、校勘、诠释的学问。吴雁南等人在其所著的《中国经学史》中说:"经学的本质就在于:它是儒家学者在当代文化背景下研究先贤圣哲们的修齐治平体系以及他们对这一体系的主观认识和评价;通过训解,阐发经典的微言大义和旨趣,为大一统中央集权的封建专制制度提供哲学和历史的依据。这是西汉经学思潮的主要特点,也是它得以迅速发展的根本原因所在。"①从中国哲学发展史来看,汉代经学不是对先秦文化的复归,而是以"五经"为依托,以现实为目标,在经典诠释中推动传统哲学的创新与发展。

三、"以读者为中心"的今文经学

经学分为今文经学与古文经学,西汉盛行今文经学,到东汉时,古文经学逐渐成为主流。今文经学在经典诠释上的特点可以概括为"以读者为中心"。所谓"以读者为中心",意指经典诠释的目标在于阐发读者的思想,既不是以经典文本的原义为目标,也不是以经典作者的圣人之意为目标。换言之,以读者为中心的今文经学只是借"五经"来诠释己意,通过"五经"的诠释来服务当下社会。

---

① 吴雁南、秦学顺、李禹阶主编:《中国经学史》,人民出版社2010年版,第52页。

　　首先，微言大义展现了今文经学"以读者为中心"的诠释特征。在汉武帝之前，西汉政府并没有一个明确且统一的指导思想，社会的各个方面都潜伏着危机，如政治上中央与地方的冲突，经济上权贵与民争利，军事上匈奴的危机等。汉武帝登基后召集了许多德才之士，以及朝廷上敢于直言的人，亲自策问古今之道，急切地希望找到一种既有历史根据，又能解决当下现实危机的恒久稳定的思想体系。在策问中，董仲舒的《春秋》学脱颖而出，受到汉武帝的认可，并一跃成为西汉社会的统治思想。董仲舒研究的《春秋》是《春秋》"三传"之一的《春秋公羊传》，又名《公羊春秋》。《公羊春秋》由孔子传给子夏，子夏传给公羊高，公羊高传给公羊平，公羊平传给公羊敬，公羊敬传给公羊寿，公羊寿传给胡毋子都，胡毋子都传给公孙弘和董仲舒。这便是今文经学看重的师道传承。

　　《春秋公羊传》非常重视《春秋》的微言大义。《春秋》原是鲁国的一部史书，今文经学家认为，孔子根据"尊天子而退诸侯"的原则，对《春秋》进行修改删订，以一字定褒贬，隐晦地表达其政治态度，这就是《春秋》的微言大义。所谓"微言大义"，就是通过对经典中个别字、词的诠释来阐发符合现实需要的经义。微言大义是一种隐喻，是作者将自己的思想隐藏在文本的字里行间中，不直接表露。微言大义重在读者的揭示，为读者思想的发挥提供了一定的空间。《春秋公羊传》便是专门揭示《春秋》微言大义的著作。如《春秋》说："元年春，王正月"。《春秋公羊传·隐公元年》诠释道：

　　　　元年者何？君之始年也。春者何？岁之始也。王者孰谓？谓文王也。曷（hé，何）为先言"王"而后言"正月"？王正月也。何言乎"王正月"？大一统也。

　　《春秋公羊传》在解释《春秋》"元年春，王正月"一句时，认为新王即位，要改正朔，重新开始计年，体现了王是一国的最高权威，着重凸显了大一统。正是因为《春秋公羊传》肯定大一统，符合西汉王朝削弱诸侯国势力、加强中央集权的政治需要，《春秋公羊传》乃至《春秋》才得到统治者的重视。不过，大一统思想到底是《春秋》本来就隐含的、之后被《春秋公羊传》揭示的呢？还是《春秋》本没有大一统思想，只是在《春秋公羊传》诠释后被赋予的呢？今文经学家认定是前者。但从当代诠释学的思想来看，《春秋》的作者是否有大一统思想，以及《春秋》本文是否隐含大一统的思想，是不可知的，所能知道的只是《春秋公羊传》在宣扬大一统思想，以及西汉通过尊崇《春秋公羊传》来巩固大一统。所以，不管是《春秋公羊传》还是西汉公羊学，皆是借《春秋》来表达自己的志愿，表现出以读者为中心的诠释特点。

其次，《春秋》决狱在实践上展现了今文经学"以读者为中心"的诠释风格。西汉重视《春秋》，目的在于发挥《春秋》的微言大义，服务于现实社会，而要让古代的经典服务于当下社会、发挥实践的作用，必须要缩短古与今的时间距离，基于当下的具体实践需要将普遍性的经义转化为当下可应用的实践策略。经学家认为，"经"中所蕴含的义理是普遍的、恒常的，不仅适用于古代，也适用于当代。正如董仲舒说："孔子作《春秋》，上揆之天道，下质诸人情，参之于古，考之于今。"①刘勰在《文心雕龙·宗经》中也说："三极彝（yí，常理）训，其书言'经'。'经'也者，恒久之道，不刊（修改）之鸿教也。"②于是，经义，尤其是由今文经学家所发挥的《春秋》微言大义成了西汉政治实践的指导思想，"公卿大臣当用经术明于大谊"③，凡事"具以《春秋》对"④。受这种观念的影响，自汉武帝独尊儒术、表彰《春秋》以后，一大批儒家知识分子由经

---

① 班固撰，颜师古注：《汉书》中册卷五十六《董仲舒传第二十六》，中华书局 2005 年版，第 1913 页。

② 周振甫：《文心雕龙今译：附词语简释》，中华书局 2013 年版，第 26 页。

③ 班固撰，颜师古注：《汉书》下册卷七十一《隽疏于薛平彭传第四十一·隽不疑》，中华书局 2005 年版，第 2279 页。

④ 班固撰，颜师古注：《汉书》下册卷六十四上《严朱吾丘主父徐严终王贾传第三十四上·严助》，中华书局 2005 年版，第 2107 页。

学而入仕，掌握了从中央到地方的各级政权，他们赋予"春秋大义"以法律效力，将其作为决狱的指导思想及处理刑法案件的依据，这便是历史上著名的《春秋》决狱。《春秋》决狱既服务于汉代法治，又维护了汉代儒术的独尊地位，既是对荀子礼法合流思想的继承，也是汉代外儒内法统治特征的体现。《春秋》决狱是汉代经学与王朝政治相结合的产物，既展现了今文经学"以读者为中心"的诠释特点，也展现了经典诠释的实践品格。

两汉经学家与文吏们从政治实践中归纳出许多适用于刑事判决方面的春秋大义，如"责知诛率""诛首恶""原心定罪""原情定过""赦事诛意""原父子之亲""子为父隐""则天行刑"等。归纳起来，有以下三个方面。

第一，《春秋》决狱重动机，把动机作为量刑的重要参考。《汉书》曰："《春秋》之义，原心定罪。"①又说："《春秋》之义，意恶功遂，不免于诛，上浸之源不可长也。"②"原心"即动机，"原心定罪"即根据动机来定罪。一个人如果动机正直，即使犯罪了，也可以从轻处理；如果动机邪恶，即便有功，也要处以重刑。这种断案的思路是与儒家思想一脉相承的。孔子曾说："道（引导）之以政，齐之以刑，民免而无耻；道之以德，齐之以礼，有耻有格。"（《论语·为政》）孔子认为，单纯用法令刑律治国，百姓只知畏法，逃避法律的追责，而难以培养羞耻之心；如果以道德来治国，百姓就会生起羞耻之心，并主动匡正自己。按照孔子的思想来说，政治重在培养百姓的羞耻心，使百姓在心理上不愿为恶，在心的源头上制止恶的发生。所以，汉儒决狱，"原心定罪""原情定过"，其目的在于"赦事诛意"，重视道德心性的培养。《盐铁论》也说：

---

①班固撰，颜师古注：《汉书》下册卷八十三《薛宣朱博传第五十三·薛宣》，中华书局2005年版，第2526页。

②同①。

法者，缘人情而制，非设罪以陷人也。故《春秋》之治狱，论心定罪。志善而违于法者免，志恶而合于法者诛。①

治狱重在教育，在于善良意志的培养，不在于惩罚。今文经学正是通过《春秋》决狱，将儒家理想落实到社会的具体实践活动之中，展现了"以读者为中心"的实践路向。

第二，《春秋》决狱"诛首恶"，对带头犯罪的人，即始作俑者从重处罚。《汉书》曰："《春秋》之义，诛首恶而已。"②董仲舒也说："《春秋》之听狱也，必本其事而原其志。志邪者不待成，首恶者罪特重，本直者其论轻。"③"诛首恶"的原则既源于先秦儒家对君子表率作用的重视，也体现了汉代儒家提出的"三纲"思想。孔子说："君子之德风，小人之德草，草上之风必偃。"（《论语·颜渊》）孔子认为，社会风尚的形成总是需要有人带动，所以，表率作用非常重要。儒家推崇君子，正是要发挥君子的表率作用，以此带动社会良好风尚的形成。反之，首恶则是不良风气的带动者，所以要"诛首恶"。孔子在任鲁国司寇期间曾诛少正卯。少正卯是鲁国名人，弟子众多，但孔子认为他"心达而险""行辟而坚""言伪而辩""记丑而博""顺非而泽"（《荀子·宥坐》），即内心通达却邪恶不正、行为邪僻而顽固不化、言论虚假却善于辩护、见闻广博却专记恶事、美化错误而不加纠正。正是因为少正卯心术不正，且影响广泛，所以被孔子定为"首恶"而诛杀。汉代提出"三纲"的思想，即"君为臣纲，父为子纲，夫为妻纲"，也体现了对表率的重视。"纲"指提网的总绳，引申为表率、榜样，君为臣的表率，父为子的表率，夫为妻的表率。表率既有优先的权利，又要承担更多的义务与责任。

第三，《春秋》决狱将孝道引入刑法，把"亲亲"原则作为处理狱案

① 桑弘羊撰，王利器校注：《盐铁论校注》卷第十《刑德第五十五》，中华书局1992年版，第567页。

② 班固撰，颜师古注：《汉书》下册卷七十七《盖诸葛刘郑孙毌将何传第四十七·孙宝》，中华书局2005年版，第2431页。

③ 苏舆撰，钟哲点校：《春秋繁露义证》卷三《精华第五》，中华书局1992年版，第92页。

的依据。儒家以"亲亲"作为道德培养的源头，正如孔子的学生有子说："孝悌也者，其为仁之本与！"（《论语·学而》）孔子也曾讨论过"父子相隐"的问题：

> 叶（shè）公语孔子曰："吾党有直躬者，其父攘（偷）羊，而子证之。"孔子曰："吾党之直者异于是。父为子隐，子为父隐，直在其中矣。"（《论语·子路》）

叶这个地方的长官对孔子说："我们这儿有个人很直率，他的父亲偷了别人家的羊，儿子举报。"孔子却说："我们那儿直率的人不是这样的，父亲与子女相互隐瞒罪行，而直率就体现于其中。"在儒家看来，父子之亲乃是天性，父慈子孝是道德的基础，父子相隐体现的正是"亲亲"之爱的孝道，应该加以保护，而不是禁止。受到儒家思想的影响，汉代决狱便把"父子相隐"视为合法，如《汉书》曰："自今子首匿父母，妻匿夫，孙匿大父母，皆勿坐。"①意思是说：从现在起，儿子隐瞒父母的罪行，妻子隐瞒丈夫的罪行，孙子隐瞒祖父母的罪行，都不再连坐。为了保护和弘扬孝道，汉代法律规定子女可以代父受刑，还对子女为父母复仇给予了同情。《春秋公羊传·隐公十一年》曰："子不复仇，非子也。"《春秋公羊传·庄公四年》曰："九世犹可以复仇乎？虽百世可也。"汉朝对复仇者虽然也予以法律的制裁，但在具体狱案的处置上，为父报仇者往往受到宽宥。这些都体现了"亲亲"的原则。

《春秋》决狱是对《春秋》经义的实践应用。《春秋》中的"微言"隐含在具体的史事中，通过汉儒的诠释，于"微言"中发明"大义"，并用所发明的"大义"指导现实的法律实践。然而，此"发明"并不是对经典原义或作者本意的还原，而是读者结合当下的实践需要，带着问题意识对经典的重新诠释，所彰显的并非《春秋》本身的"当代"意义，而是读者

---

① 班固撰，颜师古注：《汉书》上册卷八《宣帝纪第八》，中华书局2005年版，第176页。

借《春秋》以彰显其自身的意义，或者说，不是修《春秋》的孔子为汉代制法，而是汉儒借《春秋》为自己的时代制法。在《春秋》决狱中，经义的普遍性与个别案情的具体性之间的连接是需要诠释这一中介的，通过诠释的勾连，使古之经义用之于今，实现今文经学的经世致用，展现了"以读者为中心"的诠释特点。

四、今文经学的衰落与古文经学的兴起

今文经学以创造性诠释为主要特征，但是，其创造性又存在着诸多制约因素，导致了今文经学的衰落。继今文经学之后，古文经学兴起，古文经学是从内部对经学衰落进行的补救，虽然在一定程度上克服了今文经学的弊端，延续了经学的生命，但终究未能挽救经学衰落的命运。

今文经学的衰落既与汉代社会状况的变化有关，也与今文经学自身的解经特点密不可分。今文经学因为能为大一统政治提供理论上的论证而得以兴盛，对景武时期外有强藩擅制、内有权臣骄溢的现实具有积极意义，在西汉中期"外事四夷，内兴功业"①的有为政治中发挥了重要作用。可以说，现实的政治实践需求既造就了今文经学的兴盛，也规定了今文经学的经典诠释的内容与方向。但是，从汉昭帝以后，大一统的政治格局已经形成并稳定，王朝政策也由对外开拓转向对内守成，加之西汉末年王莽对古文经学的推崇，导致今文经学的衰落。不过，汉代社会状况的变化终究只是外因，真正导致今文经学衰落的原因还在其自身。

首先，烦琐的章句使得今文经学越来越脱离现实，创新不足，难以解决现实问题。今文经学重视师法的传承，所谓师法，就是以宗师为源、以弟子的逐代相传为流而形成的经学内部的传授体系。正是因为师法，今文经学在西汉才取得了合法性地位，但是，师法也同样束缚了经学的创造性，一旦脱离师法，就意味着其合法性的丧失。所以，弟子们皆尊其师，

①班固撰，颜师古注：《汉书》上册卷二十四上《食货志第四上》，中华书局2005年版，第956页。

轻易不敢背离师说。在师法的传承过程中，偶尔也会形成家法。家法是指一些有造诣的经师创立了自己的一家之说，为学术界所承认，形成了专门的解经方式及具有独特风格的学派。正如《后汉书》曰："汉承暴秦，褒显儒术，建立五经，为置博士。其后学者精进，虽曰承师，亦别名家。"①马宗霍在《中国经学史》中也说："师法家法，名可互施，然学必先有所师，而后能成一家之言。论其审，则师者溯其源，家法者衍其流，其间盖微有不同。"②例如，《春秋》的传承是师法，在传承的过程中产生了《春秋左氏传》《春秋公羊传》《春秋谷梁传》，此"三传"便是家法。家法一旦形成，创立这种家法的经师的弟子们就会沿用这种解经方式并保留其风格，除非有新的家法产生。虽然家法是对师法的突破，家法的产生意味着经学传承内部的创新，但是，家法一旦形成，又会成为新的师法，继续束缚着后学的思想。

师法和家法在思想的传承中体现为章句的形式。章句的特征是"断章取义"，即对经文进行分章、断句，然后逐段逐句地展开经义的诠释。由于大多数经师弟子都会恪守家法，轻易不敢标榜己意，只能不断附益前人的说法，对师说大加润色，"具文饰说"，这便导致解经的内容越来越多，思想空洞，没有新意。正如《汉书》曰：

> 古之学者耕且养，三年而通一艺，存其大体，玩经文而已，是故用日少而畜德多，三十而五经立也。后世经传既已乖离，博学者又不思多闻阙疑之义，而务碎义逃难，便辞巧说，破坏形体；说五字之文，至于二三万言。后进弥以驰逐，故幼童而守一艺，白首而后能言；安其所习，毁所不见，终以自蔽。此学者之大患也。③

---

① 范晔撰，李贤等注：《后汉书》上册卷三《肃宗孝章帝纪第三》，中华书局2005年版，第95页。

② 马宗霍：《中国经学史》，河南人民出版社2016年版，第38—39页。

③ 班固撰，颜师古注：《汉书》中册卷三十《艺文志第十》，中华书局2005年版，第1365页。

范晔在《后汉书》中也说：

> 自秦焚六经，圣文埃灭。汉兴，诸儒颇修艺文；及东京，学者亦各名家。而守文之徒，滞固所禀，异端纷纭，互相诡激，遂今经有数家，家有数说，章句多者或乃百余万言，学徒劳而少功，后生疑而莫正。[1]

随着经学的发展，章句不仅繁杂冗长，支离破碎，令学人深感难学，成为学术前进的重大障碍；而且还逐渐变成无用之学，当国家遇到大事需要经学义理解答和支持时，却不知所云，违背了今文经学通经致用的根本宗旨，走向了经学的反面。

其次，过度诠释使得今文经学越来越偏离经义，缺乏可信性。今文经学主张结合现实，发挥经义，古为今用。但是，古代经典中的内容与思想不可能全然符合现实的需要，也不可能完全解决现实的问题。为了令经典的思想符合现实，令现实的问题在经典中存有根据，今文经学家一方面突破传统儒家思想，借用一切可用的思想资源，外融墨家、法家、阴阳家和黄老道家，内而调和孟、荀两派，推动思想的革新；另一方面，他们又极力发挥己说，解经义随心所欲，穿凿附会，不能实事求是，对经典的诠释往往与经的本义并不吻合，甚至大相径庭，利用阴阳五行、天人感应、符命灾异等思想解释经典，逐渐将儒学神学化，陷入过度诠释的危险之中。

今文经学的神学化及过度诠释，尤其体现在谶纬学说中。谶指谶言、谶语，是一种托诸神灵的政治性预语或隐语。谶言在中国古代流传很早，比如秦朝时有"亡秦者胡也"[2]，秦末农民起义时有"楚虽三户，亡秦必

① 范晔撰，李贤等注：《后汉书》中册卷三十五《张曹郑列传第二十五·郑玄》，中华书局2005年版，第814页。

② 何宁：《淮南子集释》卷十八《人间训》，中华书局1998年版，第1288页。

楚"①等。经典诠释的神学化主要体现在纬书之中。纬是对经书所作的神学的诠释，并把这种诠释托之于孔子。汉代儒家重视《易》《诗》《书》《礼》《乐》《春秋》《孝经》，于是就有相应的"七纬"。如《春秋纬·演孔图》曰："孔子母徵在，梦感黑帝而生，故曰元帝。"②不仅如此，还交代了细节：

> 孔子母颜氏徵，在游大冢之陂（bēi，山坡），睡梦黑帝使请已。已往，梦交。语曰："女（汝，rǔ）乳（生子）必于空桑（山名）之中。"觉则若感。生丘于空桑之中。③

文中认为孔子是黑帝之子，更将他神化为"元圣"，实则无稽之谈。纬书并非今文经学所专有，古文经学也利用神学服务现实，但经典的神学诠释却源自今文经学。

今文经学主张经典中存在微言大义，"微言"为诠释提供了广阔的空间，也为纬书的产生提供了温床，可以说，纬书是今文经学断章取义、主观附会之过度诠释的延续。纬书的产生旨在发挥经典诠释的实践功能，但是，文本的过度诠释与神学化又使得经典诠释丧失了应有的理性，其合理性与权威性遭受置疑，导致今文经学的衰落及古文经学的兴起。潘德荣在《西方诠释学史》一书中说：

> 若经典本身具有不可动摇的权威性，那么协调经典与时代的冲突有两种可能的方法，一是在现有"解释"的基础进一步阐幽发微，以完善这一"解释"的体系，以解决新出现的问题；二是抛开现有的"解释"，直接返回到原初的文本，这些"解释"与其说是揭示着文

---

① 司马迁：《史记》第一册《项羽本纪第七》，中华书局1959年版，第300页。
② 黄奭：《春秋纬》第二卷《春秋演孔图》，上海古籍出版社1993年版，第21页。
③ 黄奭：《春秋纬》第二卷《春秋演孔图》，上海古籍出版社1993年版，第23页。

本，还不如说是对文本的遮蔽，它掩盖了文本的真实意义。^①

不管是今文经学还是古文经学，本质上都是经学，都毫不动摇地维护"五经"的权威性。"在协调经典与时代的冲突"上，今文经学采取的是第一种方法，即"阐幽发微"，揭示经文中的微言大义。但是，今文经学诠释的过度与神学化又掩盖了经典本身的真实意义，难以发挥为现实所用的经义价值，所以，古文经学要求摆脱今文经学一切隐喻的和神秘的解释累赘，严格推敲经文文字的意义，返回到原初的文本，以便找回被遮蔽的"六经"本身的真谛。于是，第二种方法开始兴起。

今文经学的衰落伴随着古文经学的兴起，针对今文经学脱离文本原义对义理过度诠释的弊端，古文经学从语言文字和历史材料入手，通过对经文文字的疏通及经文所涉及的名物的训解，力求获得经典的原义。正如景海峰所说：

> 古文经学的解经，立足于语言文字本身，以文本的语文属性而不是思想属性作为关注的重点；所以面对经籍，重在文献的校勘、辑佚和语文学方面的释读，而不太强调义理的阐发。即便是语言文字方面的训诂解义，也只能是随文而发、即事而谈，忌讳阔大不经的随意发挥，这便和属于齐学背景的公羊家风格大异其趣。^②

古文经从西汉初年就已经重现，指的是用先秦六国文字所写的典籍，不过，古文经学一直到西汉末、东汉初时才被提出，由刘歆大力提倡，以《春秋左氏传》《春秋谷梁传》《古文尚书》《毛诗》为代表。《毛诗》是由战国末年鲁国毛亨和赵国毛苌所辑和注的古文《诗》。关于两种经学的特点，徐复观把以《春秋公羊传》为代表的今文经学称为"以义传经"，把

---

① 潘德荣：《西方诠释学史》，北京大学出版社2016年版，第218页。

② 景海峰：《今古文之争的方法论意义》，《社会科学》2021年第12期。

以《春秋左氏传》为代表的古文经学称为"以史传经"，正如他说：

> 以义传经是代历史讲话，或者说是孔子代历史讲话；以史传经是让历史自己讲话，并把孔子在历史中所抽出的经验教训，还原到具体的历史中，让人知道孔子所讲的根据。①

今文经学家认为孔子是一位哲学家、政治家和教育家，是感天而生的圣人，虽不在帝王之位，却具有帝王之德，所以他们尊孔子是"为汉制法"的圣人，"六经"经孔子修订，是孔子政治思想所托，是王道之大纲。而古文经学家则认为孔子是三代文化的收藏者和保存者，他总结三代思想成果，是一位"述而不作，信而好古"（《论语·述而》）的圣人，他将前代文献加以整理，以传授给后人，所以他是古代文化传统继往开来的先圣、儒林的祖师，"六经"是三代文字典章制度及君相政治格言的忠实记录。

古文经学在思想上对今文经学的批判，集中体现在扬雄和王充的思想中。西汉扬雄批判经学的神学化，认为："书不经，非书也；言不经，非言也。言、书不经，多多赘矣。"②他认为，不管是著书，还是言谈，都要有一定的准则和根据，如果尽说一些毫无根据的话，只能增加思想的累赘。经典诠释固然蕴含着诠释者的主体精神，但如果诠释的结果完全背离了文本，甚至荒诞不经，这样的诠释则毫无意义。东汉王充的《论衡》批判的正是纬书中的怪乱诠释，对汉代流行的各种神化了的圣贤与思想以理性的权衡。正如王充说：

> 儒者说五经，多失其实，前儒不见本末，空生虚说。后儒信前儒之言，随旧述故，滑习辞语，苟名一师之学，趋为师教授，及时早

---

① 徐复观：《徐复观论经学史二种》，上海书店出版社2006年版，第197页。

② 汪荣宝撰，陈仲夫点校：《法言义疏》八《问神卷第五》，中华书局1987年版，第164页。

仕，汲汲竞进，不暇留精用心，考实根核。故虚说传而不绝，实事没而不见，五经并失其实。①

在这段话中，王充对纬书的虚妄及其产生的原因进行了分析，纬书的流传在于经师们"不见本末"，刻意发挥文本中的偶然意义、边缘意义，后学为了功名，不敢违逆师说，而且还附会增益，故而遮蔽了理性之光。纬书犹如"穿窬之盗"（《论语·阳货》），非但不能羽翼经典，反而破坏了经典，走向了经典诠释的反面。

总之，古文经学与今文经学同属于经学，他们都有服务于现实政治的要求。古文经学虽然在经学内部对今文经学进行了补救，但也改变不了经学自身的弊端，如思想被政治所左右、学官的功利主义及谶纬迷信等，这些使经学难以真正发展起来，也必然导致经学的信任危机及衰落的命运。不过，两汉经学对中国哲学的贡献仍然是巨大的，汉代今、古文经学正式开启了中国经典诠释的历史，并规定了中国经典诠释的两条基本路向：义理诠释与文字训诂，深刻影响了中国哲学史的发展形态。

课后自学参考书目及读书提要：

［1］《经学历史》，皮锡瑞著，周予同注释。皮锡瑞是清代著名的经学家，他站在今文经学的立场阐述中国经学两千多年的发展历史，内容涉及经学史的重要典籍、流派和代表人物，是中国第一部经学史专著，是经学的入门书籍，也可以说是经学的导言。现代经学史家周予同又为此书作了详尽的注释和阐发，为我们阅读和理解此书提供了很大帮助。

［2］《中国经学史》，吴雁南等著。这是当代学者合著的一本经学史著作，从孔子一直讲到清代，把两汉经学作为重要阐述内容，以今古文经学

---

① 王充著，张宗祥校注，郑绍昌标点：《论衡校注》第二十八卷《正说》，上海古籍出版社2010年版，第546页。

之争来贯穿两汉经学史，清晰地展现了汉代经学的发展脉络，是研究两汉经学史及中国经学史的重要参考资料。

　　[3]《西方诠释学史》，潘德荣著。诠释学又名解释学、阐释学，作为一门学科，诠释学产生于西方，是一门关于文本理解的方法与哲学的理论学科。诠释学于20世纪80年代初期被引入中国，成为中国传统经学研究的一个重要方法和视角，通过诠释学，我们能够更加清晰地理解两汉经学的基本问题和特征，有助于推进传统经学价值的当代转化。

第十讲　董仲舒政治哲学

董仲舒，字宽夫，大约出生于公元前179年，汉代广川董故庄人（今河北省景县河渠乡大董故庄村）。董仲舒出生于一个相对富裕的"耕读之家"，家中拥有大批藏书。少年时，董仲舒博览先秦诸子，"专精于述古，年至六十余，不窥园中菜"①，这样的学习劲头一直保持到晚年。董仲舒品学兼优，名声日隆，在汉景帝时成为《春秋》学博士，走上仕途。董仲舒是汉代最著名的儒学家，他的政治哲学不仅深刻影响了汉代社会的发展，而且对此后中国两千多年的政治结构与文化走向都产生了重要影响。

一、时代背景

公元前202年，西汉王朝建立。在董仲舒出生之前，西汉经过二十多年的休养生息，经济得以复苏，政治也逐步走向稳定，史称"文景之治"。但是另一方面，社会也潜伏着许多危机，对外有匈奴的侵扰，对内有诸侯叛乱的危机。这些社会问题都暂时性地隐藏在"无为而治"的社会氛围之中。公元前191年，即董仲舒出生前的第十二年，汉惠帝废除了秦朝不得

---

① 桓谭撰，朱谦之校辑：《新辑本桓谭新论》卷一《本造》，中华书局2009年版，第2页。

私藏诗书的禁令，儒家经传、诸子杂说纷纷重现，这为儒家后来的复兴乃至独尊奠定了重要基础。约公元前179年董仲舒出生，这一年，汉文帝要求地方政府选贤举能，这时的富家子弟皆埋首经典，以求走上仕途。

从董仲舒所处的时代背景来看，当时的西汉王朝百废待兴，其中最迫切的问题是社会制度、价值观念与社会理想的建构，即大一统的建立。大一统一直是中国思想界的主流，在春秋战国时期，各家学派相互辩难，其目的都是期望以自己的学说作为统一社会的纲领，孟子有"定于一"（《孟子·梁惠王上》）的理想，荀子主张"一制度"（《荀子·儒效》），韩非子希望"圣人执要，四方来效"（《韩非子·扬权》），连不关心世务的庄子也在抱怨"天下大乱，贤圣不明，道德不一"（《庄子·天下》）。秦朝在政治和军事上统一全国，为文化和思想意识的统一提供了可能，但是秦朝重用法家，排斥了其他思想学说，并酿成"焚书坑儒"的惨剧，这为秦朝的短命埋下了祸根。法家严格意义上只是一种治国的工具，既没有长远的社会理想，也不具备精神信仰和价值规范的作用，难以成为国家的指导思想。秦朝主张以法为教，以吏为师，只是一味地要求人民无条件地服从命令，这样既不能使人民在精神和价值上对国家产生认同，同时由于思想资源的断绝，多样且复杂的社会问题不能得到有效解决，只能以法律的手段粗暴裁断。秦朝看似强大，实则脆弱，最终短命而亡。

西汉建立后，一方面部分继承了秦朝的制度，以维持正常的社会秩序；另一方面采用黄老之术，实行无为之治，休养生息。这些举措在当时的确有助于团结力量、放下分歧、恢复经济，并且为诸子思想的复兴提供了良好的土壤。但是，无为而治的国策也令统治者在面对社会问题时，一味地妥协与退让，难以支撑整个社会的发展，社会矛盾日益激化。所以，当时的思想界和统治者，不管是出于反思秦亡的教训，还是基于解决现实问题的需求，都普遍存在着制度的焦虑，"定经制"成为当时最为迫切的政治任务和思想任务。正如汉初儒家贾谊说道：

　　岂如今定经制，令主主臣臣，上下有差，父子六亲各得其宜，奸人无所冀幸，群众信上而不疑惑哉。此业一定，世世常安，而后有所持循矣。若夫经制不定，是犹渡江河无维楫，中流而遇风波也，船必覆败矣。[①]

　　通过贾谊的这段话可以看出，他所要确立的"经制"是包含道德伦理、法律制度、价值观念在内的整体社会制度，不仅要倡导人伦道德，维护伦理规则，也要通过法律抵制邪恶，令人民畏其权威而听命于上，更要让政治深入人心，使"群众信上而不疑惑"。董仲舒也说：

　　若去其度制，使人人从其欲，快其意，以逐无穷，是大乱人伦，而靡斯财用也，失文采而所遂生之意矣。上下之伦不别，其势不能相治，故苦乱也。嗜欲之物无限，其势不能相足，故苦贫也。今欲以乱为治，以贫为富，非反（返）之制度不可。[②]

　　不管是贾谊还是董仲舒，他们所提出的"经制"是真正意义上的大一统，是包含哲学、政治、军事、法律、道德等在内的整个社会方方面面的一统。

　　据《汉书·董仲舒传》记载，汉武帝登基后诏举贤良方正、直言极谏之士百余人，亲自策问古今之道，以期建立社会全方位的大一统，最终，董仲舒的谏言得到汉武帝的采纳。在策问中，董仲舒说：

　　《春秋》大一统者，天地之常经，古今之通谊也。今师异道，人异论，百家殊方，指意不同，是以上亡以持一统；法制数变，下不知所守。臣愚以为诸不在六艺之科孔子之术者，皆绝其道，勿使并进。

---

① 贾谊撰，阎振益、钟夏校注：《新书校注》卷三《俗激》，中华书局2000年版，第92页。

② 苏舆撰，钟哲点校：《春秋繁露义证》卷八《度制第二十七》，中华书局1992年版，第232—233页。

邪辟之说灭息，然后统纪可一而法度可明，民知所从矣。①

　　董仲舒是《春秋》学博士，他的"经制"是确立在《春秋》经上的，通过对《春秋》的诠释，使《春秋》的微言大义符合大一统政治的需要，令大一统成为天经地义的定数，成为古今都应遵守的法则。其结果，一方面使儒家学派正式登上政治舞台，儒家思想开始与封建统治结合在了一起，为巩固封建统治服务；另一方面也使儒家思想上升为国家的指导思想，一枝独秀，成为影响中国历史最为深远的学派。

二、思想来源

　　董仲舒虽然是汉代大儒，但他的思想来源却是多样而复杂的，在他的哲学中，除了贯穿始终的儒家思想之外，我们可以找到法家、道家、墨家、阴阳家的思想痕迹，就儒家思想而言，孔子的思想、孟子的心性之学及荀子的制度之学皆并存于其中。董仲舒的哲学之所以呈现出开放多样的姿态，与他的哲学所要达到的实践目标密不可分。董仲舒的哲学是政治哲学，服务于大一统的社会制度，这就要求他的哲学必须能够广泛照顾到社会的方方面面，要具有极大的容纳性，能够应对各种复杂多变的社会问题，也只有这样，他的哲学才能成为大一统社会的指导思想，不至于像秦朝专任法家那样偏狭局促。正如他说：

　　　　异孔而同归，殊施而钧德，其趣于兴利除害一也。是以兴利之要在于致之，不在于多少；除害之要在于去之，不在于南北。②

　　在他看来，诸子思想在"兴利除害"的社会治理上殊途同归，各有功

---

① 班固撰，颜师古注：《汉书》中册卷五十六《董仲舒传第二十六》，中华书局2005年版，第1918页。
② 苏舆撰，钟哲点校：《春秋繁露义证》卷七《考功名第二十一》，中华书局1992年版，第178页。

德，只不过各自适用于不同的领域，所以，凡是有利于社会治理的思想，都应当吸收和借鉴。不过，董仲舒对诸子思想并非全盘吸收，而是以汉代社会现实为基础、以儒家理想目标为导向对其进行诠释和改造，使其服务于儒家的政治理想与汉代的社会需要。

第一，对墨家思想的诠释。董仲舒借鉴了墨子的天志及隶属天志的兼爱、互利、尚同等思想。首先，墨子摄地于天，将地之宽厚、平等、博大的精神融入至高权威的天之中，以天之广大无私之志及兼爱、互利的品格要求君王；董仲舒也以天志为名义，将兼爱众民、利益百姓当作君王不可推卸的责任。正如他说：

> 天虽不言，其欲赡足之意可见也。古之圣人，见天意之厚于人也，故南面而君天下，必以兼利之。①

墨子认为，天有兼相爱、交相利的意志，并通过鬼神的力量来施展奖善惩恶。董仲舒继承了墨子天志的思想，将爱民作为天志的主要内容，并赋予天以政权予夺的能力，天把权力赋予安乐人民的君王，对于贼害百姓的君王，上天则会剥夺他的权力，讨伐他的无道。正如董仲舒所言：

> 天之生民，非为王也，而天立王以为民也。故其德足以安乐民者，天予之；其恶足以贼害民者，天夺之。……王者，天之所予也，其所伐者皆天之所夺也。……有道伐无道，此天理也。②

除此之外，董仲舒还将儒家的礼义之道作为天志的主要内容，认为"礼无不答，施无不报，天之数也"③，合乎儒家礼义之道的行为是符合天

---

① 苏舆撰，钟哲点校：《春秋繁露义证》卷十《诸侯第三十七》，中华书局1992年版，第313页。

② 苏舆撰，钟哲点校：《春秋繁露义证》卷七《尧舜不擅移汤武不专杀第二十五》，中华书局1992年版，第220页。

③ 苏舆撰，钟哲点校：《春秋繁露义证》卷一《楚庄王第一》，中华书局1992年版，第6页。

意的，也会得到善报，对墨子的天志做出了新的诠释。

其次，墨子提出"尚同"的思想，主张民同于臣，臣同于君，君同于天；董仲舒也将"天"作为社会"大同"的最高标准，要求社会上下同于"天"。正如他说："圣者法天，贤者法圣，此其大数也。"[①]又说："春秋之法，以人随君，以君随天。"[②]不过，在论述同于"天"时，董仲舒一方面树立起天的至高权威，另一方面又进一步确立了社会的等级差异，贯彻了他的"三纲"观念，为汉代政治大一统做论证。正如他说：

> 天子受命于天，诸侯受命于天子，子受命于父，臣妾受命于君，妻受命于夫。[③]

墨子与董仲舒都希望借用天的权威来匡正统治者的言行，只不过，墨子出于社会底层人民的弱势借"天"来表达其诉求，而董仲舒则是迫于封建帝王专制，借"天"弘道，以"天"的权威来匡正帝王的言行，并通过儒家思想对"天"的诠释，加强儒家的政治影响。

第二，对法家思想的吸收。汉代虽然对秦朝的短命而亡进行了深刻反思，对法家思想进行了批判，这集中体现在贾谊的《过秦论》中，但是，法家的思想仍然不能被全盘否定，社会治理离不开法治。董仲舒对法家思想的吸收主要体现在两个方面：其一，董仲舒虽然站在儒家的立场，重德轻刑，主张德本刑末，但又认为法家所倡导的刑律是社会治理所不可或缺的，只有通过奖、惩之两柄来引导人们的行为，社会制度方能建立起来。正如他说：

> 有所好然后可得而劝也，故设赏以劝之。有所好必有所恶，有所

---

① 苏舆撰，钟哲点校：《春秋繁露义证》卷一《楚庄王第一》，中华书局1992年版，第14页。

② 苏舆撰，钟哲点校：《春秋繁露义证》卷一《玉杯第二》，中华书局1992年版，第31页。

③ 苏舆撰，钟哲点校：《春秋繁露义证》卷十五《顺命第七十》，中华书局1992年版，第412页。

恶然后可得而畏也，故设罚以畏之。既有所劝，又有所畏，然后可得而制。[1]

其二，与法家一样，董仲舒也对君王权势给予了肯定。法家是坚决维护君王专制的，董仲舒要扶儒家思想上位，就必须要得到统治者的支持，汉武帝当时最需要的是结束诸侯分封，实现大一统，所以，董仲舒必须要支持大一统，而支持大一统就必须要肯定君王的至高权势。正如他说："未有去人君之权，能制其势者也。"[2]又说："强干弱枝，大本小末，则君臣之分明矣。"[3]秦朝之后，法家思想被儒家所吸收，儒法互济、外儒内法成为中国古代封建社会的基本政策。

第三，对黄老道家思想的应用。汉代初年，休养生息，无为而治，这种国策正是黄老道家思想的体现。黄老道家是产生于战国时期的"新道家"。"黄"指黄帝，他是上古时期的政治领袖；"老"指老子，是春秋时期的哲学家。黄老道家将黄帝和老子之名合用，其用意在于将老子思想政治化，用老子哲学作为国家治理的方略。所以，黄老道家既不同于追求人与自然共生之道的老子哲学，也不同于追求超然于世外之逍遥的庄子哲学，黄老道家开出了道家新的政治路向，倡导君人南面之术，即帝王御下之术。

黄老道家在汉初被重用有三个方面原因：其一是经济原因，汉初为了恢复经济，采取道家与民休息的政策。其二是政治原因，汉初为了巩固政权，采取了汉朝宫廷、汉朝政府、诸侯王国各为一方的三权并立的政治结构，道家的无为而治有利于保持三权之间的平衡，尤其是汉初黄老道家的代表著作《淮南子》倡导中央无为、地方有为，为诸侯分封寻求理论支撑。其三是思想原因，汉代建立之后，一方面批判法家，另一方面在自家

---

[1] 苏舆撰，钟哲点校：《春秋繁露义证》卷六《保位权第二十》，中华书局1992年版，第173页。

[2] 苏舆撰，钟哲点校：《春秋繁露义证》卷四《王道第六》，中华书局1992年版，第132页。

[3] 苏舆撰，钟哲点校：《春秋繁露义证》卷五《十指第十二》，中华书局1992年版，第146页。

制度未完全建立之前又不得不继承秦制，这种矛盾恰好需要通过道家加以调和。道家主张清静无为，约法省禁，满足了汉初对法家严酷刑律的节制；道家的包容性与开放性又为儒法合流、刑德并济提供了思想环境。

董仲舒吸取了道家思想，主张人主行无为之道，人臣有为而竭尽其力，但他的目的并不是为地方割据寻找理论支持，而是将君配天，将臣配地，认为"为人主者，法天之行"，"以无为为道"，"立无为之位"①；"为人臣者，法地之道"，"常竭情悉力而见其短长，使主上得而器使之"②。董仲舒对君臣做如此诠释，其目的有两个方面：其一是借助天尊地卑的观念彰显君尊臣卑的政治地位，维护政治上的大一统；其二将人主配天，为天人感应、以天正君思想的提出作铺垫。

第四，对阴阳家思想的借鉴。在董仲舒的思想来源中，除了他本身的儒家思想之外，借鉴和吸收其他诸家思想最多的就是阴阳家，董仲舒对阴阳家的借鉴主要集中于阴阳等级化、政治化的思想。早在战国时期，稷下学者的代表作《黄帝四经》就已经开始对阴阳做等级化、政治化的诠释。正如《黄帝四经》言道：

> 大国阳，小国阴。重国阳，轻国阴。有事阳而无事阴。信（伸展）者阳屈者阴。主阳臣阴。上阳下阴，男阳女阴。父阳子阴。兄阳弟阴。长阳少阴。贵阳贱阴。达阳穷阴。取（娶）妇生子阳，有丧阴。制人者阳，制于人者阴。③

《黄帝四经》明确将大的、重要的、生长的、尊贵的、成功的、主宰的对应于"阳"，而将小的、轻微的、死亡的、卑贱的、失败的、受制于人的对应于"阴"，将阴阳关系等级化。稷下学者在《黄帝四经》的基础

---

① 苏舆撰，钟哲点校：《春秋繁露义证》卷六《离合根第十八》，中华书局1992年版，第165页。

② 苏舆撰，钟哲点校：《春秋繁露义证》卷六《离合根第十八》，中华书局1992年版，第165—166页。

③ 余明光：《黄帝四经与黄老思想》，黑龙江人民出版社1989年版，第332—333页。

上进一步创作了《管子》，明确了阳德阴刑的思想。如《管子·四时》曰：

> 德始于春，长于夏。刑始于秋，流于冬。

法家主阴，重刑律；儒家主阳，重德教。由于秦朝任法不任德而导致短命而亡，所以取代秦朝而来的汉朝批判法家，高扬儒家，自然要重阳轻阴。

董仲舒将阴阳家的思想与儒家相结合，尤其与《春秋》相结合，这也成为董仲舒儒学的主要特点之一。班固曰："董仲舒治《公羊春秋》，始推阴阳，为儒者宗。"[①]又说："儒家者流，盖出于司徒（掌管祭祀以及人民教化的官职）之官，助人君顺阴阳明教化者也。"[②]正是因为董仲舒借阴阳理论阐述儒家思想、践行儒家理想，班固才将儒家定义为"助人君顺阴阳明教化"。

董仲舒对阴阳家思想的借鉴是多方面的。首先，他继承了阴阳家阳善阴恶的思想，用以阐述人性。他认为，人性的先天禀赋来自天，天有阴阳，人性也有阴阳，人性受到阴阳两面的影响，因此是善恶混杂的，正如他说："天两有阴阳之施，身亦两有贪仁之性。"[③]董仲舒利用阴阳思想综合了孟子性善论和荀子性恶论，认为善之性来自天之阳，趋向恶的情来自天之阴，所以，善与恶皆是先天的。由此可以看出，董仲舒既否定了人先天的完满性，为人道的发挥提供了广阔的空间，又以仁克贪，以阳克阴，贯彻了重阳轻阴、贵阳贱阴的观念。其次，董仲舒借用等级化、政治化的阴阳关系，为儒家思想的合理性和汉朝封建大一统提供了双重论证，这主要体现在他的"三纲"思想中。所谓"三纲"，即君为臣纲、父为子纲、夫为妻纲。在古代"家天下"的封建社会中，君臣、父子、夫妻既是家庭

---

① 班固撰，颜师古注：《汉书》中册卷二十七上《五行志第七上》，中华书局2005年版，第1082页。

② 班固撰，颜师古注：《汉书》中册卷三十《艺文志第十》，中华书局2005年版，第1367页。

③ 苏舆撰，钟哲点校：《春秋繁露义证》卷十《深察名号第三十五》，中华书局1992年版，第296页。

人伦关系，又构成了政治秩序，所以，儒家讲家庭伦理，亦是在讲政治秩序。董仲舒的"三纲"思想取法于阴阳之道，君为阳、臣为阴，父为阳、子为阴，夫为阳、妻为阴，并遵循着阳尊阴卑、阳主阴辅的秩序。董仲舒借助阴阳等级化、政治化的思想将儒家思想与现实政治统一了起来。

三、经权统一

董仲舒广泛吸取了先秦诸子思想，最终目的是贯彻和落实儒家的仁义之道，而儒家的仁义之道如何贯彻，以什么方法和形式来落实，则要因时而异，根据现实的具体情况加以权衡和变通，这就存在着继承与变革、法古与变古之间的关系，也即经与权的关系。"经"是恒常的意思，指儒家一贯的原则和立场，对应着继承、法古；"权"指权衡、权宜，是根据当下的情况在"经"允许的范围内加以变通，寻求实现"经"的有利方式。董仲舒主张经权统一，将儒家修齐治平的理想与汉代大一统政治相结合，旨在走出一条实现儒家理想的现实之路。

儒家的理想是入世的，践行入世的理想就必须做到经权统一。经权统一是儒家一贯的思想主张。孔子曾说：

> 可与共学，未可与适道；可与适道，未可与立；可与立，未可与权。（《论语·子罕》）

李泽厚在《论语今读》中将其翻译为：

> 可以在一起学习，未必可以走同一条路；可以同走一条路，未必可以坚持同样的原则性；可以坚持同样的原则性，未必能有同样的灵活性。[1]

---

① 李泽厚：《论语今读》，中华书局2015年版，第183页。

李泽厚把"立"解释为"原则性",把"权"解释为"灵活性",认为"'权'比'经'更近于'道',因'道'必须因'权'才能实现,仍重在实践和实行,此即'实用理性'"①。自孔子创立儒家以来,一以贯之的仁义之道一直未变,但时代在变,儒家也要针对当下新的时代问题和现实状况适时地做出调整,学会变通,找到适合当下社会条件的途径来落实仁义之道。

董仲舒面对大一统的专制王朝,既无法像孟子一般成为从容的游士,也难以彻底贯彻荀子所倡导的"从道不从君"(《荀子·臣道》)的原则,而是走上一条迂回的进取之路。从"权"的方面来讲,董仲舒要借助政治权势推行儒家的政治理想,势必要让儒家思想迎合大一统的需求,充分满足社会治理的各方面要求。为此,董仲舒对原始儒家进行了改造,通过诠释《春秋》,使儒家思想符合大一统的政治需要;又充分借鉴和杂糅其他诸子思想,使儒家在一定程度上改变了原初的思想形态。从"经"的方面来讲,儒家政治理想真正要变革的是社会现实,用儒家的仁义之道引导社会的发展,匡正帝王的言行,所以,儒家的仁义之道又是不能改变的,需要变化的只是儒家的外在形式及不合理的社会现实。由此可见,董仲舒的哲学是立足于现实的,既有理想的坚守,也有对现实的妥协,力求为儒家的政治理想寻找一条现实的道路。

董仲舒的哲学存在着现实与理想之间的纠结,这在他分析春秋战国诸侯争霸战争时明显地表露出来。董仲舒认为,春秋无义战,诸侯争霸、彼此结盟皆是为了一己之私,本应予以否定。但是,退而求其次,复仇之战及通过结盟把战争框定在一定的秩序范围内,又在一定程度上体现了正义,也不失为一种权宜的选择。正如董仲舒说道:

> (复仇之战)比之诈战,则谓之义;比之不战,则谓之不义。故盟不如不盟,然而有所谓善盟;战不如不战,然而有所谓善战。不义

---

① 李泽厚:《论语今读》,中华书局2015年版,第184页。

之中有义，义之中有不义。①

结合董仲舒自身的处境来讲，改变儒家思想形态、用儒家思想迎合大一统的专制统治并非最理想的选择，但是，退而求其次，若能在迎合现实中践行理想，在自身的权变中实现不变的道义，在一定程度上改善现实，也算是不义之中的义了。

董仲舒一直在强调变与不变的统一，既反对一味固守传统，又反对完全抛弃传统。他认为如果固守传统，不知变通，儒家思想便不能适用于当下的时代和社会，也无法发挥现实的作用；而如果抛弃传统，一味苟同，儒家便丢掉了灵魂，也便不再是儒家了。正如他说："王者有改制之名，无易道之实"②，又说：

> 道之大原出于天，天不变，道亦不变，是以禹继舜，舜继尧，三圣相受而守一道，亡救弊之政也，故不言其所损益也。③

王朝更替，朝代的称号、首都的方位、服饰的色彩、年号的计算虽有不同，但作为国家治理总纲的仁义之道却不应有所改变。在董仲舒看来，儒家的仁义之道是天道，不管如何改朝换代，不管谁当天子，天都是不变的，天道及人间正道也都是不变的。董仲舒认为，《春秋》要阐述的正是这个变与不变，正如他说：

> 春秋之道，固有常有变，变用于变，常用于常，各止其科，非相妨也。④

---

① 苏舆撰，钟哲点校：《春秋繁露义证》卷二《竹林第三》，中华书局1992年版，第50页。

② 苏舆撰，钟哲点校：《春秋繁露义证》卷一《楚庄王第一》，中华书局1992年版，第19页。

③ 班固撰，颜师古注：《汉书》中册卷五十六《董仲舒传第二十六》，中华书局2005年版，第1915页。

④ 苏舆撰，钟哲点校：《春秋繁露义证》卷二《竹林第三》，中华书局1992年版，第53页。

"常"是对理想的坚守,"变"是因现实而权变。董仲舒要实现的是"常"与"变"的统一,既要在"变"中实现"常",又要在"变"中坚守"常"。仁义之道是常经,维护大一统专制是权变,前者是本,为重,后者是末,为轻,不可本末倒置,轻重不分。正如他说:"明乎经变之事,然后知轻重之分,可与适权也。"①常经不可以随意改变,如果变通不当就会抛弃道义和原则,成为俗儒之流。所以,权要以经为基础,在经的范围内加以权变,正如他说:"夫权虽反经,亦必在可以然之域。"②由此可见,董仲舒虽然融合诸子各家思想,针对汉代社会的现实需求对儒家思想做出了多种改变,但他的思想内核仍然是儒家,其初衷仍是为了继承儒家思想,践行儒家理想。

四、天人感应

天人感应是董仲舒最重要的哲学理论。天人感应的理论包含天人相参、天人同构和灾异诠释三个方面,其中,天人相参是天人感应的哲学基础,天人同构是天人感应的内在机制,灾异诠释是天人感应的实现路径与实践目的。

第一,天人相参。天人感应是儒家天人相参思想的重要体现,是对天人相参思想的进一步推进。早在孔子之时,儒家就表露出天人相参的观念。面对春秋乱世,道家隐士纷纷避世,以顺应大道的自然运动,而孔子则"知其不可而为之"(《论语·宪问》),曰:"天下有道,丘不与易也。"(《论语·微子》)在儒家看来,不仅人性由天命赋予,人的积极作为也包含在"道"的运动之中,如果离开了人的仁义之道,"道"不会自然而然地达向善,所以,人是大道运动不可或缺的一环,是推进大道前行的重要因素,这是儒家的天人合一,与道家不同。儒家的天人合一着重表

---

① 苏舆撰,钟哲点校:《春秋繁露义证》卷三《玉英第四》,中华书局1992年版,第75页。

② 苏舆撰,钟哲点校:《春秋繁露义证》卷三《玉英第四》,中华书局1992年版,第79页。

现为天人相参，尤其是人道对天道的参与，凸显人的地位；而道家的天人合一着重于人对天的顺应，警惕人的妄为。后来，孟子更是高扬了自我的作用，曰："夫天，未欲平治天下也；如欲平治天下，当今之世，舍我其谁也？"（《孟子·公孙丑下》）孟子认为，人的良心虽然源自天命，但是天赋的良心是微弱的，必须通过后天浩然之气的存养才能成就真正的人性，而当正气塞于天地之间，就能与天地相呼应，参与天道的运动，乃至对现实社会产生重大影响。所以，天道只是为人道提供了善的基础和可能，真正将善推向现实的只能靠人自身的力量。荀子反对"从天而颂之"，主张"制天命而用之"，进一步肯定了人对天的参与作用。

天人相参的观念在董仲舒的人性论中也得到了体现。董仲舒认为，人性是善恶相杂的，其中善性来自天性，出自阳；而恶则是由身体的情欲造成，出自阴。天性虽然为人们提供了善的基础，但更需要发挥后天人道教化的作用。正如他说：

> 性比于禾，善比于米。米出禾中，而禾未可全为米也。善出性中，而性未可全为善也。善与米，人之所继天而成于外，非在天所为之内也。天之所为，有所至而止。止之内谓之天性，止之外谓之人事。①

董仲舒认为，人性虽然先天有其善端（禾），但不可以自然成善（米），这是因为，人道本来就是天道的重要组成部分，如果离开了人道，天道是不完全的（未可全），离开了人道的努力，单凭先天之性是不能成就善性的（未可全为善）。所以，人一方面要继天、顺天，沿着天命的要求和方向来努力；另一方面又要通过后天作为，发挥人道来成就天道（成于外），人通过后天的作为辅助天、成就天，本身就是天道的内在要求，天道只是开其端，故有所止，真正发挥和成就天道要靠天道所"止"之外

① 苏舆撰，钟哲点校：《春秋繁露义证》卷十《深察名号第三十五》，中华书局1992年版，第297页。

的人事。所以，人道亦是符合天意的，是天道不可或缺的一部分。由此可见，人道与天道的关系既不是对立的，也不是从属的，而是相参的。人道不离天道，应顺应天道；天道也不离人道，人道在参与天道中成全天道。

天人相参是天人感应的哲学基础，只有肯定人对天地运动的参与，人的所作所为才能影响到天，使天有所感应。为此，董仲舒提出了"十天端"的思想。他说：

> 天有十端，十端而止已。天为一端，地为一端，阴为一端，阳为一端，火为一端，金为一端，木为一端，水为一端，土为一端，人为一端，凡十端而毕，天之数也。[①]

在"十天端"中，人不仅是"天端"之一，而且始于天，终于人。人作为终端意味着天地自然的变化最终都聚焦于人的身上，而人的作为又直接影响到天地自然的变化，人是天道运动的关键。

不过，需要注意的是，董仲舒在这里所讲的"人"主要指王，这是因为，在君王专制统治的时代，君王的影响力最大，国家的兴亡，乃至百姓的吉凶祸福集中于君王一身。这一点和先秦儒家有所不同，不管是孔子、孟子，还是荀子，他们的天人相参思想中的"人"更多是指君子，甚至是具备良知的一切人。董仲舒认为，君王是人间的代表，所以，天人相参主要是指君王与天道相参。正如他说：

> 唯天子受命于天，天下受命于天子，一国则受命于君。[②]

董仲舒认为，天下百姓皆受命于天子，天子是人间的代表，而天子又

---

①苏舆撰，钟哲点校：《春秋繁露义证》卷七《官制象天第二十四》，中华书局1992年版，第216—217页。

②苏舆撰，钟哲点校：《春秋繁露义证》卷十一《为人者天第四十一》，中华书局1992年版，第319页。

直接受命于天，所以，与天最直接相关的是天子，天子最直接地影响天。
董仲舒还说：

> 古者造文者，三画而连其中，谓之王。三画者，天地与人也，而
> 连其中者，通其道也。取天地与人之中以为贯而参通之，非王者孰能
> 当是？①

董仲舒带着政治目的进行文字训诂，从字形上对"王"字进行意训，
认为君王上能参通于天，下能参通于民，是连接天人的主要环节。董仲舒
将天人相参集中于君王与天的相参，其目的一方面是维护大一统的专制统
治，另一方面也是要借天道来规范帝王的言行，通过诠释天道达到使儒家
影响政治的目的。

第二，天人同构。人的作为之所以能够引起天的感应，其内在机制在
于天人同构。天人同构是指人与天的基本构成要素是一致的，人是天的产
物，是天的副本。董仲舒从很多方面来论证天人同构，比如，他认为人的
四情对应于天的四季。天有阴阳，阴阳变化生成春夏秋冬之四季，人也有
阴阳，人的阴阳生成喜怒哀乐之四情，其中，人之喜对应于春之暖，人之
怒对应于秋之凉，人之乐对应于夏之暑，人之哀对应于冬之寒。董仲舒还
认为，政治的庆、赏、罚、刑之"四政"也是对应于天之四季的。正如
他说：

> 圣人副天之所行以为政，故以庆副暖而当春，以赏副暑而当夏，
> 以罚副清而当秋，以刑副寒而当冬。……庆赏罚刑与春夏秋冬，以类
> 相应也，如合符。故曰王者配天，谓其道。天有四时，王有四政，四

---

① 苏舆撰，钟哲点校：《春秋繁露义证》卷十一《王道通三第四十四》，中华书局1992年版，第328—
329页。

政若四时，通类也，天人所同有也。①

因为"王者配天"，所以，不仅王者的喜怒哀乐的情绪要与天时相配，由王者所主宰的政治也应当顺应四时。这里，董仲舒显然吸取了《易传·乾·文言》"同声相应，同气相求"的思想，将同类、同构之事作为相感的重要原因。正如他说：

> 今平地注水，去燥就湿，均薪施火，去湿就燥。百物去其所与异，而从其所与同，故气同则会，声比则应，其验皦然（清楚明白的样子。皦，音 jiǎo）也。美事召美类，恶事如恶类，类之相应而起也。如马鸣则马应之，牛鸣则牛应之。帝王之将兴也，其美祥亦先见；其将亡也，妖孽亦先见。物故以类相召也。②

由于人与天是同构同类的，所以能够相互感应。作为人间代表的君王，其行为会引起天的感应，当天出现祥瑞，表明君王的行为合乎天理，国家将兴；当天出现灾异，表明其行为违背天理，国家将亡。

第三，灾异诠释。人参与天道，表现为人的行为会影响到天道，并通过天的灾异表现出来。董仲舒解释"灾"和"异"道：

> 天地之物有不常之变者，谓之异，小者谓之灾。灾常先至而异乃随之。灾者，天之谴也；异者，天之威也。③

从自然的角度来说，灾和异都是指自然的反常现象，异的反常程度比灾要大，危害程度也比灾要深。从天意对人的暗示来说，异所暗示的天意

① 苏舆撰，钟哲点校：《春秋繁露义证》卷十三《四时之副第五十五》，中华书局1992年版，第353页。

② 苏舆撰，钟哲点校：《春秋繁露义证》卷十三《同类相动第五十七》，中华书局1992年版，第358—359页。

③ 苏舆撰，钟哲点校：《春秋繁露义证》卷八《必仁且智第三十》，中华书局1992年版，第259页。

比灾要强烈，对人君的谴责程度也要更强烈。董仲舒借助《春秋》来诠释汉代的灾异，其用意有两点：其一，《春秋》多言灾异，记载了许多星陨、日食、地震、山崩、旱等自然灾异，自然灾异时有发生，汉代也不例外，而且自然不言，以天人感应的理论来说，灾异也只是一种暗示，这就为诠释提供了发挥的空间。其二，《春秋》之言隐微，以"志"论"事"，心志是隐微的，读者既要通过《春秋》中对历史事件的语言描述深入行事者的心志，也要通过孔子的微言揭示孔子的心志，这些都需要通过对语言的诠释来揭示大义。董仲舒研究《春秋》重在微言大义，应用于灾异诠释也是一样，灾异是天道的微言，必须通过对灾异的诠释才能揭示天道的大义。

灾异作为天道的微言直接显示了君王的失政，这是因为，天与君之间存在着直接的联系，王作为人间的代表，其行为一定会直接地影响天，并通过天象表现出来。当天象正常，风调雨顺，代表着王政得当；当天象出现灾异，阴阳失调，则表示王政失当。正如他说：

> 王正则元气和顺、风雨时、景星见、黄龙下。王不正则上变天，贼气并见。[1]

景星即瑞星，天文学中指土星与木星在最接近的时刻共同呈现，黄龙即瑞兽，两者都代表着祥瑞。在古代封建专制社会中，帝王是至高无上的存在，当帝王的权力无法得到约束，将会带给国家和人民以灾难。董仲舒以天象的常或异来展现并证明帝王行为是否得当、合规，正是为了在帝王的上面另设一个更加权威的评判标准，以此来规范和约束帝王。

天的灾异是显现的，但是灾异所蕴含的天意则是隐微的，透过显现的灾异把隐微的天意揭示出来就需要对灾异加以诠释。正如董仲舒说道：

> 春秋之道，以元之深正天之端，以天之端，正王之政，以王之政

---

[1] 苏舆撰，钟哲点校：《春秋繁露义证》卷四《王道第六》，中华书局1992年版，第101页。

正诸侯之即位，以诸侯之即位正竟内之治。①

"元"指天道、天意，天意难测，故谓之"深"。"端"指自然灾异，自然灾异是天意的隐晦表达，故谓"天之端"。圣人揭示灾异中隐含的天意，并以此天意来匡正政治谓之"正"。"政者，正也"（《论语·颜渊》），"正王之政"表现出董仲舒用儒家仁义之道来影响政治，"正诸侯之即位"表现出他为维护大一统所做的努力。

按照董仲舒的理想，君王见到灾异，应该反躬自省，自我检讨，践行仁义之道。正如他说：

> 春秋举之以为一端者，亦欲其省天谴而畏天威，内动于心志，外见于事情，修身审己，明善心以反道者也，岂非贵微重始、慎终推效者哉！②

董仲舒认为，《春秋》言灾异，目的是让统治者敬畏天意，当见到天谴和天威时，能够自我反省，对内端正心志，对外多施善政，令自身与国家返回仁义之道，这正是"贵微重始、慎终推效"。灾异是天志之"微""始"，君王的言行是天道的终端，君王见灾异之"微""始"，应当效法天志，谨慎言行。但是，董仲舒显然高估了灾异诠释的现实力量。灾异诠释的局限性很大，董仲舒的诠释灾异实质上是他针对当时的政治问题，通过"得一端而多连之，见一空而博贯之"③的联想，用他的阴阳理论强行比附灾异，用儒家的政治思想牵强附会天意，以此来达到他匡正君王、影响政治的目的。且不说灾异诠释的可信度有多大，其实际效果也甚微。

武帝建元六年，位于刘邦陵墓高园边上的一座宫殿着火了，之后不

---

① 苏舆撰，钟哲点校：《春秋繁露义证》卷三《玉英第四》，中华书局1992年版，第70页。
② 苏舆撰，钟哲点校：《春秋繁露义证》卷六《二端第十五》，中华书局1992年版，第156页。
③ 苏舆撰，钟哲点校：《春秋繁露义证》卷三《精华第五》，中华书局1992年版，第97页。

久，用于祭祀刘邦的高庙也发生了火灾。董仲舒于是借题发挥，进行灾异诠释，对曰：

> 天灾若语陛下，"当今之世，虽敝而重难，非以太平至公，不能治也。视亲戚贵属在诸侯远正最甚者，忍而诛之，如吾烧辽高庙乃可；视近臣在国中处旁仄（近侧，左右）及贵而不正者，忍而诛之，如吾烧高园殿乃可"云尔。在外而不正者，虽贵如高庙，犹灾烧之，况诸侯乎！在内不正者，虽贵如高园殿，犹烧灾之，况大臣乎！此天意也。罪在外者天灾外，罪在内者天灾内，烧甚罪当重，烧简罪当轻，承天意之道也。[①]

这段话的意思是说，天灾好像是在告诉陛下："现在这个时代，天下破败，积重难返，非以大公无私的大魄力来整顿不可。先忍心把朝廷之外地位显贵而不正直的亲戚贵族诛杀掉，就好像降火灾烧掉高庙一般。然后再忍心把皇宫里不正当、不安分的近臣诛杀，就好像是我烧高园殿一样就可以了。"在朝廷外的亲戚贵族，即使如高庙一样高贵，也会被烧掉，更何况是不太亲近的诸侯呢！皇宫里的近臣，即使如高园殿一样高贵，也会被烧掉，更何况是不太亲近的大臣呢！这就是天帝的意志。如果外有犯罪的重臣，就降灾于外；如果内有犯罪的近臣，就降灾于内。罪重处罚得重，罪轻处罚得轻，这样就能遵承天意了。

董仲舒写完这段话后还未等上奏，便有一位名叫主父偃的大臣看望董仲舒，他一直嫉妒董仲舒，趁董仲舒不注意时，见到了这份草稿，就将它偷了出去并私自献给了汉武帝。汉武帝召集诸儒评判，在朝堂上，董仲舒有位弟子名叫吕步舒，不知这是他老师的奏章，认为见识荒谬，愚蠢至极。于是，汉武帝判处董仲舒死刑，最后念其旧情，又赦免了他。之后，董仲舒担心再次获罪，去位归居，再也不敢进行灾异诠释了。

---

① 班固撰，颜师古注：《汉书》中册卷二十七上《五行志第七上》，中华书局2005年版，第1093页。

董仲舒将儒家思想与政治统治相结合，影响是深远的。他主动将儒家思想"献"于政治统治，将《春秋》"献"给大一统，其主观目的是利用政治统治推行儒家政治理想，借助大一统使儒家思想发挥现实作用，引导和规范社会生活。但在客观上，封建统治者也利用儒家思想巩固了自身的专制统治。在两者的结合与相互利用中，儒家走向独尊，成为两千多年来中国封建社会的意识形态，而儒家也成了封建专制统治的代言人，于后世遭到批判。正如陈鼓应说道：

> 儒家在历史上是最为保守的一派。在汉武帝"独尊儒术"之后，它由诸子百家中之一家而变成官方唯一的意识形态，在近两千年的时间内也一直与封建政治联系在一起。这种政治意义上的儒学，与现实生活的冲突最大，阻力也最大。①

课后自学参考书目及读书提要：

[1]《汉书·董仲舒传》，班固撰。在这本书中，班固详细地记述了董仲舒的"天人三策"。"天人三策"是董仲舒针对汉武帝"大道之要，至论之极"的征问所创作的三篇策论，着重讲述了他的天人之学。"天人三策"在儒家政治哲学中居于重要地位。

[2]《春秋繁露义证》。此书由清代苏舆注释，广采前人研究成果，是目前校订和注释《春秋繁露》较为完善的本子。《春秋繁露》是董仲舒所作的政治哲学著作，其中系统阐述了阴阳五行、天人感应、性三品论等哲学思想，是研究董仲舒哲学的必读之书。

---

① 陈鼓应：《论道家在中国哲学史上的主干地位》，《哲学研究》1990年第1期。

第十一讲　魏晋玄学

中国历史进入魏晋时期，在哲学上掀起了一股玄学思潮。从依据的经典来说，玄学主要是对《老子》《庄子》《周易》的诠释，因为这三本书非常玄奥，有超越现实的形上思考、境界与关怀，所以将此三书称为"三玄"，玄学之名也由此而来。从思想来源与目标来看，玄学家主要通过对"有"与"无"这对哲学概念的辨析，尝试对先秦以来儒、道哲学进行会通，并在人与世界的紧张关系中安身立命。从时代问题来说，玄学也是为了回应魏晋的时代问题，即如何令人为制定的名教、礼教合乎自然，如何让社会制度符合人性的真实需要。

一、魏晋玄学的主要论题

先秦时期，儒道两家自成体系，并各有所偏，道家偏于天道而明自然，儒家偏于人道而贵名教，儒家的荀子批评道家"蔽于天而不知人"（《荀子·解蔽》），道家的庄子批评儒家"礼乐遍行，则天下乱矣"（《庄子·缮性》），从而形成了对立的两极。道家崇尚自然，自然即真实、不虚伪、不造作，合乎人的真情实感的即自然，就好像夏天少衣，冬天多衣一样。儒家崇尚名教，名教即礼法制度，是依照儒家思想而建构起来的社会规范。当名教顺乎人心，就是自然的；当名教违背了人心，就会使人不自然，令人感到与世间的规则格格不入。

道家根据天道来规范人道，主张人为的价值观念要服从于自然之理，批判不依自然之理的礼法名教的制作，主张社会规范应顺从人心，返璞归真。以道家看来，礼法名教往往是依据统治者的个人需求自上而下地强制推行，即老子所谓的"可道"之"道"，不仅与人们的真实需要相违背，而且还会变成压迫人的工具，社会的动乱与人际关系的冲突正是由礼法名教所引起的。所以，为了消除动乱冲突的根源，应该按照人心来重新设计一个适合人生存的社会环境。儒家与道家相反，儒家认为人的本性是需要加以节制和规范的，如果不用礼法名教来制约，就会恣意放纵、道德沦丧，所以，为了匡时救乱，儒家主张制礼作乐，确立一套文化理想、价值观念和社会制度来节制、规范人性。由此可见，儒家和道家各自遵循其思路来展开哲学体系，这就在中国哲学史上开创了两个并行而对峙的思想传统，一个是道家明自然的思想传统，一个是儒家贵名教的思想传统。

儒家在汉代被独尊，名教成为社会道德与政治的主导规范与制度，但是到了东汉末年，名教却成为一种无理性的暴力，成为政治斗争的工具，统治者以名教为工具对异己的势力进行残酷镇压，道家在理论层面上对儒家所作的种种批评都变成了活生生的现实。不管是东汉末年的党锢之祸，还是曹操诛杀异己的残暴手段，都是对名教的践踏。这就给人们提出了一个尖锐的问题：究竟什么是名教？是统治者用以镇压异己、谋取私利的工具，还是一种规范调整社会人际关系的合理秩序？如果是后者，那么其合理性的根据何在？有没有一个判定其为真名教还是假名教的标准呢？如何能够保证由统治者制定的名教规矩符合人心呢？如何制止统治者利用名教来达到一己之私欲而不顾他人之死活呢？人们根据自己对现实困境的真切感受反复思考这个问题，终于在曹魏正始年间，提炼升华出一个儒家与道家是同是异、自然与名教是分是合以及"有"与"无"之间关系的玄学问题。

如果说名教和自然的关系问题直接反映了现实的社会，那么"有"与"无"的关系问题就是在哲学层面上的反思。从这两个问题的关系来看，名教和自然的关系问题是"有""无"关系的哲学问题所关涉的现实问题，而名教和自然的关系问题也必须要通过"有""无"关系的哲学问题来得到根本的回答。"有"与"无"这一对概念最早是由老子提出的。在《道德经·第一章》中，老子说：

> 无，名天地之始；有，名万物之母。故常有，欲以观其徼；常无，欲以观其妙。此两者同，出而异名，同谓之玄，玄之又玄，众妙之门。

这段话主要讨论的是"有"与"无"的关系，老子认为，"无"是天地的起始，相当于无限；"有"是万物的存在及万物各自成其自身的独特性，相当于有限。举一个事例来说明。大家可能都玩过或见别人玩过陶泥。我们来想象一下，一块泥巴是什么形状，这个问题不好回答，因为泥巴是一个塑形功能很强的东西，它可以造就任何形状，其自身具有无限种可能性。泥巴本身不能被规定为某种形状，因为如果它本身是某种形状，就不能成为其他形状，我们可以把泥巴本身看作"无"，这个"无"是无形无象的意思，正是因为它本身无形无象，所以才能千变万化。但是要说泥巴没有形状也不行，泥巴在塑形之后总是会成为某种形态，定型为某种形状，这就是"有"。在"无"与"有"的关系中，一方面，"无"是本体，"有"是发用，各式各样的"有"都来自"无"，"无"的概念的提出正是为了针对"有"的局限性，是为了打破人们对"有"的观念的执着；另一方面，"无"又寓于"有"之中，通过"有"得到表现，离开了"有"，并不存在一个绝对的"无"。"无"与"有"这样的关系被称为"玄"。

哲学中的"无"与"有"的概念可以对应于现实中的自然与名教，自然表现为"无"，名教表现为"有"。"无"又可以理解为"无为"，自然的状态是自然而然的，无须他人与社会的规定，如果一件事情需要他人与社会来规定的话，便不自然了。名教是基于儒家道德伦理所制定的社会规范乃至国家制度，名教的合理性在于为人提供有益的服务，合乎人情，顺应人本来的要求，即名教必须自然。但是到了魏晋时期，儒家的礼法名教日益僵化，并被统治者利用，成为谋求私利、打压异己的工具，名教走向自然的反面，与人们的真实要求相背离。怎么去反思、批评和改造这个名教？只能靠"无"，因为"无"是"有"的来源，是"有"的归宿，相对于"有"来说，"无"虽然了无一物，但又蕴含着一切"有"，在无限性的"无"中去审视"有"，才能盘活这个"有"，造就一个新"有"。所以，魏晋玄学通过"有"与"无"这两个概念来讨论名教与自然的关系。

魏晋玄学的发展大致经历了三个阶段：第一，正始年间，以何晏和王弼为代表的玄学家根据名教本于自然的命题对儒、道所同做出了肯定的论证，在"有""无"关系上，崇"无"而及"有"，希望用"无"变革和完善"有"。第二，在魏晋禅代之际，自然与名教统一的希望破灭，开始走向对立，其中以嵇康和阮籍为代表的玄学家提出"越名教而任自然"的口号，崇道而反儒，崇"无"而贱"有"；裴頠（wěi）为了维护名教，崇儒而反道，崇"有"而弃"无"。第三，元康年间，郭象提出"神器独化于玄冥之境"的命题，论证了名教即自然，自然即名教，把儒家和道家说成是一种圆融无滞、体用相即的关系，在"有""无"关系上主张"有""无"一体。

二、正始玄学

正始是三国时曹魏的君王魏齐王曹芳的第一个年号，指公元240—249年。这一时期的玄学家以何晏和王弼为代表，其中，何晏一扫汉代经学师法的禁锢，开创了魏晋清谈之风，为魏晋玄学反思和批判名教提供了开明、自由的思想环境；王弼从哲学上论述了玄学的主要问题，是魏晋玄学的理论开创者。

第一，何晏与魏晋清谈的开创。何晏，字平叔，东汉大将军何进的孙子，曹操的养子，他的政治地位很高，也很有名望，虽然被排除在政治权力中心之外，却是当时知识分子的领袖。当时的知识分子都以何晏为中心，聚会清谈哲学问题。魏晋时的清谈不同于先秦诸子的学派争鸣，先秦百家争鸣虽然不乏哲学问题，但却以社会治理为根本宗旨，而魏晋清谈更像是今天的学术研讨会，就学术谈学术，不直接涉及现实的社会与政治问题。何晏作为清谈的主持人，不以权威自居，不把自己的意见强加于人，而是表现出一种以探索真理本身为目的的高雅风范。在何晏的主持之下，魏晋清谈没有必须服从的权威，没有既定的传统的成见，也不区分地位高低，年龄大小，每个人都在平等自由的气氛中，围绕着哲学问题而探讨，各抒己见，畅所欲言。据《世说新语》记载：

> 何晏为吏部尚书，有位望，时谈客盈坐。王弼未弱冠（古代男子二十岁行冠礼，表示已经成人），往见之。晏闻弼名，因条向者胜理语弼曰："此理仆（我，谦称）以为极，可得复难不？"弼便作难，一坐人便以为屈。于是弼自为客主数番，皆一坐所不及。[①]

何晏任吏部尚书，有地位有名望，一时间去他那儿清谈的人济济一堂。王弼当时不满二十岁，去见何晏。何晏听说过王弼的名声，就把刚才辩论的精妙玄理告诉了他，说："这条义理我认为极妙，你能加以反驳吗？"王弼便进行了驳难，满座的人都理屈词穷。随即，王弼又自为主客，自问自答，涉及的问题宾客们皆不能企及。又据《世说新语》记载：

---

① 刘义庆撰，徐震堮著：《世说新语校笺》卷上《文学第四》，中华书局1984年版，第106页。

何晏注《老子》未毕，见王弼自说注《老子》旨，何意多所短，不复得作声，但应诺诺，遂不复注，因作《道德论》。[1]

何晏曾经打算著一本《老子注》，王弼也在写《老子注》，何晏本想与王弼讨论，但是，当听到王弼谈自己注《老子》的主旨时，甘拜下风，就不再谈自己注《老子》的事了，而是听从王弼的观点。后来，何晏放弃了自己的《老子注》，只写了一篇《道德论》。

当时何晏与王弼聚会清谈，何晏已有五十余岁，王弼未满二十，无论是政治地位、学术声望或年龄大小，王弼在何晏面前都只算是晚辈。但是何晏却对王弼非常钦佩。正是因为何晏的豁达大度，虚怀若谷，王弼的思想创见才能得到鼓励并迅速发展，何晏在自由、开明的魏晋玄风的开创中功不可没。

第二，王弼的"贵无论"。王弼的著作现存有《老子注》《老子指略》《周易注》《周易略例》《论语释疑》等。王弼是早熟的哲学天才，只活到23岁，但是他的哲学却影响深远，时至今日，我们研究先秦哲学，尤其是《老子》和《周易》，都必须要参考他的思想。

在王弼年未弱冠、刚刚开始他的哲学生涯时，当时的名士裴徽向他提出了一个难题："夫无者，诚万物之所资，圣人莫肯致言，而老子申之无已，何邪？"意思是："无"是万物的来源，圣人对"无"难以言表，但老子为何讲了许多"无"呢？王弼回答说："圣人体无，无又不可以训，故言必及有；老、庄未免于有，恒训其所不足。"[2]王弼认为，圣人需要体会"无"，但"无"又不可以直接阐释，一定要在"有"中去言"无"，离开了"有"，"无"就会流入虚无；老子和庄子言"无"但不及"有"，所以他们的解释是不足的。由此可见，王弼虽然重视"无"，但又不放弃"有"，或者说，王弼论"无"的目的是谈"有"，即把自然注入名教之中，

① 刘义庆撰，徐震堮著：《世说新语校笺》卷上《文学第四》，中华书局1984年版，第108页。
② 刘义庆撰，徐震堮著：《世说新语校笺》卷上《文学第四》，中华书局1984年版，第107页。

用自然来改造名教，让名教符合自然。就当时的社会现实来说，人们对现存的名教社会并不满意，憧憬一种合乎自然的社会状态，人们对现实的君主专制也不满意，仰慕一种顺应人心的社会管理。在那个特定的时代，人们对现实的超越和对理想的追求，在哲学上就上升为对"有"与"无"关系的讨论。

王弼的哲学力求"有""无"互补，一方面强调"无"的本体作用，另一方面又不放弃"有"，力图协调儒家与道家。在《老子指略》的开头处，王弼说道：

> 夫物之所以生，功之所以成，必生乎无形，由乎无名。无形无名者，万物之宗也。不温不凉，不宫不商。听之不可得而闻，视之不可得而彰，体之不可得而知，味之不可得而尝。故其为物也则混成，为象也则无形，为音也则希声，为味也则无呈。故能为品物之宗主，苞通天地，靡使不经也。若温也则不能凉矣，宫也则不能商矣。形必有所分，声必有所属。故象而形者，非大象也；音而声者，非大音也。①

这段话的意思是说，万物之所以能生，事业之所以有成，都来源于无形和无名的"道"，"无"是一切"有"的根本，它既不温也不凉，既不发宫的音调也不发商的音调，听不到，看不见，触摸不着，也品尝不得。所以，"无"是万物混沌的状态，无象，无形，无声，无味。正是因为这样，"无"才能成为万物的来源，包囊天地，成为万物的根本。一个事物是温的就不能凉，一个音调是宫便不能商。任何具体的事物都与其他事物存在分别，任何具体的声音都有它所属的有限音域。所以，一切有形有象的事物皆不是大象，一切具体的声音都不是大音。

王弼重视"无"的本体地位，所以我们将这一思想称为"贵无论"。

---

① 王弼著，楼宇烈校释：《王弼集校释》，中华书局1980年版，第195页。

但是，贵"无"并不是王弼的目的，王弼并不是要拥抱"无"、摒弃"有"，并以此过上出世、离世的生活。他贵"无"的目的是论"有"，是要借助"无"来改造"有"，改变这个异化了的名教，使名教顺其自然、合乎人情。正如他说：

> 然则，四象不形，则大象无以畅；五音不声，则大音无以至。四象形而物无所主焉，则大象畅矣；五音声而心无所适焉，则大音至矣。故执大象则天下往，用大音则风俗移也。①

王弼认为：如果没有具体的四象，大象便不能畅通于世；如果没有具体的五音，大音便不能展现。有了四象，同时不以四象中某一象为主，大象便畅通于世；有了五音，而心并不迷惑于某一音，大音便能得到展现。因此，把握了大象，天下往来通畅；应用大音，社会的风俗就能不断调整和改变。由此可见，"有"的发用不离"无"的本体，本体也不离发用，"有"与"无"是统一的，体用是不二的。王弼之所以强调"无"的本体，其现实原因是这个本体能够产生"天下往""风俗移"的强大的社会变革作用。王弼的这种思维方式可以概括为由体及用。

"有"指一切具体的有限之物，名教作为社会道德规范和政治制度也是"有"，一切"有"都有它适用的范围，如果执着于"有"，就会产生相应的流弊，"有"必须要在"无"的观照下才能适时调整和改变，而不至于走向僵化。正如王弼说道：

> 故可道之盛，未足以官天地；有形之极，未足以府万物。是故叹之者不能尽乎斯美，咏之者不能畅乎斯弘。名之不能当，称之不能既。②

---

① 王弼著，楼宇烈校释：《王弼集校释》，中华书局1980年版，第195页。
② 王弼著，楼宇烈校释：《王弼集校释》，中华书局1980年版，第195—196页。

王弼认为，一切具体的事物和规范都是"可道"之"道"，老子曰："道可道，非常道。"（《道德经·第一章》）"可道"之"道"是具体的，有限的，不足以规范天下万物，不管人们对具体的名教再怎么赞美，都不能达到绝对的完美。由此，王弼提出"崇本以息末"的命题。这个命题是王弼在解释《道德经》第五十七章时提出来的，王弼曰："以道治国，崇本以息末"[①]。"本"是本根、本体，即自然、"无"；"末"指发用，即名教、"有"。"息"形容由"无"的体发出"有"之用的动作。王弼还借用《道德经》中"母"与"子"的关系来说明"崇本以息末"的思想。老子曰：

> 天下有始，以为天下母。既得其母，以知其子；既知其子，复守其母，没身不殆。（《道德经·第五十二章》）

王弼解释说：

> 母，本也。子，末也。得本以知末，不舍本以逐末也。[②]

不管是老子，还是王弼，都在应用体用不离的思维方式。这种思维方式告诉我们，任何当下的规范和制度都必须要在本体"无"的统摄下保持一定的灵活性和开放度，不能"舍本以逐末"，不能"用其子而弃其母"，否则就会在实际生活中特别是在政治策略上产生一系列的偏差。

在整个曹魏时期，政局一直不稳定，君臣离心的现象十分严重，各方面的关系都不协调，虽然统治者施展了各式各样的政治策略，但仍然不能从根本上解决问题。王弼关心时事，他根据对当时的时代课题和政治积弊的深刻理解和观察，分析其原因，认为统治者决策的失误在于被各种具体

---

① 王弼注，楼宇烈校释：《老子道德经注》，中华书局2011年版，第154页。

② 王弼注，楼宇烈校释：《老子道德经注》，中华书局2011年版，第143页。

的策略迷惑而不见根本，目光短浅，未能把握《老子》"崇本息末"的精神实质。王弼讲"息末"不是摒弃"末"，而是不能固守于"末"，要在"本"的基础上去改革、扩展和应用"末"。曹魏时期，经过汉代四百年来的努力，儒家的各种名教规范已经成为封建宗法等级制度的根本，在当时人们的观念中是不可超越的，也是不容置疑的。但是，从本体论的角度看来，它们是"末"而不是"本"，如果不顾及"本"而一味地固守它们，其结果必然事与愿违。

三、竹林玄学

在正始玄学时，玄学是一种阐发内圣外王之道的哲学，哲学家力求使他们的理想与世界协调一致，为当时不合理的政治局面找到一种合理的调整方案。但是，当现实变得更不合理，连调整的可能性也完全丧失时，哲学家就从世界中分离出来而退回到自己的内心，用理想来对抗现实。玄学发展到了这个阶段，给自己涂上了一层脱离现实的玄远之学的色彩，变成了人生哲学，由外向转为内向，哲学家也由积极入世变成了消极避世，极力寻找一种安身立命之道。

阮籍和嵇康是竹林七贤中最杰出的理论家、哲学家。阮籍生于公元210年，死于公元263年；嵇康生于公元223年，死于公元262年。正始以后的这十三四年，中国发生了许多变化，一方面，人们期盼已久的统一局面终于来临，另一方面又发生了魏晋禅代的政治大动乱。司马氏集团为了篡夺曹魏政权，"诛夷名族，宠树同己"[1]，司马懿为了夺权，寻机把皇族曹爽和何晏杀害，并杀太尉王凌等，逮捕了魏朝诸王公，这就是"诛夷名族"；与此同时，司马懿把追随他杀曹爽等人的蒋济晋封为都乡侯，这就是"宠树同己"。这些让知识分子的心灵蒙上了一层阴影，促使他们的思想发生变化。阮籍、嵇康的玄学思想既是从何晏、王弼的贵无论玄学思想

---

① 刘义庆撰，徐震堮著：《世说新语校笺》卷下《尤悔第三十三》，中华书局1984年版，第481页。

发展而来，又反映了正始以后知识分子艰辛、苦闷的心路历程。

阮籍和嵇康的思想经历了一个痛苦的演变过程，他们前期与何晏、王弼一样，倾向于名教与自然的结合。在正始年间，何晏、王弼不满于曹魏名法之治的流弊，企图建立一个顺应人心、合乎自然的社会秩序，用贵无论的玄学对现实加以调整，阮籍和嵇康的前期思想也同样是这样，希望用理想来纠正现实，使现实符合理想。但是，正始以后，发生了魏晋禅代的动乱，他们的希望已经破灭。司马氏集团打着名教的幌子，罗织罪名，诛锄异己，把名教变成了残酷毒辣的权力争夺的工具。在这种情况下，人们被迫在名教与自然二者之间做出选择，或者只要名教而不要自然，或者只要自然而不要名教。这同样也是一种政治性的选择，因为司马氏崇尚名教，所以，拥护司马氏政权的选择了名教，反对派则选择了自然；同时，儒家尚名教，道家崇自然，这也是对儒道两家思想的选择。从深层的意义来看，这种选择也反映了在那个特定的历史时期，理想与现实的冲突已经到了不可调和的地步，险恶的政治环境迫使人们或者放弃理想与现实妥协，或者坚持理想与现实抗争。当时有一批人选择了名教，但是他们中的很多人并不是真正地服膺儒家，实际上只是在曲意迎奉；而以阮籍和嵇康等竹林七贤为代表的一批玄学家则崇尚自然，贬抑名教，继续坚守着理想，与现实走向了对抗。

可以说，阮籍和嵇康做出这样的选择是迫不得已的，他们的内心是痛苦的。《晋书·阮籍传》说：

> 籍本有济世志，属魏晋之际，天下多故，名士少有全者，籍由是不与世事，遂酣饮为常。文帝初欲为武帝求婚于籍，籍醉六十日，不得言而止。钟会数以时事问之，欲因其可否而致之罪。皆以酣醉获免。[①]

[①] 房玄龄：《晋书》卷四十九《列传第十九·阮籍传》，中华书局1974年版，第1360页。

阮籍本有治国的理想，但身处魏晋之际的混乱世道，有理想且有操守的读书人很少能自保，无法独善其身，于是，他整天纵酒酣饮，既借酒消愁，也是为了逃避政治的迫害。这显然不是出自他的本心，而是受险恶政治环境的逼迫。《晋书·阮籍传》还说：

> 时率意独驾，不由径路，车迹所穷，辄恸哭而反。①

意思是，阮籍经常一个人驾着马车，任由马车奔跑，彷徨而没有目标，当马车走到绝路，他会痛哭一场然后返回。从表面上看，他们"越名教而任自然"是在追求精神的逍遥与人生的洒脱，但是内心却矛盾痛苦、彷徨无依。这是因为，他们虽然向往道家的自然，但仍然心系名教，骨子里仍然深刻地存着儒家治国平天下的入世情怀，否则，早就该像老子一般，骑着青牛出关远行了。嵇康也反复地询问自己说：

> 吾宁发愤陈诚，谠言（直言。谠，音 dǎng）帝庭，不屈王公乎？将卑懦委随（妥协），承旨倚靡（随顺），为面从（表面顺从而心中不赞成）乎？宁恺悌（和乐平易）弘覆，施而不德乎？将进趣（趋）世利，苟容偷合乎？宁隐居行义，推至诚乎？将崇饰矫诬（假借名义以行诈欺之事），养虚名乎？宁斥逐凶佞，守正不倾，明否臧（恶与善。否，音 pǐ）乎？将傲倪滑稽（心无原则，委曲顺俗），挟智任术，为智囊乎？②

从以上嵇康的一系列自问中可以看出他的心理矛盾，在不畏强权与明哲保身之间左右摇摆。他希望率意直言，但又深感无能为力；自己独善其身，无所作为，又心有不甘；一味苟和，追求名利，又违背了良知，背弃

---

① 房玄龄：《晋书》卷四十九《列传第十九·阮籍传》，中华书局1974年版，第1361页。
② 嵇康著，戴明扬校注：《嵇康集校注》，中华书局2014年版，第236页。

了理想。

嵇康在《释私论》一文中提出了"越名教而任自然"的口号，希望能够超越和否定世俗中的自我，把自我投身到宇宙的自然本体中去，与自然合而为一，以此寻求心灵的归宿。他说：

> 夫称君子者，心无措乎是非，而行不违乎道者也。何以言之？夫气静神虚者，心不存于矜尚（骄矜自大）；体亮心达者，情不系于所欲。矜尚不存乎心，故能越名教而任自然；情不系于所欲，故能审贵贱而通物情。物情顺通，故大道无违；越名任心，故是非无措也。①

"无措"即无分别、不执取，"心无措"指排除了私心杂念而与自然相合。嵇康认为，产生私心杂念的根源是现实的名教，正是因为名教及由此带来的人为的等级，使人们心存傲慢，也在名教的名利诱惑下使人失去本心。名教使得是非颠倒，黑白混淆，人们受这种规范、习俗的熏染，加上利害的考虑，同流合污，隐匿真心，追求虚伪，于是产生了私心杂念，丧失了本真之质。所以，嵇康认为只有"越名教而任自然"，消除矜尚之心、情欲之累，才能做到是非无措，坦然大公。

阮籍也站在自然的立场，对名教中的种种荒谬、虚伪、狡诈和残酷进行了猛烈抨击。阮籍在《大人先生传》中说：

> 昔者天地开辟，万物并生，大者恬其性，细者静其形；阴藏其气，阳发其精；害无所避，利无所争；放之不失，收之不盈；亡不为夭，存不为寿；福无所得，祸无所咎：各从其命，以度相守。明者不以智胜，暗者不以愚败；弱者不以迫畏，强者不以力尽。盖无君而庶物（万物）定，无臣而万事理。②

---

① 嵇康著，戴明扬校注：《嵇康集校注》，中华书局2014年版，第402页。

② 阮籍著，陈伯君校注：《阮籍集校注》，中华书局1987年版，第170页。

阮籍将自己的社会理想寄托于上古，认为那是一个自然、素朴、安宁而没有尔虞我诈的时代，那时，万物皆依循着自己的本性生活，既没有过度的欲求，也不用刻意地收敛，人人因其天性得以寿终，所以无寿无夭，各自顺从自己的本性，而无所谓得失祸福。于是，阮籍作出了一个大胆的设想：如果一个社会没有君主的统治，没有官吏的干预，会怎么样呢？他认为，无君、无臣，世间的事情非但不会混乱，反而会安定、顺理。君臣是古代政治的主体，阮籍否定了君臣的作用，体现了他对名教、政治的全盘否定及对自然本性的充分信任。但是，如果政治被全部抛弃，又由谁来保障这个自然和谐的社会环境呢？哪怕是老子也只是说"治大国若烹小鲜"（《道德经·第六十章》），并没有完全否定治国和政治的作用。对于名教与自然的对立，一直要到西晋时期的郭象才得到了较为圆满的解决。

由此可见，阮籍与嵇康一样身陷于名教与自然的矛盾之中，对于他们来说，"越名教而任自然"并非情之所愿，只是因为在名教中无法获得安顿，只能退回到自身的精神中寻找生命的出路。他们把心志寄托于幽兰，但又不甘心无人赏识，不甘心孤独寂寞，只能在痛苦中挣扎和求索。道家哲学的本性是虚静、无为、寂寞、恬淡，正如庄子说："相濡以沫，不如相忘于江湖。"（《庄子·大宗师》）但是，阮籍和嵇康毕竟不是真正的道家，他们不甘心向异化了的名教妥协，但又不能完全脱离名教而独存，所以，他们的玄学思想不仅使他们在理论上陷入了一系列的矛盾，同时也使他们的精神理想像飘浮于现实生活浪涛中的一叶扁舟，永远找不到一个安息之地。理想与现实、自然与名教，在哲学上反映为"无"与"有"的关系。王弼玄学中的"无"不是彼岸，而是与此岸中的"有"紧密联系在一起。但是，阮籍和嵇康却把自然与名教对立起来，这就使得"无"脱离了"有"，失去了具体内容，变得虚无缥缈，也导致在逻辑上把得道的真人说成是有体而无用的超验存在，这种本体是无法安息焦虑的心灵的。于是，他们只能重新陷入迷惘之中，在出世与入世、超越与妥协之间摇摆不定。

四、裴頠的崇有论玄学

阮籍、嵇康强调超越性的本体，崇尚自然，裴頠（wěi）则相反，他强调现实，重视名教，他们都从不同侧面打破了王弼的玄学，拒绝了儒道会通的路径。不管是阮籍、嵇康，还是裴頠，都对自然与名教、"无"之本体与"有"之发用这个核心问题进行了新的探索，丰富了玄学思想。

裴頠生于西晋武帝泰始三年（公元267年），死于西晋惠帝永康元年（公元300年）"八王之乱"中。这是整个魏晋南北朝唯一的一个短暂的统一时期，当时的社会政治形势既不同于何晏、王弼所生活的正始年间，也不同于阮籍、嵇康所生活的魏晋禅代之际，人们饱受了长期分裂的战乱之苦，普遍地为"大晋龙兴"感到欣喜，统治者也力图在政治、经济、思想各个方面有所作为，渲染出一种繁盛的开国气象。裴頠就生活在这样一个时期，面对竹林玄学对"无"的极力推崇、高举自然而贬抑名教及虚无放诞、不遵礼法的行为，裴頠提出"崇有"思想，力求纠正玄学的偏差，维护儒家的纲常名教。

裴頠的崇有论代表了玄学发展过程中的一个重要的不可缺少的环节。《晋书·裴頠传》说：

> 頠深患时俗放荡，不尊儒术，何晏、阮籍素有高名于世，口谈浮虚，不遵礼法，尸禄（不做事而空受俸禄）耽宠（贪恋荣宠），仕不事事；至王衍（西晋末年重臣，玄学清谈领袖）之徒，声誉太盛，位高势重，不以物务自婴（自我要求），遂相放效，风教陵迟（渐趋衰败），乃著崇有之论以释其蔽。[1]

裴頠维护名教的立场是鲜明的，但他不赞同何晏、王弼的贵无论在名

---

[1] 房玄龄：《晋书》卷三十五《列传第五·裴頠传》，中华书局1974年版，第1044页。

教之外寻找一个自然或"无"作为名教的本体，用"无"来审视、批判和改造名教的做法，他认为竹林玄学完全抛弃名教的极端思想与行为正是王弼贵无论的逻辑发展，贵无的思想只能助长虚无放诞之风，并不能维护名教。裴頠力图证明名教本身就是本体，具有充分的合理性，"无"这个范畴是完全不必要的，应该崇有而不能贵无。在《崇有论》一文中，裴頠批判了贵无论的危害，并阐明了自己崇有论的思想。

首先，裴頠批判了贵无论对政治产生的危害。他说：

> 贱有则必外形，外形则必遗制，遗制则必忽防，忽防则必忘礼。礼制弗存，则无以政矣。[1]

裴頠认为，名教能起到规范和约束的作用，统治者应该用名教来管理百姓，使每个人都安于自己的本分，但是贵无论却引导人们遗弃名教，如果名教不存在，统治者就失去了统治的手段。

其次，裴頠批判了贵无论对道德风俗的危害。他说：

> 放者因斯，或悖吉凶之礼，而忽容止之表，渎（轻慢）弃长幼之序，混漫贵贱之极。其甚者至于裸裎（赤身裸体。裎，音chéng），言笑忘宜，以不惜（不爱惜自己的名誉）为弘，士行（士大夫的操行）又亏矣。[2]

裴頠认为，由贵无论所煽起的一股虚浮旷达之风对贵贱长幼的伦理秩序已经造成了严重的破坏，为了扭转这种不正之风，必须针对贵无论的玄学进行重点批评。

最后，裴頠批判了贵无论理论上的片面性，阐明了崇有论的宗旨。他

---

[1] 房玄龄：《晋书》卷三十五《列传第五·裴頠传》，中华书局1974年版，第1044页。
[2] 房玄龄：《晋书》卷三十五《列传第五·裴頠传》，中华书局1974年版，第1045页。

认为，"道"的根本不是"无"，而是人们根据事物的变化及事物之间的联系总结出来的道理，离开了万物的存有，就没有"道"，也没有"无"，万物有形有象，彼此分别，这一切是存在的事实。正如裴頠阐述道：

> 夫至无者无以能生，故始生者自生也。自生而必体有，则有遗而生亏矣。生以有为己分，则虚无是有之所谓遗者也。故养既化之有，非无用之所能全也；理既有之众，非无为之所能循也。心非事也，而制事必由于心，然不可以制事以非事，谓心为无也。匠非器也，而制器必须于匠，然不可以制器以非器，谓匠非有也。是以欲收重泉（深渊）之鳞，非偃息之所能获也；损高墉（高墙。墉，音 yōng）之禽，非静拱之所能捷也；审投弦饵之用，非无知之所能览也。由此而观，济有者皆有也，虚无奚益于已有之群生哉！①

这一段话的意思是："无"是不能产生任何东西的，事物是自我生成的。自我生成就必须要以"有"为本体，如果"有"缺失了，事物就无法自我生成。凡是生成的事物都是以"有"为自己的本性，"无"只不过是"有"的缺失。因此，自我生成的万有，不是无所事事所能保全的；道理存在于万有之中，不是无为所能掌握的。心虽然不是具体的事情，做事要靠心，但是，心必须要作用于事情上才能做好事情，所以，不能认为心可以离开事情而独存。这就好像工匠不是器物，制作器物的是工匠，但不能因为工匠而否定了器物的作用，不能认为工匠可以离开器物而独自发挥作用。因此，捕捞深水中的游鱼，不是偃卧休息能做到的；射落高墙上的飞鸟，不是拱手静待能捉到的；审视弓弦和钓饵的作用，不是虚静的无知所能达到的。这样看来，成就"有"的只能是"有"，"无"哪里能有益于众生呢？

裴頠的论述的确戳到了贵无论的痛处，也道出了出世的思想虽然能够

---

① 房玄龄：《晋书》卷三十五《列传第五·裴頠传》，中华书局1974年版，第1046—1047页。

使精神生命获得解脱与自由，但终究不能代替现实的作用。如果说正始玄学尚且关注"有"，那么以阮籍和嵇康为代表的竹林玄学则彻底抛弃了现实，走向了封闭的自我的精神世界。所以，裴頠的批评的确有助于把人们的精神理想拉回现实，通过正视现实来推动社会的进步。但是，裴頠没有认识到"有"的暂存性，忽视了"无"对于推动"有"之变革的积极意义。在"有"与"无"的关系上，不管是贵"无"而贱"有"，还是崇"有"而贱"无"，都会陷入理解的偏见，难以达到稳定与开放的统一，为现实的社会与人生带来危害。

五、郭象的独化论玄学

郭象约生于魏嘉平四年，即公元252年，死于晋永嘉六年，即公元312年。郭象作为一个普通的知识分子，亲身经历了"八王之乱"与"永嘉之乱"。在郭象面前，前人已经走过了三条路：一条是何晏和王弼以本体的"无"来改造现实的"有"的道路，这条道路在郭象所处的大动荡时代显然是行不通的；一条是阮籍、嵇康所开拓的那条"越名教而任自然"的途径，这样的玄学远离了现实，只存在于虚无缥缈的精神之中；还有一条是裴頠所指引的坚决维护名教的途径，虽然裴頠崇有在一定程度上纠正了竹林玄学的偏差，但他忽视了名教的弊端，又走回了过去的老路。最终，郭象综合了他们的思路，并另辟蹊径。郭象一方面针对阮籍、嵇康一派对现实名教的抛弃，指出名教的存在是必要的，如果离开了名教，人的本性的实现将难以得到制度的保障；另一方面又针对裴頠一派维护现实的名教，指出名教的弊端是必须要超越的，名教不能成为统治者实现自身利益的工具。郭象将名教与自然统一起来，既肯定了自然的合理性，又赋予名教以自然的理想。

郭象的玄学可以概括为独化论。独化论的体系庞大而完整，既超过了阮籍、嵇康和裴頠，也超过了王弼。实际上，阮籍、嵇康和裴頠并没有形成完整的哲学体系，他们只是提出了思路；王弼虽然形成了体系，但并没有从理论上解决自然与名教的矛盾，其发展趋势必然分裂为自然论玄学与崇有论玄学两个对立的方面。郭象继他们之后从事综合总结的工作，使自己的体系具有更大的包容性和圆融性。

郭象思想集中于《庄子注》一书中，其中，《庄子序》可以看作他诠释庄子思想的总纲，也是他独化论玄学体系的总纲，他说：

> 通天地之统，序万物之性，达死生之变，而明内圣外王之道，上知造物无物，下知有物之自造也。其言宏绰（宏大），其旨玄妙。至至之道，融微旨雅，泰然遣放，放而不敖（倨慢）。故曰：不知义之所适，猖狂妄行，而蹈（遵循）其大方。含哺（口衔食物，形容人民生活安乐）而熙乎澹泊，鼓腹而游乎混茫（广大无边的境界）。至仁极乎无亲，孝慈终于兼忘，礼乐复乎已能，忠信发乎天光。用其光则其朴自成。是以神器独化于玄冥之境而源深流长也。[①]

郭象认为，庄子思想的主旨是一种天人之学，其内容包括自然与社会两个方面。就自然而言，"通天地之统，序万物之性，达死生之变"；就社会而言，"明内圣外王之道"。而贯通这种天人之学的总的指导思想，就是"上知造物无物，下知有物之自造"，也就是"独化"。所谓"独化"，就是"无"与"有"的统一。郭象首先否认了有一个绝对的"无"的本体的存在，他认为"无"或自然，指的是每个具体事物的本性，也指按照自己特有的本性而独生、自在的生命状态；其次，郭象又否认了"有"的独存，认为万有在顺应各自本性之时自然结成一个相辅相成的和谐之网。而所谓"玄冥"，即老子所谓的"玄同"，即同中容纳不同，且在不同中达成协同。万物之间既相互独立、不应相互干涉，又不是绝对孤立、互不相涉的，是

---

① 郭象注，成玄英疏，曹础基、黄兰发点校：《南华真经注疏》，中华书局1998年版，《南华真经序》第1页。

在保持彼此差异之中自然而然地结成一种协同关系，在玄冥之境得到统一，创造出整体性的和谐。社会的情况也是如此，人们无拘无束，任性而行，不必用仁义礼乐、孝慈忠信的名教去约束，人们自然地合乎规范。这是因为，规范实际上是人们本性的流露，自然即名教；而名教的作用正在于保护这种质朴的本性不受破坏，名教即自然。如此一来，国家政治就能独化于玄冥之境，保持稳定的和谐。

从王弼以来，玄学家一般将"无"与"有"加以区别，甚至对立，认为"无"对应着自然，而"有"对应着名教。王弼提出的"崇本以息末"在于树立"无"的自然本体以改造有限的名教，两者存在着本与末的区别；嵇康、阮籍的"越名教而任自然"与裴頠的崇有论则是将"无"与"有"对立起来，前者崇自然反名教，后者崇名教反自然。到了郭象这里，自然与名教、"无"与"有"之间已经不存在界限，自然与名教及"无"与"有"是统一的。以自然而言，万物的本性彼此不同，各自独立、不相干涉，故为"有"；又在自然无意之中相互作用、共生共存，以此达成和谐之网，故为"无"。以名教来说，社会规范的目的在于维系整体的和谐之网，超越了个体性的"有"，故为"无"；而社会的整体和谐又不是以损害万物本性为代价的，更不是损人利己的工具，社会规范的作用正在于保障每一位个体本性的实现，故又为"有"。

郭象把他的哲学重心落在"神器独化于玄冥之境"这一命题上。"神器"即国家政权，这个概念出自《老子·第二十九章》中"天下神器不可为也"一句。按照老子的思路来说，国家应该充分尊重人民的本性，施不言之教，行无为之治。郭象与老子一样，也反对国家利用名教来肆意干涉人民的生活、扰乱人民的本性，认为名教的产生就是人本性的流露，人们顺着自己的本性，自然就符合了名教。所以，名教就是自然，自然就是名教。在自然与名教之间，自然侧重于生命个体的自由，名教是基于人与人之间的和谐而制定的对人之本性的规范，郭象认为，这两者不是矛盾的，而是统一的。正如他在《庄子注》中说：

天下莫不相与为彼我，而彼我皆欲自为，斯东西之相反也。然彼我相与为唇齿，唇齿者未尝相为，而唇亡则齿寒。故彼之自为，济我之功宏矣，斯相反而不可以相无者也。①

在郭象看来，每个人都是独立自在的，犹如"东西之相反"，但人与人之间在客观上又是相互依存，相反而相成的，犹如"唇亡则齿寒"。由此，独化必然通向玄冥，万物在各自为私的过程中反而成就了无私，个体的和谐必然能创造出整体的和谐。整体的和谐是以个体的和谐为前提的，如果每个事情都顺从自我的本性自为、自化，虽然看起来各自为私，但是由于它们之间存在着共生共存的关系，又必须要在无私中达其私，最终结成整体的和谐之网。

如果说郭象的"神器独化于玄冥之境"是国家政治本应如此的理想状态，那么当他面对现实时，看到的却是和谐被破坏，这就引起他深重的忧虑。郭象虽然在理论上把名教与自然统一起来，力求协调名教与自然、现实与理想的矛盾，但是，他的目的并不是粉饰现实，并没有将当时极不合理的现实说成是合理的，而是根据自己的"神器独化于玄冥之境"的理想来审视现实，批评现实。郭象认为，社会的和谐之所以被破坏，是因为人们丧失了自己的本性，过上了不自然的生活，但这并不是人们自身的罪过，而是因为人性遭受到了干扰，是上层统治者为了一己之私，歪曲和利用名教所致。正如他说："夫物之形性，何为而失哉！皆由人君挠之，以至斯患耳，故自责。"②郭象的这个思想和王弼是相通的。王弼也曾说："言民之所以僻，治之所以乱，皆由上，不由其下也。"③除了统治者以错误的决策扰乱百姓自然的生活之外，他们喜怒无常、滥用权力及利用名教

①　郭象注，成玄英疏，曹础基、黄兰发点校：《南华真经注疏》，中华书局1998年版，第338页。

②　郭象注，成玄英疏，曹础基、黄兰发点校：《南华真经注疏》，中华书局1998年版，第510页。

③　王弼著，楼宇烈校释：《王弼集校释》，中华书局1980年版，第192页。

窃取权力的做法，也在一定程度上破坏了自然的和谐。"夫君人者，动必乘人，一怒则伏尸流血，一喜则轩冕塞路。故君人者之用国，不可轻之也。"①可见，郭象对现实是有清醒认识的。

关于君主专制的弊端，阮籍和嵇康的批判最为彻底，他们甚至石破天惊地提出无君无臣的社会理想。但郭象与他们不同，他将名教与自然相结合，在肯定君主和名教存在合理性的前提下来探索解决君主专制弊端的方法。郭象认为，君主制度是不能否定的，如果没有统一的君主，国家政治就会陷入混乱而不可收拾。他说：

> 千人聚不以一人为主，不乱则散。故多贤不可以多君，无贤不可以无君。此天人之道，必至之宜。②

郭象认为，社会需要有一位君主来进行统治，但是这种统治要极力避免"以一己而专制天下，则天下塞矣"③的结果，要反对君主利用专制来谋取一己之私和扰乱人们的本性。为此，郭象认为，圣明的君主会将权力应用于使天下人都能安分自得上，即让天下人都得到顺其本性、自在自得的权力。正如他说：

> 天下若无明王，则莫能自得。令之自得，实明王之功也。然功在无为而还任天下。天下皆得自任，故似非明王之功。④

天下如果没有圣明的君主，则无法保障人们各安其性、自得其乐，这正是圣明君主的功业，也是君主、名教存在的根据。名教的任务不是维护君王专制，反而是节制专制，使名教成为人性合于自然的制度保障。由此

---

① 郭象注，成玄英疏，曹础基、黄兰发点校：《南华真经注疏》，中华书局1998年版，第75页。
② 郭象注，成玄英疏，曹础基、黄兰发点校：《南华真经注疏》，中华书局1998年版，第86页。
③ 郭象注，成玄英疏，曹础基、黄兰发点校：《南华真经注疏》，中华书局1998年版，第225页。
④ 郭象注，成玄英疏，曹础基、黄兰发点校：《南华真经注疏》，中华书局1998年版，第173页。

可见，郭象继承了王弼"圣人体无"的思想，将阮籍、嵇康的自然理想与裴頠对名教的重视结合了起来，既肯定了名教的合理性，又高扬了人的本性与自由。

郭象的独化论是魏晋玄学的总结，也意味着魏晋玄学的终结。从此，中国哲学进入了佛玄合流的时期，来自印度的佛学正式登上了中国哲学的舞台。这是中国历史上第一次成功地引进和消化外来文化，在这个过程中，玄学影响了佛学，为具有中国特色的佛学的创立奠定了思想基础；佛学也反过来影响了中国哲学的进程，对儒学与道教的形上建构起到了重要作用。

课后自学参考书目及读书提要：

[1]《世说新语》，刘义庆撰。这本书是南朝刘义庆编纂的一部笔记体小说，主要收录了东汉至东晋之间名士们的言行轶事，书中大量记载了魏晋文人清谈玄学的活动和奇妙玄远的思想，描写了他们在苦闷的精神状态下的放达行为，还记录了两晋高僧的弘法事业及名士与名僧的交往史实，是研究魏晋玄学及魏晋佛学的重要史料。

[2]《魏晋玄学史》（第二版），余敦康著。本书按照时间顺序分别介绍了正始玄学、竹林玄学、西晋玄学和东晋佛玄合流思潮，并阐明了他们思想发展中的逻辑关系。此书内容详尽，材料丰富，条理清晰，既有助于对魏晋玄学具体问题的理解，也有助于从宏观上把握魏晋玄学的逻辑发展。

第十二讲　佛教生命哲学

佛教产生于印度，在汉代时传入中国。佛教为了适应中国大地，不断与中国本土文化相融合，在宗教形式、思想内容、修持方法等各个方面逐渐中国化，产生了具有中国气派的佛教思想，即中国佛教。佛教既有宗教的形态，又蕴含深厚的哲学理论。作为一种哲学理论，佛学阐述的主要内容可以概括为生命哲学。理解佛教的生命哲学，既可以把握佛学思想的核心要义，又有助于理解中国哲学。佛教思想影响中国哲学的发展是深远的，魏晋之后，中国几乎所有的哲学家或多或少都有一定的佛学知识背景、熟悉佛学理论，不管是赞同佛学，还是反对佛学，都深受佛学的影响。赞同佛学的人自觉发展佛学；反对佛学的人为了反对，更要研究佛学，至少让自己站在和佛学一样的高度才能反对，这便也要通过学习佛学来提升自己。佛学不仅影响了魏晋及后来中国哲学的发展，而且，后来的哲学家因为受到佛学的影响，在诠释先秦哲学，尤其是先秦儒家和道家哲学时，也不免掺杂了佛学思想，在一定程度上以佛释儒、以佛解道，所以，佛教思想也影响了我们对先秦哲学的理解，佛教哲学已经成为中国哲学智慧不可分割的一部分。中国佛教源自印度佛教，在对生命理解的基本思想上既与印度佛教一脉相承，又有所创新。我们先一般地讲解佛教生命哲学，然后再来讲中国佛学的创造和发展。

一、有情生命

佛教的产生是从观察有情生命开始的，其研究对象主要是有情生命，尤其是人生，目标在于揭示有情生命运动的奥秘。有情是相对于无情来说的，草木金石、山河大地等为无情，而有情指的是有情感、有爱恋的一切生命，有情众生生活的世界也被称为有情世间。用"有情"来理解人生，是佛教对人生某一方面本质的规定，或者说，是对未觉悟人生真谛的本质的理解。

有情有爱是人生命力的重要表征，也是我们通常所赞美和歌颂的人生意义之所在，世间之所以是美好的，人生之所以值得珍惜，最重要的原因就是人间有情，世间有爱。但是，情与爱给予了人生美好与希望，也同时带给人生痛苦和烦恼，用情越深，希望越大，越是不舍，离别之时也越是痛苦，烦恼也就越多。人们爱自己、爱亲人、爱朋友、爱国土、爱一切所爱之物，但也因此被束缚和连累，难以解脱而自在。所以，有情生命在享受爱的美好的同时也被迫承受着相应的痛苦。世人常看到有情的美好，而佛教则发现痛苦、烦恼对于人生的必然性。佛教认为人生是苦。

佛教虽然认为人生是苦，但是它的目的并不是阐述人生的苦，没有将人生导向悲观。佛教阐述人生的苦，分析苦迫产生的原因，其目的在于找到解脱痛苦和烦恼的方法，实现生命的安乐与自在，所以，佛教是乐观的，也是慈悲的。《杂阿含经》曰：

于过去诸行不顾念，未来诸行不生欣乐，于现在诸行不生染着。[1]

生命的苦迫来源于有情，有情导致爱着，在时间上于过去、现在、未

---

[1] 求那跋陀罗译：《杂阿含经》卷第二十九《道品诵第四》，华文出版社2013年版，第1030页。

来时时生起，对过往美好的恋恋不舍，对现在满意的紧抱不放，对未来也充满希冀。有情众生不仅因爱而执着，恨也因情而起，因爱而患失，因恨而患得，不管是爱，还是恨，都会给人们带来烦恼。所以，佛教要阐述人生的各种痛苦、分析痛苦产生的根源、寻找解脱痛苦的途径、确立自在的目标，这便是佛教"四谛"的思想。

"谛"是真理的意思，指真实的道理，汉语中的"真谛"一词便源于佛教。"四谛"指四种真实的道理，是佛从一开始弘教时讲授的思想。"四谛"分别是苦谛、集谛、灭谛和道谛，下面分别加以解说。第一，苦谛解说的是世间有情众生苦迫的现实，指身心遭受逼迫而苦恼的状态，这是佛教对人生本质的价值判断。第二，集谛解说的是世间有情众生苦迫产生的原因。"集"是招聚的意思，痛苦的产生是有原因的，而且是多方面的原因，这些原因构成一块称为"集"。苦谛是果，集谛是因，当产生苦的众多因缘汇集在一起，便使人生痛苦，使人难以解脱，所以，称为苦迫。第三，灭谛指息灭苦迫，从苦迫中获得解脱与自在，这是佛教的目标。佛教将息灭苦迫、得到解脱与自在的生命状态称为"涅槃"。涅槃即吹灭的意思，将燃烧烦恼的火灭尽，达到生命的觉悟与内心的寂静，所以又称为"涅槃寂静"。第四，道谛指通往灭谛的方法和道路，"道"是方法、道路的意思。灭谛是果，道谛是因，按照道谛的要求，经过长期坚定的修行，才能最终实现灭谛。在"四谛"中，苦谛和集谛都是围绕着有情世间中有情众生的痛苦展开论述的，所以被称为"世间法"；而灭谛和道谛是围绕着超越有情世间的痛苦、实现有情众生的解脱来论述的，所以被称为"出世间法"。

不管是"世间法"，还是"出世间法"，都不是平白无故产生的，都是有因有缘的。因与缘略有不同，因指引生结果的直接内在原因，缘指外来相助的外部间接原因。比如一株植物的生长，种子是因，适宜的土壤、阳光、水分就是缘。"四谛"的产生与实现皆离不开因缘。佛曰：

有因有缘集世间，有因有缘世间集；有因有缘灭世间，有因有缘
世间灭。[①]

这四句话非常有名，意思是：一切世间烦恼的生起，都是因缘聚合的
结果；烦恼的世间既成，又会成为新的因缘，推动着烦恼相续不断；当产
生烦恼的一切因缘消散，世间的烦恼也会随之而灭；世间的烦恼之所以能
够息灭也要靠出离世间的因缘和方法。佛的这四句话正对应着"四谛"。

"四谛"围绕着烦恼和痛苦展开，其中，苦谛和集谛是阐述痛苦和痛
苦产生原因的，佛教称之为"缘起"；灭谛和道谛是阐述痛苦息灭及原因
的，称之为"缘灭"。"缘起"对应着烦恼、痛苦，此时的生命是杂染的；
缘灭对应着寂静、自在，此时的生命是清净的。佛教的理想就是通过修行
帮助有情生命舍染从净。相对于清净的缘灭而言，缘起所要论述的是生命
因为有情而走向杂染、烦恼的历史，杂染与烦恼是有情生命的本质状态，
佛教以缘起法论述了有情生命的历史。

二、生命的历史

佛教讲生命的历史，是从缘起来讲的，即有情生命的历史，或者说是
杂染生命的历史。作为有情生命的历史，是指因有情而生起的烦恼的历
史，以及由烦恼推动的生命的历史，是从产生烦恼的情感、心理和意识上
讲，而不是从生理、生物学的角度讲。

佛教关于有情生命历史的理论主要体现在"十二因缘"中，"十二因
缘"又称缘起法，是原始佛教的重要思想。原始佛教是指佛教创始人释迦
牟尼在世活动时期的佛教，释迦牟尼圆寂之后，佛教在传播的过程中又有
了新的发展，包括中国佛教的创立，这些都不是原始佛教。"十二因缘"
的具体内容指：无明缘行，行缘识，识缘名色，名色缘六处，六处缘触，

---

① 求那跋陀罗译：《杂阿含经》卷第四《五阴诵第一》,华文出版社2013年版,第148页。

触缘受，受缘爱，爱缘取，取缘有，有缘生，生缘老病死。其中，"缘"是生起的意思，前者生起后者，如"无明缘行"指"无明"生起了"行"。前者是因，后者是果，而果又成为因，再生果，如"行缘识"，"行"是"无明"的果，又是"识"的因，以至于不断生起，形成有情生命的历史。在这个生命历史中，有十二个依次推进的环节，分别是无明、行、识、名色、六处、触、受、爱、取、有、生和老病死，这十二环节合起来称为"十二因缘"，下面依次讲解：

第一，无明。无明即痴，指不明白道理的精神状态。无明是有情生命历史的开端，但不是生命本身的开端，换句话说，生命本来不是愚痴的，是因为不明白道理，把虚妄的当成真实的，才有了无明。有情生命以烦恼为本质，而无明是有情生命的开端，所以，无明成为一切烦恼的根源。无明是把本来真实的认作虚妄的，这说明与无明相对的还有一种生命状态，这种生命状态是清净的、真实的，佛教称之为"真如""真心""本性""佛性""觉性""如来藏"等，这才是生命的真正本质。

举例来说，有一潭河水，河水本来是清澈宁静的，即使有风吹动，河水表面泛起涟漪，但风平则浪静，即使有鱼儿跳动，使得河水一时浑浊，但静之徐清。如果把河水比作生命，那么，生命的本性是清澈的还是浑浊的？是宁静的还是涌动的？如果生命不随风动而动，不因鱼跃而浊，就是保持了生命的真如本性；反之，如果随风起动而不知归静，因鱼跃而浊而不知澄清，并将生命的本性看作是涌动的、浑浊的，便是无明。风吹和鱼跃都是缘，不随缘而起、不由缘决定的就是真如本性，所以真如的生命是自在的。随缘而起、由缘决定的生命状态就是无明，所以无明的生命是不自在的。佛教的修行就是要反这个无明，反了这个无明就是觉悟，佛就是觉悟的人，更准确地说，人本来就是觉悟的，只是因为本性被无明遮蔽了，通过反对无明返回到觉悟的本性，犹如风平浪静、静之徐清。这里还需要加以说明的是，无明与真如皆是一心，而非二心，当一心不迷时即真性，当一心遮蔽时即无明，这也是佛与众生的根本区别之处。

第二，行。行即行为，由于这个行为是建立在无明基础上的，是由无明所生起的行为，所以，佛教称这个"行"为造作，用老子的话说叫"妄作"。行包括三个方面，分别是身行、语行和意行。身行指身体行为，语行指语言行为，意行指意识活动所发动的意志。行的造作的后果是业，所以行的造作又称为造业、作业。身行产生身业，语行产生口业，意行产生意业。人的作业有善有恶，如因身行而杀生为身恶业，不杀为身善业；如因口业而妄语、恶语为口恶业，不妄语、不恶语为口善业；如因意业而产生贪念、邪见为意恶业，无贪见、不邪见为意善业。此外，还有非善非恶的业，如行住坐卧、吃饭、睡觉等行为，称为无记业。

业是因"无明"而"行"的结果，此结果所带来的影响并不会随着行为的终结而消失，业相当于人们的生命经验，事情虽然过去了，但仍会在生命中留下一定的印记和种子，当因缘俱足时，还会继续引发新的行为。所以，业又可以成为因。由于业能够生起新的行为，好像有一种推动的力量，所以又被称作"业力"。业力的作用很微妙，不被常人所察觉，所以叫"不思议业力"。依佛教观点来说，业力的作用是实在的，业力作为因，虽然是潜藏的，但是，一旦缘成熟之后，一定会产生相应的果。业是因，报是果，两者分别叫"业因"和"果报"，合起来叫"因果"或"业报"。

第三，识。如果把"行"所造成的业比喻为种子，当这些种子没有遇到成熟的缘、没有发芽开花结果时，处在一种潜藏的状态，它们都藏在"识"之中。所以，"识"好像是种子的仓库，一切业都保存在"识"之中，此"识"被称为阿赖耶识，正如《成唯识论》曰："由此本识具诸种子，故能摄藏诸杂染法，依斯建立阿赖耶名。"[1]行缘识，因为由"行"所形成的"识"受到无明的熏染，所以称为"杂染"。杂染与清净相对，前者指此处的"识"，后者指真如本性，又叫"无垢识"。在有情生命中，此两种识共存于"阿赖耶识"之中。其实，并不存在两种识，杂染的识与无垢的识只是一识，就好像清澈的水与浑浊的水只是一水，区分只在于状态

---

① 玄奘译，韩廷杰校释：《成唯识论校释》，中华书局1998年版，第198页。

的不同。阿赖耶识是梵语的音译，也可以意译为藏识、种子识、本识等。不同的译名从不同的方面揭示其内涵，译为"藏识"，表示阿赖耶识存而不失，好像被收藏起来一样；译为"种子识"，表示阿赖耶识存而不显，待缘才能生起；译为"本识"，说明阿赖耶识是有情生命的本色、本性，是决定生命趋向的根本内因。

阿赖耶识储存着生命遗留下来的业，业从根源上来说，由无明造成，这是生命中的蒙昧和妄想。业染着了真心，遮蔽了真如。妄心与真心，其实非一非二：二者为一心，故非二；二者一染一净，故非一。正是因为有妄心的存在，生命才会走向虚妄；也正是因为真如的不灭，生命才有可能由妄转真，转识成智。如果作为生命底色、本性的阿赖耶识只有无明及业力，那么，生命将永远无法摆脱蒙昧和妄想，也无法实现佛教觉悟的目标了。阿赖耶识中储存的无明和业力，只是为了说明有情生命的起源、烦恼的本原，属于缘起法。阿赖耶识中的虚妄虽然遮蔽了真如，但是真如犹如被乌云覆盖了的太阳，虽然遮而不显，却一直存在，它是有情生命解脱烦恼、实现觉悟的本原。但是，对于没有觉悟的有情众生来说，生命的底色已经被"行"所熏染，覆盖了觉悟的本性，使之黯然无光。

第四，名色。佛教认为，人只要有行，一定会产生相应的业，业不会随着行为的终结而消失，也不会随着人的死亡而消失。当业所需要的缘俱足时，业就会从潜藏的状态走向现实。正是因为有业的存在，生命才有轮回。所以，按佛教的观点来说，储藏业的阿赖耶识是生命轮回的主体。由此可见，从无明到行、从行到识，讲的是新的生命诞生之前的过程，也是新生的原因，这是因为，业力作为原因一定会产生结果，而生命的轮回正是"识"的果。"名色"所讲的就是新生命的诞生，准确地说，是生命在母胎中的形态。名色即精神与物质的统一体，其中，名指精神，色指物质形态的肉体，生命由名色构成，两者缺一不可。名是识在新的生命中的体现，如果没有识的推动，鲜活的有情生命不会产生，失去了精神，生命便无法维系；而识又必须依托物质形态的色，色是名的物质载体，是阿赖耶识中的业力从潜能走向现实的缘。所以，识是生命精神的来源，而精神的展现又依赖于物质。

第五，六处。六处又叫六根、六入，是指生命在母胎内形成的六大感知器官及其功能，分别指眼、耳、鼻、舌、身、意。其中，眼根是指眼睛及其所具有的看的能力，耳根是指耳朵及其所具有的听的能力，鼻根是指鼻子及其所具有的嗅的能力，舌根是指嘴巴、舌头及其所具有的尝的能力，身根是指身体及其所具有的触的能力，意根是指人的思维及其所具有的思的能力。六处来自名色，其中，眼、耳、鼻、舌、身这五根都是物质形成的感官，源于色，又叫"五色根"；意根并不是物质形态的器官，而是源之于名。

在六处中，最难理解的要数意根。意根又叫末那识，或第七识。意根是思的主体，相当于思维，但是佛教认为，思维并不是真正的主体，只是阿赖耶识发挥作用的环节和通道，真正的主体是阿赖耶识，意根只是将阿赖耶识确立为主体。意根是对阿赖耶识的执着，是把阿赖耶识执着为"我"，所以，意根又称作"我执"。当缘具足时，阿赖耶识由于意根的执取由潜能走向现实，具体来说，阿赖耶识作用于意根，对人的思想观念产生作用，又通过意根作用于五色根，对人的感知产生作用。由于阿赖耶识是由轮回"穿越"至"我"，来自前世，阿赖耶识通过意根作用于当下的"我"，所以，意根又是连通前世与今世、先天与后天的通道。阿赖耶识是有情众生的本质，当人们常说"我认为"时，这个"我"指的就是阿赖耶识，而人们之所以将阿赖耶识当作"我"，将阿赖耶识当作思的主体，正是意根末那识的作用。因为阿赖耶识来自此生之前，其中累积了许多前世的业力，极其沉重，所以成为生命的底色，令人难以摆脱，意根也因此执取阿赖耶识为"我"。前文说过，阿赖耶识是从无明而来，虽然其中包含不生不灭的真如本性，但是又受无明、妄行和业力所染，所以，由阿赖耶识发出的感知和意识往往带有颠倒、虚妄的色彩。

第六，触。有情生命有了六根，便具有了与外界接触的条件，通过六根，阿赖耶识可以作用于外部世界，外部世界也可以反作用于阿赖耶识。在阿赖耶识的主导之下，六根与外界的相互接触称为"触"。六根的感知对象分别是色、声、香、味、触、法，合称"六尘"，又叫"六境"。其中，眼根对应着色尘，耳根对应着声尘，鼻根对应着香尘，舌根对应着味尘，身根对应着触尘，意根对应着法尘。当根与尘相触时，产生了相应的六种认识，分别是眼识、耳识、鼻识、舌识、身识和意识，合称"六识"。"六识"加上第七末那识和第八阿赖耶识，合称"八识"。

这里有三点需要加以说明。其一，触尘的"触"专门讲身体与外物的接触，身根与触尘相触时产生身识，而十二因缘里的"触"指的是六根与六尘的相触，两者不同。其二，与意根对应的是法尘，法尘是思维的对象。眼、耳、鼻、舌、身能够直观对象，产生眼、耳、鼻、舌、身之五识，而意根不能直观对象，不能直接从外部世界中产生意识，只能以前五识为认识对象。当前五识脱离了直观的对象而成为能够回忆起的影像时就是法尘。正如《楞严经》曰："纵灭一切见、闻、觉、知，内守幽闲，犹为法尘，分别影事。"[1]在佛教中，法尘被形象地比喻为"影事"，或落谢的影子。阿赖耶识通过意根作用于这些"影子"，于是产生各种意识，所以，意识离实相最为遥远，是人们妄想的主要产出地，也是意业的来源。其三，阿赖耶识与六识之间是双向互动互涉的关系。一方面，阿赖耶识通过意根作用于六根，六根的所看、所听、所嗅、所尝、所触及所思从根源上皆是阿赖耶识种子的发动，是带着整体的生命历史去感知的，六识根源于第八阿赖耶识，第七末那识是由于阿赖耶识的沉重所导致的执着，也源自阿赖耶识。因此，阿赖耶识是有情生命的本体，是有情生命认识和理解的主体。就好像我们用眼睛去观看事物，并不是一物一物无差别地观，而是带着某种取舍的观念，迅速锁定最契合自己兴趣、最爱恋的事情，而这些取舍的观念正是来自过去的生命经验，根源于阿赖耶识。所以，过去的种种造业无时无刻不在通过根、尘相触而现前，被有情生命感知到的六尘

---

[1] 圆瑛法师：《楞严经讲义》，华东师范大学出版社2014年版，第75页。

实质上并非客观的事物本身，而是阿赖耶识的观照。由此可见，触并不仅仅是六根与六尘相触，实质上是根、尘、识三者的和合。正如佛曰："缘眼及色眼识生，三事和合生触。"①另一方面，六尘作为认识的对象也会反过来影响感知主体的生命，生命在取舍、执着外境的同时遮蔽了真如本性，进一步产生造作，加重了阿赖耶识的习性。所以，六境犹如心灵的尘垢，称为"六尘"。

第七，受。在六根与六尘的相互接触中，有情众生领纳到诸种身心感受，名为"受"。生命所领纳到的感受分为三种：其一为苦受，苦受的产生是由于六根领纳到违背阿赖耶识之习性的境相，令身心产生厌恶；其二为乐受，即领纳到顺应阿赖耶识之习性的境相，身心舒适喜悦；其三为舍受，又作不苦不乐受，舍受对应着无记业。受从根源上仍然是阿赖耶识的习性所致，只不过需要通过六根来领纳，需要根、尘相触。

第八，爱。以阿赖耶识为因，以受为缘，以此产生贪爱。此爱不是仁爱、博爱之"爱"，而是指贪爱、爱着。以阿赖耶识为生命的底色和惯性，当有情生命领纳感受时，随时生起了或爱或恶的情，这些情感也反过来成为新的生命经验融入习性之中，并成为未来生命运动的内因。佛教认为，爱着是阻碍当下生命觉悟的主要原因，有情众生的本质在于有情有爱，因爱而执着，因爱而烦恼，生命一旦陷入爱着之中，便会迷失真性。佛教反思爱，不是反对爱，而是反对因爱而执着，即爱着、贪着。因为一切爱的产生都是因缘和合，是不能长久的，执着于所爱，只会导致烦恼。所以，佛教要破除无明，以智慧来对待世间的爱。人们去爱，更要学会接受失去爱，拿得起，还要放得下，只有这样，生命才不会被爱所束缚、因爱而生苦。佛教对爱的态度也构成了与儒家思想的主要差异，成为儒家批评佛教的主要原因之一。

第九，取。取是指由爱着而产生的追求和努力。爱着是众生努力的强大动力，既是生命生存的动力，也是人类社会历史运动的动力。然而，从

---

① 求那跋陀罗译：《杂阿含经》卷第四《五阴诵第一》，华文出版社2013年版，第96页。

生命自在的目标来说，爱与取皆是有情生命的迷惑，是阿赖耶识在今世发挥作用的主要表现与途径。所以，佛教强调"放下"，放下就是不取，不取才能了无挂碍、不造作，逐渐消减阿赖耶识的染着，达到生命的自在。

第十，有。由于爱、取的追求执取，贪得无厌，令生命累积下了引起来生之果的业因，此业因称之为"有"。正如《涅槃经》曰："为内外事，起身口意业，是名为有。"①从哲学上来讲，"有"指存在，佛教称存在为"法"或"一切法"。佛教把"法"分为有为法和无为法，有为法是指造作的存在，是因缘和合所生的存在，因而是虚妄不实的。正如《金刚经》曰："一切有为法，如梦幻泡影，如露亦如电，应作如是观。"②无为法指离因缘造作的存在，是无生灭变化而寂然常住的存在。有为法与无为法的区别根源于心灵的状态，由无明发出并观照的存在皆是有为法，由真如发出并观照的存在是无为法。十二因缘中的"有"从根源上是由无明发出的，所以，"有"所指的存在是有为法，是造作的存在。由于一切造作都源于业因，所以，"有"指业因，由爱、取造成。此生由前生而来，至此生终结时所累积下来的业因并不会随此生的结束而消失，而是会产生果报，牵引着生命的轮回，并根据业因的性质与程度指引着轮回的方向。所以，在十二因缘中，从"名色"至"有"是此生的展开过程，"有"表明今世生命的结束，紧接着的"生"是来世的开启。

第十一，生。"生"来自今生的业因，所以此"生"为未来世的开启。正如《大毗婆沙论》曰："云何生？谓即现在识位，在未来时，名生位。"③"生"即受到现在的阿赖耶识的积习而牵引至未来。所以，新生并非一清二白，而是来自厚重的生命历史，新的生命也一样要经历名色、六处、触、受、爱、取、有的过程，以至于循环往复。

第十二，老病死。在新的生命诞生之后，阿赖耶识借名色而展现和累

① 宗文点校：《涅槃经》卷二十七《师子吼菩萨品第十一之一》，宗教文化出版社2011年版，第434页。

② 陈秋平译注：《金刚经》，《应化非真分第三十二》，中华书局2010年版，第112页。

③ 《佛藏》第40册《阿毗达磨大毗婆沙论》卷二三，上海书店出版社2011年版，第308页。

积，经历着生、老、病、死。佛教认为，一切有为法都经历着成、住、坏、空四个阶段，合称"四劫"，即成立、持续、破坏和消亡。此四劫应用到有情生命身上，就是生、老、病、死之四相。所以，出生、衰老、疾病、死亡既表现了人生过程的痛苦，也反映出有情生命的虚妄。到此，是未来世的结束，也是十二因缘所展现出的三世生命的结束。不过，老病死并非有情生命的终结，只要无明还没有破除、业力还没有消除、爱取还在不断作业，生命就会如车轮之转无有始终地相续循环。

十二因缘勾勒出有情生命的历史，但这只是烦恼的生命史或生命的烦恼史。正如佛曰："若无明所盖，爱结所系，众生生死轮回；爱结不断，不尽苦边。"[①]众生因为无明的遮蔽和爱欲的纠缠，在如长夜一般的生死相续中轮回，不知何处才是苦痛的边际。然而，生命并非注定烦恼，而是从来都具备着自我解脱、觉悟和自在的可能，其根源就在于真如本性的存在，在于与无明为一体的真如。

三、出入世间的中道

生命中从来都交织着迷妄与真性、烦恼与自在，佛教的目标在于去妄还真，实现生命的解脱与自在。为了实现这一目标，生命就必须要超越世间的因缘，斩断阿赖耶识的积习所造成的生命的惯性，因此，佛教有出世的特点。但是，觉悟的解脱与自在的达成又不能脱离世间，正如禅宗六祖慧能曰："佛法在世间，不离世间觉；离世觅菩提，恰如求兔角。"[②]佛法本在世间产生，觉性也因世间的烦恼而变得重要，如果通过出离世间、于生命之外去寻求生命的真性，犹如求兔角一般虚无缥缈。这是因为，无明与真如本是一心所显，离开了无明之心便没有真如本性；"烦恼即是菩提，

---

① 求那跋陀罗译：《杂阿含经》卷二《五阴诵第一》，华文出版社2013年版，第65页。

② 尚荣译注：《坛经》，《般若品第二》，中华书局2010年版，第58页。

无二无别"①，烦恼心与菩提心本是一心，而且，如果世间没有烦恼，又何须菩提？人与世间本不可分离，人生在世，并不存在所谓出离世间或进入世间，根本的区别只是在于如何用心，如何处理自身与世界的关系。关于这个问题，佛教的根本立场是出入世间的中道。

中道是相对于二边来说的，二边主要指空与有，又称"空有二执"。执着于空，即以出世来寻求真性，认为在无明、烦恼之心外，还存在着一个清净、自在的心；执着于有，即沉沦于世间的因缘不知解脱，误把缘起当作真如。中道反对二边，不偏于任何一边，不落两边，既不执于空，也不执于有，既不出世，也不入世，展现出非有非空、出入世间的中道智慧。正如印顺法师对"中"解释道："中是正确真实，离颠倒戏论而不落空有的二边。"②为了说明玄奥的中道智慧，我们以《楞严经》中的"旅馆比喻"来说明。

在楞严法会上，佛对与会者说："一切众生不成菩提及阿罗汉，皆由客尘烦恼所误。"③意思是说，众生觉悟真心之所以受阻，不能明澈真心，是因为执着于六境，束缚于烦恼。佛把六境称为"客尘"，旨在说明六境是生命的障碍。何谓"客尘"？佛曰："以摇动者，名之为尘；以不住者，名之为客。"④"客尘"其实就是人们身处的世间。客尘之"客"与"主"相对，说明色、声、香、味、触、法之六尘或六境只是生命的匆匆过客，过眼云烟，生命不能由它们驱使，不能被它们羁绊。客尘之"尘"与"净"相对，真心自性清净，因为无明的作用，心灵执着于六尘而带来烦恼，遭致染污，犹如明镜蒙尘，所以称为"客尘"。众生如果要觉悟真心之本体，必须要认清六尘为客。执客为主，只会带来烦恼。之后，佛请人来谈如何超越客尘烦恼，寻找生命的真正主人。

这时，佛最初的弟子憍陈那站起来，陈述了自己正是因为参悟了"客

① 尚荣译注：《坛经》，《护法品第九》，中华书局2010年版，第166页。

② 释印顺：《中观论颂讲记》，中华书局2011年，第4页。

③ 圆瑛法师：《楞严经讲义》，华东师范大学出版社2014年版，第86页。

④ 圆瑛法师：《楞严经讲义》，华东师范大学出版社2014年版，第93页。

尘"二字而觉悟的，并举出了旅馆比喻。出门在外的旅客，投宿旅馆。旅客们过完夜，吃完饭，整装前行，不会一直停留在旅馆里。而旅馆的主人还会继续守在旅馆里，等待着下一批旅客的到来。在这个比喻中，旅客比喻客尘，旅馆比喻生命，旅馆的主人比喻生命的主人——真如。旅客不会长久地住在旅馆里，所以是"不住"的，不住的客尘只是生命中的匆匆过客。主人（真如）不会随旅客（客尘）而离去，是"常住"的，常住的真心是生命的本体。客人来了一批，又换了一批，络绎不绝，犹如客尘一般。旅客们是来去自如的，来来往往，各行其是，主人无权干涉旅客们的前来与离去，更不能强行扣留。客人来了，就热情迎接，走了，便祝福他们一路走好，这才是主人要做的事情和该持有的态度。人们在生活中所遇到的形形色色的人与事，以及大脑思维中的各种想法和观念，都是不住的客尘。佛教认为，人们应该像旅馆主人对待旅客一样对待世间的一切人与事。其实，客尘本身是不会带来烦恼的，客尘是敞开的，是无蔽的。客尘只是缘，不会主动地惹人烦恼，烦恼皆自扰。所谓庸人自扰，根本在于心的无明所导致的识心的攀缘。如果任其去来，烦恼何来？

　　主人是"常住"的，客尘是"无住"的。"无住"指刹那生灭，人的寿命有穷尽，六根也会坏灭，世界万物依生、住、异、灭四相，生灭迁流，由六根与六尘相触的六识也是无住的。一切无住，都是因缘和合而生者，又称有为法。所以，人们应该以平常心真实地看待它们。观"无住"的实相，根本在于心，即心不执着于一定的对象。世俗中的人常把"无住"看作"常住"去追求，这便是心有所"住"。当心"住"于客尘时，事物在坏灭之际，就不可避免地产生痛苦，并在执着的追求中妨碍生命的自在。所以《金刚经》曰："应无所住，而生其心。"①这个比喻告诉人们，每个人都是自己生命旅馆的主人，在生命的旅馆中，每天都有形形色色的旅客来来往往，一方面我们无须远离客尘、出离世间，反而要照顾好他们，珍惜当下；另一方面又要认清真正的"常住"，以常住的本心来观照

① 陈秋平译注：《金刚经》，《庄严净土分第十》，中华书局2010年版，第47页。

无住的客尘，不可念念不忘，而要念念不住，不可把客尘当成生命的主人、执着客尘，否则的话，就会遗失真性，认物为己，陷入苦迫之中。此两者的统一，便是中道。

四、中国佛教的中道智慧

自从佛教传入中国以后，就不断经历着中国化的过程，佛教中国化就是佛教思想与中国本土文化相结合，与中国人的生活习俗、思维方式和社会规范相融合。在佛教中国化的过程中形成了具有中国特色的佛教宗派，主要有三论宗、唯识宗、天台宗、华严宗、禅宗、净土宗、律宗和密宗，合称"八宗"。中国佛教一方面继承了佛教的一般思想，另一方面也观照到中国文化尤其是儒家文化的入世情怀，在生命哲学中重点阐述了生命的中道智慧，并有所创新和发展。下面仅就天台宗、唯识宗和禅宗的部分思想为例加以说明。

第一，天台宗"一心三观"。天台宗又名法华宗，在隋朝正式建立，是中国第一个佛教宗派。天台宗的创始者为智𫖮（yǐ），世称智者大师、天台大师。他所撰著的《法华玄义》《法华文句》《摩诃止观》对中国佛教哲学的发展做出了重大贡献。智者大师提出的"一心三观"的思想，体现了中国佛教的中道智慧。

"一心三观"是天台宗的观法，又称圆融三观。所谓"一心三观"，是指一念之心同时观照假、空、中三谛。智者大师曰：

> 若一法一切法，即是因缘所生法，是为假名，假观也；若一切法即一法，我说即是空，空观也；若非一非一切者，即是中道观。①

所谓"一法"指人人本有的真如本性，"一切法"指万事万物，包含

---

①《佛藏》第59册《摩诃止观》卷五，上海书店出版社2011年版，第359页。

一切物质与精神现象。"一法一切法"是指真如本性随缘变现而形成一切现象，也即"因缘所生法"。"因缘所生法"皆不实在，故为假。以"假"观之，一切因缘和合的现象虽假但有。"一切法即一法"是指一切现象皆是真如的显现，无独立之实体，故为空，以"空"观之，一切现象虽有但本质为空。假观与空观是对立的，谓之"二边"，中道要求不落假有、空无之二边，这便是"非一非一切"。"非一"肯定了一切法缘起的意义，对世俗的世界给予了肯定；"非一切"又揭示了一切法为空的本质，即性空，肯定了出世的意义。但是，只"非一"而不"非一切"，或者只"非一切"而不"非一"皆不行，前者妄认缘起为实有，沉沦于世间，后者否定世间的一切意义，堕于顽空。所以，中道观既同时具有假观和空观，又反对执假而"非一"、执空而"非一切"的偏执。

此"三观"同处于"一心"之中，一心同时具有假、空、中三等境界，所以，"一假一切假""一空一切空""一中一切中"。"一心三观"要求人们不可以执着于缘起的假有而否定了性空，亦不可以执着于性空而否定了缘起的假有，而是以中道的智慧从容于世间，入世而不堕于世，出世而不离于世。

第二，唯识宗"三性论"。唯识宗又名法相宗、法相唯识宗，其思想源自印度佛教的唯识学派。唐代玄奘大师西行回国之后，重点弘扬了唯识学的思想，其弟子窥基又进一步发展，从而创立了中国的唯识宗，其思想主要体现于玄奘编译的《成唯识论》和窥基所作的《成唯识论述记》中。唯识宗将离有、无二边的中道思想看作佛法的最高义理，也是其本宗的根本义旨。唯识宗的中道思想主要体现在"三性论"中，"三性"分别指遍计所执性、依他起性和圆成实性。

首先讲遍计所执性。"遍"指周遍。"计"指运用意识来推度和判断，因为意识是意根以前五识的落谢影像为材料，加以记忆、联想、推演、重建的产物，最为虚妄，所以，"计"指妄心的作用；又因为意识依于意根，意根执阿赖耶识为自我，所以，意识将以阿赖耶识为前见所认识到的一切事物之相皆执取为真，有所"计"且有所"执"。遍计所执性所表现出的是生命的无明、虚妄和偏执，是凡夫依意识而生起的虚妄的生命境界。

其次讲依他起性。"依"指依托，"他"指众缘，"起"指产生。依他起性是观万物皆因缘而生的境界。依他起性揭示了遍计所执性的虚妄本质，遍计所执性是执着于因缘所生的事物的名与相，妄加认为因缘和合的事物有自体的本性。所以，从依他起性来观照，遍计所执性是虚妄的境界。依他起性中的"他"有两面性，如果所依的"他"是意识、意根乃至杂染识，则会成为遍计所执性；如果所依的是清净的真如本性，则成就"三性"中的圆成实性。所以，依他起性是转迷成悟、转识成智的重要环节。此"转"名为"转依"，从依杂染之识转而依无垢之识，具体要通过修行使阿赖耶识中的种子消长生灭来实现，即转舍烦恼和所知二障之种子，转得菩提种子，最终达到菩提涅槃的成就。

最后讲圆成实性。"圆"指圆满，"成"指成就，"实"指真实。圆成实性是在依他起性的基础上进一步洞察缘起与性空的根源皆在于阿赖耶识，确证阿赖耶识同时具有染、净两面，依杂染的阿赖耶识所起的境界是遍计所执性，而依清净的阿赖耶识即真如本性所起的境界就是圆成实性。所以，圆成实性的境界洞察到三界唯心、万法唯识的真相。在一心之中同时展现世俗的有、本性的空及既能展现有又能展现空的识。唯识宗以"识"来贯通有与空、入世与出世，既不否定世间假有的意义，又不受世间的滞碍，以中道的自在为最高境界。

第三，禅宗"即心即佛"。禅宗是中国化程度最高的佛教宗派，代表人物是禅宗六祖慧能，他的思想主要集中于《坛经》一书中，《坛经》也是禅宗的根本经典。"即心即佛"的思想出自《坛经》中的《机缘品》，慧能在继承印度佛学和吸收中国儒、道两家思想传统的基础上，直截了当地将佛性归于人心，将入世与出世统一起来，展现了中国佛教的中道智慧。

首先，何谓"佛"？慧能认为，"佛"不是外在于人的偶像——神，而是人本来拥有的自性本心，所以人人皆有佛性，人人皆可成佛。成佛的根本在于自性本心的不动摇，即明心见性，这也是禅宗之"禅"的根本内涵，正如慧能所说："内见自性不动，名为禅。"①

其次，何谓"心"？"即心即佛"、明心见性之"心"所指的既不是作为生理器官的心脏，也不是作为心理感受的心情或心理活动的念头，此心与唯识宗所讲的第八阿赖耶识中的无垢识相同，又称为自心、本心、真心。慧能认为，心本自清净、本不生灭、本自具足、本无动摇、能生万物。心本自清净，是指自心不会被无明所熏染，无滞无住，空明清朗；心本不生灭，是指本心不像有为法一样具有生灭，而是不生不死；心本自具足，是指真心自身是没有欠缺的，人们根据自心即可成佛，无须外求；心本无动摇，是指本心具有定力，能随缘而不变，不与境迁；心能生万物，是指由心生境，心能随缘生出世间种种有为法。所以，本心即佛性，人们基于此在的人心就可以到达觉悟的彼岸。

但是，说"即心即佛"、佛性即人心、人依心即可成佛，并不是说人生来就是佛，不是说心与佛完全对等。人心虽然本来清净，但当心住于境上，此心就会与缘不断纠缠，陷入迷误之中，所以，明心见性的关键在于无住。然而，无住并不能通过远离生活世界来实现，恰恰相反，无住只能在生活世界中实现。这是因为，无住在于不住于念，不使念念相续；不住于相，不住于事，不对事起爱、取，而如果根本无念、无事，又如何不住呢？所以，无住是在一切行住坐卧中从容而无所留滞，不变而随缘，随缘而不变，以此回归心的本源。因此，只有入世才能出世，只有出世才能理智地入世，入世与出世统一于现实的人生。

综上所述，中国佛教的中道思想将入世与出世有机统一起来，既是对印度佛教出世精神的继承与创新，发扬光大了入世救度众生的大乘佛教精神；又结合了中国积极入世的思想文化传统，调和了出世与入世的矛盾，教导人们以出世的超越态度于世间实现美好的人生。所以，中国佛教是一门入世的哲学，是生命的智慧。

---

① 尚荣译注：《坛经》，《坐禅品第五》，中华书局2010年版，第83—84页。

课后自学参考书目及读书提要：

[1]《佛法概论》，释印顺著。印顺法师是当代佛学泰斗，他的《佛法概论》对佛学基本概念、思想和体系进行了通俗易懂的阐释。本书条理清晰，内容精练，语言平实，非常适合初学者入门使用。

[2]《坛经》，六祖惠能著。《坛经》又称《六祖坛经》，是禅宗六祖惠能的弟子对惠能说法内容的记录和整理，还叙述了惠能学佛的缘由和行历，概括了他的主要思想。《坛经》是禅宗的宗经宝典，也是中国僧人撰写的唯一被冠以"经"的佛教典籍，在中国佛教中占有特别重要的地位。

第十三讲　道教养生哲学

　　英国科技史专家李约瑟说："道家对自然界的推究和洞察完全可与亚里士多德以前的希腊思想相媲美，而且成为整个中国科学的基础。"①李约瑟所讲的"道家"是广义上的，包含了道教，并且主要指道教。道教是中国本土宗教，它汇聚了众多中国古老的文明，在中国社会尤其是民间影响巨大。道教最能体现中国人对生命的理解，以及中国人的理想追求与价值观念。

　　什么是道教？从内涵上来讲，道教以"道"作为信仰的中心；从思想来源上来说，道教以道家哲学为母体，沿袭了原始巫术、方仙道、黄老道的某些观念和修持方法，在之后长期的发展过程中，它还不断吸收其他学派和宗教的思想内容和典章仪轨。从宗旨上来讲，道教贵生，通过研究生命的产生和运动的规律，以修养、延年、益寿乃至羽化登仙为宗旨。延年益寿指延长寿命，而羽化登仙则是长生久视、老而不死，前者是人类的共同愿望，后者则带有深厚的宗教色彩。道教既是宗教，也是一种观念庞杂、以生命作为研究对象、以养生作为实践目标的哲学，故而称其为养生哲学。

---

　　① 李约瑟著，何兆武等译：《中国科学技术史》第二卷《科学思想史》，科学出版社2018年版，第1页。

一、道教渊源

道教作为一个宗教流派，正式产生于东汉末年，道教既是中国本土宗教，也是民间信仰最为浓厚的宗教，是继承中华传统文化最为博杂的宗教。道教从产生到发展，一路不断吸取各方思想，其渊源大概有方仙道、黄老道家、易学、儒家、墨家、佛教、中医等，这里仅介绍对道教形成和发展影响最大的几家。

第一，方仙道。"方仙道"的名称首见于《史记·封禅书》，它的前身是春秋战国时的神仙家。《汉书》称：

> 神仙者，所以保性命之真，而游求于其外者也，聊以荡意平心，同死生之域，而无怵惕于胸中。[①]

意思是：神仙家这一派的基本目标是保持生命的本真状态，为了达到这样的目的，他们遨游于世俗之外，力图排除心中的繁杂思绪，抹平生与死的界限，内心深处没有恐惧和惊慌。神仙家的特色在于寻求不死神方，研习长寿秘术。这时，除了神仙家之外，还有重在推究天文、地理、历学的阴阳五行家和探索生命奥秘以治病救人的医家，他们也同样关注和研习神仙方术。这些派别逐渐合流，形成方仙道。

方仙道在秦汉时已经有了一定的组织，并执着于长生的理想追求，他们在皇帝的支持下入海求仙与不死神药。据《史记·秦始皇本纪》记载：

> 齐人徐市等上书，言海中有三神山，名曰蓬莱、方丈、瀛洲，仙人居之。请得斋戒，与童男女求之。于是遣徐市发童男女数千人，入

---

① 班固撰，颜师古注：《汉书》中册卷三十《艺文志第十》，中华书局 2005 年版，第 1397 页。

海求仙人。①

徐市是徐福的原名，秦始皇曾派徐福率领童男童女数千人到瀛洲仙山寻药。瀛洲传说是东海中神仙所居住的仙岛，与蓬莱、方丈合称"三神山"。秦汉时期的方仙道的主要活动为制造和传播长生不死的神仙说，开展传道授徒、结社与著述活动，研习和丰富古代流传下来的神仙方术等。在当时，方仙道尽管还不完善，但其所积累的延年益寿的偏方秘术却对人们，尤其是贵族们有相当大的吸引力，在社会中影响广泛，为道教方术的重要来源。

第二，黄老道家。道教是在黄老道家与方仙道思想相互结合基础上发展起来的。所谓"黄老"是黄帝与老子的合称。翻开道教的各种神仙传记，黄帝基本上居于第一的地位，至于老子则被道门中人尊为教主，这种尊奉"黄老"的传统发端于先秦道家。

《道德经》标志着道家理论的成熟，经过关尹子、文子、列子、庄子等人的传承与发展，道家思想逐步丰富起来。《道德经》等先秦道家典籍在早期道教派别中被当作必读经典，道门中的领袖人物通过对《道德经》的解释和发挥，建立起了一套以"道"为信仰的宗教理论。如东汉天师道首领张道陵曾注《老子》，撰写《老子想尔注》一书。此书认为，"道"是有意志的最高神灵，认为："一散形为气，聚形为太上老君，常治昆仑。"②而且，"道"还掌管着生死寿夭，合于"道"者生，违于"道"者死。正如《老子想尔注》曰：

> 道设生以赏善，设死以威恶。死是人之所畏也，仙王士与俗人同知畏死乐生，但所行异耳。俗人莽莽，未央脱死也，俗人虽畏死，端不信道，好为恶事，奈何未央脱死乎。仙士畏死，信道守诚，故与生

---

① 司马迁：《史记》第一册《秦始皇本纪第六》，中华书局1959年版，第247页。

② 顾宝田、张忠利注译，傅武光校阅：《新译老子想尔注》，三民书局2008年版，第39页。

合也。①

意思是说，"道"以长生来劝勉人们向善，以死亡来劝阻人们行恶。死亡是人们所畏惧的，仙人与俗人一样都乐生而畏死，但是他们的实际行动却不同。俗人莽撞粗率，不能摆脱死亡，虽然畏惧死亡，但不信"道"，多行违"道"的恶事，面对死亡，无可奈何。仙人也畏惧死亡，但他们相信"道"的作用，恪守"道"的警诫，所以能实现长生。

由此可见，"道"是道教的最高信仰，也是道教戒律的根本来源，而黄帝正是"道"的典范，老子《道德经》是"道"论的重要参考。

第三，易学。任何思想都必须通过一定的形式来表达，一般来说，阐述某一种义理，使用语言文字是能够解决的，但是，道教的思想有它的特殊性和复杂性。在儒、道、释三教中，道教是最重视实践的，道教的实践是养生的实践，尤其是内丹修炼，将自己的身体当作炉鼎，以身试法，其中存在无形无象的气的运动，以及各种微妙的自我感受，这些往往只可意会，难以言传。于是，道门中人借助变化无穷的卦象符号来表达养生的道理与方法，这方面的代表著作是《周易参同契》。《周易参同契》是东汉炼丹家魏伯阳的外丹论著。"参同"指相互验证；契者，合也。书名表明，《周易》与道教炼丹是同类互通的、相互契合的，所以叫"参同契"。此书把《周易》作为论述炼丹术的依据，假借卦爻之象以论作丹之意，运用同构的原理，以易学来论述铅汞药物、水火配合和炼丹火候，以及如何顺应天地阴阳的变化来修炼金丹的道理。

在之后的内丹学中，内丹学家为了描述由后天返先天的生命进化过程，也常常借用卦象。正如元代著名内丹家陈致虚所说：

　　大修行人，拟太极未分之前，体而求之，即造真际。是以高仙上圣，于后天地已有形质之中，而求先天地未生之气，乃以此气炼成纯

---

① 顾宝田、张忠利注译，傅武光校阅：《新译老子想尔注》，三民书局2008年版，第97页。

阳，故名曰丹。夫纯阳者，乾也；纯阴，坤也；阴中阳者，坎也；阳中阴者，离也。喻人之身亦如离卦，却向坎心取出阳爻，而实离中之阴，则成乾卦，故曰纯阳。以其坎中心爻属金，故曰金丹。须求先天未形者是，若后天地已有形者，人也物也，非金丹也。[①]

　　道教修炼的主要目标在于由后天返先天，以此摆脱后天形质的生灭，实现长生。道教为了说明这个过程，常把后天的生命比作坎（☵）、离（☲），把先天比作乾（☰）、坤（☷）。坎卦外阴而内阳，离卦外阳而内阴，两者象征着阴阳交媾下的后天生命。坎卦中心之一阳爻为真阳，离卦中心之一阴爻为真阴，由后天返先天需要坎离相交，即将坎卦中心之真阳复归于离卦之中去，与此同时，离卦中心之真阴复归于坎卦之中去，此谓抽坎填离，以此变坎、离为乾、坤，返本还元，实现长生。《周易》中乾、坤、坎、离四卦为内丹学修炼提供了一套理论论证。

　　第四，佛教。道教作为中国本土宗教，根源于中国本土的文化基因，但其形成与发展也受到外来文化的影响，其中最主要的就是佛教。佛教从汉代传入中国后就进入了中国化的进程，这个进程是与道教的兴起和完善交错在一起的。佛教传到中国之后，随着道家的兴盛和道教的产生，人们最初把佛教看作是如老庄道家一类的思想，这一方面推动了佛教在中国的传播和被认可，另一方面也使道教建设者们积极、充分地借鉴佛教资源。早期道教主要还是以先秦及秦汉之际的中国传统思想为本，但是魏晋以后，随着佛教流传渐广，道教与佛教人士的接触机会增加，典籍的阅览也更加方便，互相借鉴就变得非常普遍。

　　道教对佛教的借鉴是多方面的，从戒律仪轨的制定、典籍的整理、修炼的方法到思想的内容，无处不受到佛教影响，佛教对道教宗教形态的完善、理论体系的建构及超越性形上智慧的上达都起到重要的作用。如《太真玉帝四极明科经》中说：

---

① 张继禹主编：《中华道藏》第二十七册《上阳子金丹大要》卷五，华夏出版社2004年版，第539页。

善恶因缘，莫不有报。生世施功布德，救度一切，身后化生福堂，超过八难，受人之庆，天报自然。①

这一段话显然是道教与佛教融合的产物，既应用了佛教因果报应、轮回的观念，又把因果与轮回看作自然的过程。又如清代道士黄元吉在《乐育堂语录》中说：

炼心二字，是千真万圣，总总一个法门，除此而外，皆非大道。须知生生死死轮回种子，皆由一念之不持，妄情幻想，做出百般怪诞出来。所以古人用功，必先牢拴意马，紧锁心猿。何也？盖一念之动，即一念之生死所关；一念之息，即一念之涅槃所在，是则道之成也，岂在多乎？②

此中的"轮回种子""一念""心猿意马""涅槃"等皆是佛教概念，而且，其"一念之生死所关""一念之涅槃所在"也显然来自禅宗"一念愚即般若绝，一念智即般若生"③的观念。

在受到佛教影响以前，道教主要集中于养生技术的研究与应用，而且主要关注身体的修养，较少关注心灵方面，在受到佛教的影响后，道教开始注重养生、长生理论的阐释，并将心性与肉体的修养置于同等地位，即性命双修。因此，道教在发展的过程中深受佛教影响。

① 张继禹主编：《中华道藏》第二册《太真玉帝四极明科经》卷一，华夏出版社2004年版，第754页。

② 黄元吉：《乐育堂语录》，九州出版社2013年版，第9页。

③ 尚荣译注：《坛经》，《般若品第二》，中华书局2010年版，第43页。

二、道教的两个流派

道教组织机构是以道派的形式出现的，换句话来说，道派就是道教的组织形式。道教派别繁杂，比较著名的有天师道、上清派、灵宝派、楼观派、茅山派、龙虎宗、神霄派、全真道、太一教、净明道、华山派、武当派等。这些派别大概又遵循两大思路，有一些派别以画符为主，这一类派别统称叫符箓派；有一些派别以炼丹为主，统称为金丹派。不过，符箓派与金丹派并不是两个独立的派别，实际上，绝大多数道派既运用符箓，也以修炼金丹为追求，只是侧重有所不同。

第一，符箓派。符箓派是以符箓作为传教布道主要形式的道教流派。"符"是用朱笔或墨笔所画的一种点线合用、字图相兼且以屈曲笔画为主的神秘形象，"符"的本义是相合，道教认为，符可以契合天机，借助鬼神的神秘力量来达到治病禳灾的目的。"箓"是与神沟通的文字，记录的是天神名讳的秘文。由于符、箓的书写方式和基本性质大体相似，道教中人将之合为一类，称为"符箓"。符箓是道门的重要法器，被认为是神灵意旨的凭证，道教各派组织都会使用符箓，几乎没有例外。用符箓治病源于巫术，后被道教所吸收，并发展成庞大的体系。道教依病症制成符箓，如今天医院里分内科、外科、儿科、妇科等一样，符箓也依病症而制，如催生符专为帮产妇顺产而设，护身符专为护身保命、增年益寿而设，禁小儿夜啼田字符专治小儿夜啼等。通常的做法是，先视病症选用相应之符，然后将符烧成灰之后冲水使人饮之，或以手对器中水虚画书符，制作"神水"使人饮之，或对水虚画书符之后喷洒。所以，符箓派又称为符水派。

早期道教组织太平道、五斗米道均属符箓派。太平道由张角创立，因信奉《太平经》而得名。《太平经》大力倡导"生"的意义，说："天地之性，万二千物，人命最重。"[①]为了解救生命，《太平经》介绍了符箓、针

---

① 杨寄林译注：《太平经》上册丙部第一《分别贫富法第四十一》，中华书局2013年版，第132页。

灸、防疫等各种方术，太平道依此深入民众，治病救人，逐渐兴起，十余年间，徒众数十万。太平道的建立，还受到《太平经》"太平"政治理想的影响。太平道兴起之时，正值东汉末年，当时社会有各种不平之事的存在，而太平道正是要"除尽不平方太平"。公元184年，张角以太平道教众为起义军，以"苍天已死，黄天当立，岁在甲子，天下大吉"为号召，发动了黄巾起义，以图实现太平的宏愿。起义失败之后，太平道逐渐消亡。

在太平道发动黄巾起义的时候，巴蜀地区出现了五斗米道，创始人是张道陵。由于五斗米道的首领受尊为天师，所以又称为天师道。他们将所传之道称为正一盟威之道，所以，天师道又叫正一道。"正一"，即真一不二之义。五斗米道有时又略称米道。《要修科仪戒律钞》引《太真科》说：

> 家家立靖崇仰，信米五斗，以立造化，和五性之气。家口命籍，系之于米，年年依会。十月一日，同集天师治，付天仓及五十里亭中，以防凶年饥民往来之乏。行来之人，不装粮也。[①]

五斗米不仅指可食用的米，而且指"信米"。交了五斗米，表明一个人或一家人对该道派的信仰，因为五斗米是五行的象征，代表着天地万物，同时，米粮还是性命的根本。交了五斗米的人，在遇到灾荒时会得到道派的帮助，即使出门在外，也不用带粮。与太平道一样，五斗米道也以符水咒说为人治病，病治好了以五斗米为酬金。晋代信奉天师道的人有很多，还包括许多有名望的人，如王羲之全家都信奉天师道，尤其是王凝之更是笃信，如《晋书》曰："王氏世事张氏五斗米道，凝之弥笃。"[②]到了隋唐时，天师道从巴蜀的鹤鸣山转移到龙虎山传道，由此衍生出了天师道龙虎宗。从明代起，正一道与全真道并列为道教的两大正宗派别。

---

① 张继禹主编：《中华道藏》第四十二册《要修科仪戒律钞》卷十，华夏出版社2004年版，第207页。

② 房玄龄：《晋书》卷八十《列传第五十·王羲之传》，中华书局1974年版，第2103页。

第二，金丹派。金丹派是以炼丹作为主要修道方式的道派。金丹之学源于我国古代主张服食仙药的方士，他们希望借助药物的神力而强固自身、祛病延年，以至于长生成仙。春秋战国时期，随着社会财富的增加，各国寻仙求丹的活动频繁，秦始皇曾多次派人出海，求不死丹药。汉武帝也有求神仙方术的理想，这些都促进了金丹派的兴盛。

在西汉时，典籍中已经出现了炼丹的记载，此后经过魏伯阳、葛洪、陶弘景等历代道士的发展，炼丹术渐趋成熟。通过炼丹实践，人们对某些物质，如丹砂、铅汞、黄金、硫黄、硝石、砒霜等化学性质及许多草药的功能有了更多认识。用这些材料所制成的丹药称为外丹。简而言之，外丹术就是将丹砂、铅、汞、硫黄、砒霜等主要原料与其他药物相配，置于炉鼎中，运用一定的手段加以烧炼，以求制成使人长生不死的丹药的方术。但是，炼丹家所追求的服食成仙没有成功，含有铅汞合成的丹药，服用后只会加速人的死亡。唐代帝王贵族迷信外丹之说，服丹成风，因此中毒而死的人也最多。唐宪宗、唐穆宗、唐敬宗、唐武宗、唐宣宗都是因服长生药而毙命。后来，人们逐渐发现这条路走不通。晚唐五代以后，随着道教内丹术的兴盛，以服食求仙为目标的外丹术渐趋衰落。

外丹术虽然未能实现它的理想，但炼丹的实践，却推进了中国古代科学的发展。李约瑟曾这样评价说：

> 道教哲学虽然含有政治集体主义、宗教神秘主义以及个人修炼成仙的各种因素，但它却发展了科学态度的许多最重要的特点，因而对中国科学史是有着头等重要性的。此外，道教又根据他们的原理而行动，由此之故，东亚的化学、矿物学、植物学、动物学和药物学都起源于道教。[1]

---

[1] 李约瑟著，何兆武等译：《中国科学技术史》第二卷《科学思想史》，科学出版社2018年版，第162页。

例如，中国古代四大发明之一的火药，据说就是道士用硫黄、硝石合炼时无意中发现的。当代中国药学家屠呦呦凭借青蒿素的研发获得2015年诺贝尔生理学或医学奖，而她的成就也曾受到过古代道士葛洪《肘后备急方》的启发，葛洪曰："青蒿一握。以水二升渍，绞取汁。尽服之。"[1]可以说，道士的炼丹实践大大推进了中国古代科学技术的发展。

内丹术渊源于古代黄老养生家，他们希望通过自身形体与精神的锻炼调养，使身心健旺，延年益寿。古代养生家认为，人体内的精、气、神是维持生命存活的基本要素，凡人之所以有衰老病死，皆因精、气、神亏损枯竭之故，所以，欲求长生者必须重视精、气、神的保养。精、气、神俱存于人的一身之中，其中下丹田藏精，中丹田藏气，上丹田藏神。据当代学者研究[2]，下丹田的精是物质形态的，男子表现为精细胞，女子表现为卵细胞，道教所谓男子炼精、女子炼血就是从这个意义上来讲的。中丹田的气指携带着营养和能量的物质流，它的引擎是我们的心脏和肺脏，道教的各种呼吸功法都是针对心脏和肺脏功能的改善而发明出来的。藏神的上丹田主要位于人脑百会穴之下、双眉之间、印堂深处，对应于大脑中的松果体。人的松果体能合成、分泌多种生物胶和肽类物质，主要起调节神经和生殖系统的作用。以松果体分泌的褪黑激素为例，褪黑激素能够保护细胞防止癌变、推迟老化、调节痛觉和睡眠以及提高预感能力等。

道教锻炼保养精气神的方法有很多，如胎息行气、房中固精、存神守一、导引、服食、辟谷、按摩、内视、日常饮食起居禁忌等。炼养术在战国秦汉之际已相当流行，至魏晋南北朝发展成熟，成为道教最重要的修炼方术。隋唐时期以内丹术为主的炼养术达到鼎盛，显示出总摄和取代一切传统炼养方术之势，出现了大批专门论述摄生养性的理论及功法。

道教内丹术把人的身体比作"炉鼎"，把人体内循环运行的经络比作

---

[1] 葛洪撰，汪剑、邹运国、罗思航整理：《肘后备急方》卷三《治寒热诸疟方第十六》，中国中医药出版社2016年版，第43页。

[2] 参见张钦：《三丹田的生理学解读》，《宗教学研究》2008年第4期。

内丹修炼的通道，利用体内元气的推动力，经过周身循环的修炼，使精、气、神凝为丹药，这种功法就称为内丹术。修炼此项功法的派别，在道教内被称为内丹派或丹鼎派。内丹术基本上分为四个步骤完成：第一，筑基；第二，炼精化气；第三，炼气化神；第四，炼神还虚。隋朝以前，道教修养术以行气、服气、存思、导引等方术著称，内丹说法还未形成，隋朝罗浮山道士青霞子苏玄朗开启了道教内丹之说。唐朝之后，内丹学说得到了发展，唐末五代时期，出现了钟离权、吕洞宾、施肩吾、彭晓、陈抟等人，发明内丹旨要。南宋金元时期，内丹派形成南北二宗，后为全真教派吸收。

三、生命的延续是一切价值的根本

道教的最大特点就是对现世生命的热爱、养护和延益，把乐生认为是最善，将长生视为大德，乐生、贵生、养生是道教的宗旨。从自然的角度来说，生命的过程是一个由生到死的过程，而道教养生，追求长生，通过生命自身的努力逆转天地法则，主张"人道自己"[①]"我命在我"[②]"我命不由天"[③]，彰显了生命的自由精神。

《道教》许多典籍都曾记载过一个叫彭祖的人，其中晋朝道教思想家葛洪在《神仙传》中对彭祖的生平事迹描述得最为详细，他的生活状态就是道教追求的目标。据《神仙传》描述[④]，彭祖是颛顼（传说中的上古帝王，黄帝之孙。颛，音 zhuān。顼，音 xū）的玄孙，据说到了商朝，彭祖已经活了 767 岁，仍然没有衰老之相。少年时，他有雅好宁静的心境，不为世俗事务而忧虑，不为名声荣誉而经营，不去修饰车辆和穿着，而仅以养生为要事。商王听说他的事迹后，任以大夫职务，但他却自称有病而清

---

① 陶弘景：《养性延命录》，《教戒篇第一》，中华书局 2011 年版，第 22 页。
② 张君房编：《云笈七签》第三册卷五十六《诸家气法》，中华书局 2003 年版，第 1225 页。
③ 张伯端撰，王沐浅解：《悟真篇浅解：外三种》，中华书局 1990 年版，第 118 页。
④ 参见葛洪撰，胡守为校释：《神仙传校释》卷一《彭祖》，中华书局 2010 年版，第 15 页。

幽居处，不参与政事。他善于各种养生方法，但既不四处夸耀，也不以鬼怪变化的事情来欺诈迷惑人。他的生活顺应天地运行的自然规律，经常进行内呼吸功法，每次胎息都从早上一直到中午才休息，功毕则含胸拔背端坐，以双手按摩眼睛和躯体，以舌头舔嘴唇，吞咽唾液。接着，他面对太阳，吮吸几十口，这样才起来走动言笑。如果感到疲倦或者身体不舒适，便导引内气，以攻病灶所在，同时将意念关注于面部、九窍、五脏、四肢及毛发，让各器官组织都能获得心神的观照。商王曾亲自前往请教养生之法，彭祖没有告诉他。商王赠送给彭祖许多财物，陆陆续续加起来达到数万金，彭祖全都接纳了，但又转而周济贫穷卑贱的人，毫无保留。

彭祖所展现出的各个方面正是道教的理想追求，他的寿命很长，善于养生功法，追求宁静的心境，顺应天地的规则，乐善好施，这些既是修道人的基本素养，也是道教的基本教义。同时，我们还发现，彭祖的一生基本都是围绕着养生来展开，他不乐意做官，也不喜欢物欲的享受，目的就是让自己的心灵不受扰乱，而且有充足的时间来养生，他把白天的一半时间都用来做养生功。由此可见，道教是一种生命意识极强的宗教，在道教思想体系中，一切教理教义都是围绕着养生、长生而展开的，可以说，养生是道教思想的宗旨。

孔子曰："老而不死，是为贼。"（《论语·宪问》）但道教却把生命的延续看作一切价值的根本。如《太平经》曰："人命最重"[1]，"寿最为善"[2]。由于关注寿命，所以道教长期以来非常注重探索治病养生的理论与方法。他们认为，人的生存不是孤立的，而是与天地相应，如果违背了天地之道，就会从根本上损害身体健康，所以，人要想延年益寿，就必须以"道"作为生活的根本依据，只有符合"道"才能长生，违背了"道"必然早亡。

道教不仅主张人们要爱惜自己的生命，还倡导保护万物的生命，贵生

---

[1] 杨寄林译注：《太平经》上册丙部第一《分别贫富法第四十一》，中华书局2013年版，第132页。

[2] 杨寄林译注：《太平经》上册丁部五至十三《阙题六》，中华书局2013年版，第775页。

既要贵己生，还要贵他人、他物之生，不能为了养己生而妨碍他人、残害生灵。正如《要修科仪戒律钞》说："不得杀生蠕动之虫""不得惊怛鸟兽""不得笼飞鸟走兽"①等。《太上虚皇天尊四十九章经》也说：

> 子欲学吾道，慎勿怀杀想。一切诸众生，贪生悉惧死。我命即他命，慎勿轻于彼，口腹乐甘肥，杀戮充啖食。能怀恻隐心，想念彼惊怖，故当不忍啖，以证慈悲行。②

从中可以看出，道教是主张利己与利他相结合的，这既是道教的养生学，也是伦理学。而且，道教还继承了先秦道家生态伦理的思想，要求人类保护自然环境，把自然当作生命一样看待，正如《太平经》曰："夫人命乃在天地，欲安者，乃当先安其天地，然后可得长安也。"③《太平经》还把大地看作一个生命体，认为泉水是其血，石头是其骨，土壤是其肉，山川是其经脉，人们不能随意开凿、破坏大地，应该把大地当作自己的母亲一样善待。

道教"重生"，认为在宇宙万物这个大系统之中，人类只有爱护其他生命，自己的生命才能得到保障；反之，如果人类残害生灵，最终遭殃的还是人类自己。正是在"道"的指引下，道家和道教冲破自我，乃至人类的局限，超越由自我而形成的时空的局限，在人与万物的密切联系及时间的延续中追求和谐的秩序。这个方面着重表现在道教的承负说中。《太平经》曰：

> 承者为前，负者为后。承者，乃谓先人本承天心而行，小小失之，不自知，用日积久，相聚为多，今后生人反无辜蒙其过谪，连传

---

① 张继禹主编：《中华道藏》第四十二册《要修科仪戒律钞》卷六，华夏出版社2004年版，第188—189页。

② 张继禹主编：《中华道藏》第五册《太上虚皇天尊四十九章经》，华夏出版社2004年版，第409页。

③ 杨寄林译注：《太平经》上册丙部第十一《起土出书诀第六十一》，中华书局2013年版，第429页。

被其灾，故前为承，后为负也。……负者，乃先人负于后生者也；病更相承负也，言灾害未当能善绝也，绝者复起。①

"承"是承受、蒙受的意思，既指先人秉承大道、天心，又指后人蒙受先人违背大道之恶果。"负"指辜负、对不起，指先人因为违背大道而辜负了后人，后人无辜受过，而后人如果不知反省，还会进一步辜负后来人。先人本来是秉承大道（天心）而为，但偶然违背大道，虽然是小小过失，但因不自知而不能反省纠正，日积月累，令后人无辜受到灾殃。承负说告诉人们，应该时时提起"道"的警觉，哪怕是小小的过失，也有可能带给未来无尽的灾难；先人的行为对于后人是会产生影响的，并不仅仅是自作自受，就好像先人栽树，后人乘荫，如果先人毫无节制地破坏自然，挥霍地享用自然资源，那么后人就会无辜地承担这些后果。承负理论体现了道教的生命一体观，即每个生命都不是孤立存在的，我们既承受着前人行为的后果，也同时对后人产生影响。所以，保护环境，爱护生命，人人有责。

道教倡导众生平等、博爱万物的精神，反对男尊女卑、重男轻女的观念和现象。道教认为，天地万物既离不开阳，也离不开阴，阴与阳是平等的。重阳而轻阴、重阴而轻阳皆会令众生遭受残害，并导致社会的失序。正如《太平经》说：

今天下失道以来，多贱女子，而反贼杀之，令使女子少于男，故使阴气绝，不与天地法相应。②

《太平经》作者认为，轻贱女子，不仅绝了"地统"，而且乱了社会秩序，造成"王治不得平"的危害，甚至会"灭人类"，所以，他大声疾呼：

---

① 杨寄林译注：《太平经》上册丙部第五《解师策书诀第五十》，中华书局2013年版，第250页。

② 杨寄林译注：《太平经》上册丙部第一《分别贫富法第四十一》，中华书局2013年版，第131页。

"救冤女之命!"

由此可见，道教不仅将生命的延续看作人类一切价值的根本，更有博爱万物的精神，展现了求"道"、得"道"之人对"道"的当下担当。

四、心通玄机

何谓玄机？玄为神妙难测。机，指事物的征兆和事情的契机，犹如"春江水暖鸭先知"，在道教看来，机是"道"所显露出来的征兆和契机。《庄子·至乐》曰："万物皆出于机，皆入于机。"意思是说，万物不是凭空而来，在万物即将产生的时候，是有征兆的，是"道"的作用；万物在灭亡时，也有其征兆，也是"道"的作用。但是，"道"的征兆神妙难测，难以把捉，所以称之为"玄机"。这个玄机，是老子所说的"众妙之门"，如老子说："玄之又玄，众妙之门"（《道德经·第一章》）；也是老子讲的"玄牝之门"，如老子说："玄牝之门，是谓天地根，绵绵若存，用之不勤"（《道德经·第六章》）。玄机又称"道机"，是世界一切奥秘的根本，也是人之生死奥秘的根本，是打开人之生死奥秘的机关、钥匙，而开启"玄机"的要领就在于心通，心通玄机。

关于心通玄机，《庄子·让王》中曾讨论过这个问题。舜想把天下让给一位叫善卷的隐士，善卷却不接受，他说：

> 余立于宇宙之中，冬日衣皮毛，夏日衣葛绤（麻布衣。绤，音chī），春耕种，形足以劳动；秋收敛，身足以休食，日出而作，日入而息，逍遥于天地之间而心意自得。吾何以天下为哉！悲夫，子之不知余也。

善卷说："我生活在天地之间，冬天披着柔软的皮毛，夏天穿着薄薄的布衣，春天耕地，身体能够承受这样的劳作，秋天收获，完全能够自给自足，太阳出来了就工作，太阳下山便休息，悠闲自在地生活在广阔的天地之间，我的心意本来就与天地相通，又何必要得到天下呢！悲哀啊，你根本就不理解我的这种生命状态。"

在道家和道教看来，人有自然的欲求，自然的即是合理的，也需要为了自然的欲求付出一定的劳动，人的自然欲求与一定量的劳动不仅对自己是合理的，对万物乃至天地也是合理的。道家和道教所谓的"合理"，是说人的自然欲求及劳动对于人的身体与天地来说是可以承受的。但是，如果人的欲求超出了正常生活所必需的范围，就会膨胀，从而导致心神不宁，就好像占有天下的欲望一样，这样的欲望既是自我生命的负担，也会对他人、他物乃至世界带来伤害。在这种欲望的牵引下，生命就会受到羁绊而不能解脱，心灵就会被欲望所填满，也就不能与天地相通了。开启玄机的钥匙是人的心灵，唯有心灵，才能解脱羁绊，才能与"道"相通。但是，人心常常被欲求与知见所阻塞，所以又需要"心通"的功夫。心通玄机，首先心自身要通，放下过度的欲求，虚静恬淡，顺其自然。当心灵达到这样的境界，自然就能体会到玄机，也才能顺应玄机，神与道合，形与玄俱。由此可见，心通既是道教的修养功夫，也是发现和应用生命奥秘的根本途径。

心通才能使生命同于天地大道之玄机，并达到与天地一样的长生。《庄子·在宥》借广成子与黄帝的对话表达了心通对于长生的意义，广成子语黄帝曰：

> 至道之精，窈窈冥冥，至道之极，昏昏默默。无视无听，抱神以静，形将自正。必静必清，无劳女（汝，你）形，无摇女精，乃可以长生。目无所见，耳无所闻，心无所知，女神将守形，形乃长生。

至道是混沌未分、清静不杂的，所以，求道者应当闭塞耳目等感官及思虑，不要让身体过度操劳，不要让思绪陷入纷扰，只要心灵清静了，身体自然就能得到恢复，也就能够实现长生。

玄机在道教内丹学中体现为"玄关一窍"。玄关又称"元关"，玄关一窍又称"造化之机"，是真阴真阳的发生地，是沟通先天一气的门户，也是内丹学的奥秘所在。道教认为，"道"生万物是顺向的演化，即生命从生到死、先天元气不断耗散直至消亡的过程，而道教修炼则是由万物返回"道"的逆向演化，即通过有为无为的修炼从玄关一窍中寻觅并聚合先天真气，达到从根本上改善体质的目的，是返本还元的过程。不管是从先天入后天的顺向，还是由后天返先天的逆向，都必须要找到转化的中枢，这个中枢就是玄机，即玄关一窍。

不过，此玄机并非身体里的穴窍，没有确切的位置，只能通过微妙的心灵才能体验到。正如清代著名道士刘一明在《象言破疑》中说：

> 元关即元牝之别名，因其阴阳在此，故谓元牝门，因其元妙不测，故谓元关窍，其实皆此一窍耳。愚人不知，或以心下肾上处为元关，或以脐心为元关，或以尾闾为元关，或以夹脊双关为元关，凡此皆非也。盖元关无定位，若有定位，即非元关。[①]

玄关一窍只能心通之，此心既是先天之心，亦是后天之心。先天之心本通玄关，但因后天滞相迷外，心被遮蔽而不通。因此，内丹学的修炼关键在于心灵之醒悟，在于由后天之情转为先天之性。正如余洞真在《悟玄篇》中曰：

> 玄关一窍者，乃一身总要之关也，此窍者即心中之心是也。其心非肉心，乃心中之主宰，一身万事之神也。其神者无形无相，非有非

---

① 刘一明：《道书十二种》，书目文献出版社1996年版，第89页。

无也。人能无私之时，便是玄关一窍，才有一毫私欲，不是也。[①]

既然玄关只在"心中之心"，犹如佛教所讲的真如本性，澄净的心灵又是人先天本有的，只因受到后天的情欲与知见所扰，所以，只要能涤除心灵上的遮蔽，让身心保持虚静、无为、恬淡、自然，不受外物所扰，心自然能通，也自然能开启玄关，与"道"通而为一。

张伯端在《悟真篇》中说："道自虚无生一气，便从一气产阴阳，阴阳再合生三体，三体重生万物昌。"[②]万物从虚无中生，从此由生入死；欲要由死返生，也同样要从虚无的生命本原中寻找契机。向虚无的本原中寻找玄机，既是有为的，也是无为的。说是有为的，是指人要克服后天过度的情欲与知见之障，不能顺着生命由生向死而令真气不断枯竭，心灵返归虚极与静笃离不开后天精进的修为；说是无为的，是指先天之气并非后天的人为造作，对先天之气的体验和积累是自然而然的进程，是无意、无为的自然结果。正如陈致虚说道："形神无为，而精气自然有所为。是犹天地无为，而万物自然化育也。"[③]先天一气自虚空中来，人如果要招摄先天之气，必须使自己的身心进入虚空的状态，才能启动虚空中的能量运化，而一旦人的身心进入虚空状态，先天一气将不采自来。所以，有为才能实现无为，而无为也自然能实现有为。

道教修炼的本质是修精、气、神，而三者又是相互作用的，一方面由精化气、由气化神，另一方面，神又是主宰。所以，修炼说到底还是靠心灵的照察，由性来主导命。内丹派以心灵的自然、无为来通达天地之玄机，一方面秉承了先秦道家的哲学思想，另一方面又吸收了大乘佛教的心性理论，以此将养生从具体的经验层面超越到心灵的修养方面。

道教崇尚自然，积极探索自然规律，虽然其探索是在神仙信仰的推动

---

① 张继禹主编：《中华道藏》第十九册《悟玄篇》，华夏出版社2004年版，第739页。

② 张伯端撰，王沐浅解：《悟真篇浅解：外三种》，中华书局1990年版，第48页。

③ 张继禹主编：《中华道藏》第二十七册《上阳子金丹大要》卷一，华夏出版社2004年版，第524页。

下进行的，但又与科学方法和态度是接近的，有很强的科学精神。道教中还蕴含着极其丰富的养生与长生的宝藏。生命是"道"的产物，"道"之中包含了生命的奥秘。道教以"道"为核心信仰，通过对"道"的领悟，应用于己身，孜孜以求生命本身的奥秘，以期长生久视。现代人因为工作压力大，外在诱惑多，耽于声色，逐于嗜欲，精神常处在焦虑、抑郁、躁动之中，道教主张恬淡寡欲、内敛自守，通过修行，力求创造一个自身具足且有序的内宇宙的个体，摆脱外部纷纷扰扰的世界牵引，这难道不正是治疗现代人心理和精神疾病的灵丹妙药吗？

课后自学参考书目及读书提要：

[1]《道教文化十五讲》，詹石窗著。本书从文化史的角度介绍了道教起源、道教派别、道教神仙信仰、道教典籍、道教伦理原则及修炼方法等，有助于我们从整体上了解道教的来龙去脉。

[2]《乐语堂语录》，作者为清代著名道士黄元吉。清朝时，黄元吉在四川乐育堂传授内丹诀法，该书由门下弟子笔录并编纂而成。本书是记述黄元吉内丹心法最为详尽的一本书，因为本书是讲课内容，所以语言清晰，思想明了，通俗易懂，是了解和研究道教内丹学的重要参考资料。

从魏晋南北朝开始，随着道教和佛教的发展和兴盛，儒学在思想文化领域的独尊地位逐渐丧失，而实际上，儒、道、佛三家也在相互融合，隋朝的儒者王通就提出了"三教可一"的观点。到了唐代后，佛教中国化最成功的禅宗和净土宗势力渐次增大，深受佛教影响的道教内丹派也开始盛行，以韩愈、李翱为代表的士大夫批判佛教和道教，发起了儒学复兴运动。到了宋代，出现了一种融合道家、佛家思想的新儒学，即理学，朱熹是理学的集大成者，朱熹完成了儒家道德形而上学体系的建构。

一、朱熹学术生平

朱熹生于1130年，即南宋建炎四年，出生地是福建尤溪县。因为其家乡尤溪原名沈溪，所以朱熹乳名为沈郎；又因为尤溪属于延平，所以其小名叫季延。他的老师刘子翚（huī）给他取字为"元晦"。朱熹别号有晦翁、晦庵、云谷老人、晦庵病叟、沧州病叟、遁翁，亦曾自称白鹿洞主与仁智堂主。此外，他在注《周易参同契》时，还以空同道士邹䜣（通"熹"）为笔名。朱熹出生于富有之家，但在他十四岁丧父之后，家境逐渐变得贫寒。朱熹一生七十一年，除了在外做官七年两个月及在朝四十六日薪俸稍厚以外，前后奉祠（宋代所设职位，在宫观中主持祭祀，安置五品以上不能任事或年老退休的官员，只领官俸而无职事）二十二年七个月，此外全靠门徒奉贽、朋友馈赠及撰写序跋酬金为生。朱熹的弟子黄勉斋说："其自奉，则衣取蔽体，食取充腹，居止取足，以障风雨，人不能堪，而处之裕如也。"[1]朱熹也经常自言"贫病日侵""贫病殊迫""贫病不足言"，所以，朱熹为一介寒士，是人所共知的。朱熹的母亲是徽州歙县人，所以说今安徽也算是朱熹的故乡，朱熹一生的活动地点主要在今福建、江西、浙江、安徽四地。

朱熹从小学习儒家典籍，五岁入小学，十四岁时，受学于胡宪、刘子翚、刘勉之三先生。在此三先生中，对朱熹影响最大、与朱熹往来最密切的是刘子翚。刘子翚住在屏山下潭溪之上，有园林水石之胜，凡十七景，自号病翁，曾在武夷山水帘洞讲学，传说朱熹在这里跟随刘子翚学习。刘子翚的学问主要是儒家，但又好佛学与道教，常与道士、僧人往来。据朱熹回忆道：

> 时年十五六（王星贤点校曰："时年十九"）时，亦尝留心于此（禅学）。一日在病翁所会一僧，与之语。其僧只相应和了说，也不说是不是；却与刘说，某也理会得个昭昭灵灵底禅。刘后说与某，某遂疑此僧更有要妙处在，遂去扣问他，见他说得也煞好。及去赴试时，便用他意思去胡说。是时文字不似而今细密，由人粗说，试官为某说动了，遂得举。[2]

朱熹十九岁中进士，所用的学识主要是佛教的禅宗思想。他二十岁成

婚，二十二岁时被任命为福建泉州同安县主簿，两年后赴任。在赴同安途中，朱熹路经福建延平（今南平），得遇老师李侗（1093—1163年）。

李侗，福建延平人，学者称延平先生，是二程的三传弟子。在遇到李侗之前，朱熹有三位老师，他们皆有佛、老思想，朱熹本人也曾留心于道教与禅宗，李侗教以儒学为要旨，朱熹于是弃佛、老，入儒学。正如朱熹回忆说：

> 后赴同安任，时年二十四五矣，始见李先生。与他说，李先生只说（禅）不是。某却倒疑李先生理会此未得，再三质问。李先生为人简重，却是不甚会说，只教看圣贤言语。某遂将那禅来权倚阁起。意中道，禅亦自在，且将圣人书来读。读来读去，一日复一日，觉得圣贤言语渐渐有味。却回头看释氏之说，渐渐破绽，罅（xià）漏百出！①

李侗对朱熹出佛、道而入儒起到了关键作用。在本体上，道家崇"无"，主张"无中生有"；佛教也以空为真谛，禅宗主张"本来无一物，何处惹尘埃"，以清静无为的真如本性为本体。但是，儒家讲道德伦理，认为不能只讲"无"，还必须讲"有"，而且还要将"无"的本体真正落实到"有"上来，将"有"放在更重要的位置上，重视人们在现实生活中与不同的人交往的具体道理。李侗就是这样对朱熹加以教导的，正如钱穆总结说：

> 盖朱子之所获于延平者有三纲。一曰须于日用人生上融会，一曰须看古圣经义，又一曰理一分殊，所难不在理一处，乃在分殊处。朱子循此三番教言，自加寻究，而不自限于默坐澄心之一项工夫上，则诚可谓妙得师门之传矣。②

---

① 黎靖德编，王星贤点校：《朱子语类》卷第一百四《自论为学工夫》，中华书局1986年版，第2620页。
② 钱穆：《朱子新学案》第三册，九州出版社2011年版，第40页。

朱熹也回忆道：

　　李先生云："汝恁（nèn）地悬空理会得许多，而面前事却又理会不得！道亦无玄妙，只在日用间着实做工夫处理会，便自见得。"①

　　三十八岁时，朱熹带着弟子到潭州访问当时的理学家张栻（号南轩，1133—1180年），讨论《中庸》未发之中与已发之和。朱熹比张栻年长三岁，两人既是莫逆之交，又是相互切磋砥砺的益友。

　　四十六岁时，理学家吕东莱（名祖谦，1137—1181年）从东阳（今浙江金华）偕徒来访，住在寒泉精舍约一个月，与朱熹共同编辑《近思录》。当时，朱熹和吕祖谦在一起共同读"北宋四子"（周敦颐、程颢、程颐、张载）之书，从中摘取精华六百二十二条，编成《近思录》。"近思"取自《论语·子张》"切问而近思"一句，意思是将自家体贴出的道理切用于日常生活。《近思录》是我国第一本哲学选集，在中国、日本、韩国影响很大，各种注本和译本也很多，我国有二十多种注本，韩国至少有八种，日本注释也有二十多种，此外，还有德文、英文版本，流传海外。朱熹曾说："《近思录》好看。《四子》（四书），六经之阶梯；《近思录》，《四子》之阶梯。"②

　　之后，朱熹与吕祖谦及其他友人又一道游武夷山，并赴江西信州鹅湖寺，与陆象山（1139—1193年，名九渊，号子静，称象山先生，江西抚州金溪县人）和陆子寿（名九龄，1132—1180年）兄弟俩及江浙诸友相会，是为历史上有名的朱陆鹅湖之会，他们就为学的问题辩论数日，却不欢而散。

　　五十岁时，来铅山观音寺访问朱熹。陆子寿是陆象山的哥哥，曾参加

---

　　① 黎靖德编，王星贤点校：《朱子语类》卷第一百一《程子门人·杨中立》，中华书局1986年版，第2568页。

　　② 黎靖德编，王星贤点校：《朱子语类》卷第一百五《论自注书》，中华书局1986年版，第2629页。

鹅湖之会。朱熹与他讨论孔孟教旨，较为投机。同一年，朱熹修复白鹿洞书院。五十一岁时，张栻逝世，朱熹伤心而哭。朱熹五十二岁时，陆象山到白鹿洞书院访问，朱熹请升讲席，象山阐释《论语·里仁》中"君子喻于义，小人喻于利"，听众感动流泪。是年，吕祖谦逝世。五十三岁时，陈亮（1143—1194年）来会。从五十三岁到五十五岁这两年，朱熹对陆象山和陈亮的学术思想进行了批判。五十六岁时，朱熹上奏朝廷，陈述君王存天理、去人欲之旨。

六十一岁时，朱熹编撰的《四子书》得以刊行，即《大学》《论语》《孟子》《中庸》之"四书"。朱熹自幼读"四书"，一生用功于"四书"最多，编写过《论语要义》《论语训蒙口义》《论孟精义》《四书章句集注》《四书或问》《中庸辑略》《孟子要略》，到临终之前的三日，他仍然在修改《大学》注。朱熹认为，"四书"是孔、孟思想的最直接表述，是理学心性、仁义等基本概念的源头。对于读"四书"的顺序，朱熹曾说：

> 某要人先读《大学》，以定其规模；次读《论语》，以立其根本；次读《孟子》，以观其发越；次读《中庸》，以求古人之微妙处。①

1193年，朱熹六十四岁，返回福建考亭，建竹林精舍，学者云集，讲学繁盛。朱熹晚年言语皆于此处所录。1200年，朱熹去世，享年七十一岁。

朱熹的一生真正为官的时间只有七年多，他对当官的兴趣不大，加上反对南宋与金人议和，主张复仇，受当时政治当权者排挤，所以，朱熹主要的兴趣和精力还是放在著书立说和教育讲学上。对于为学，朱熹反对以求取功名为学习的目的，认为读书在于修身与明理。当时宋代科举盛行，学者们为了求取功名，纷纷写作迎合和奉承时政的文章，朱熹认为这样会伤害读书人的志气。正如他说：

---

① 黎靖德编，王星贤点校：《朱子语类》卷第十四《大学一·纲领》，中华书局1986年版，第249页。

科举累人不浅，人多为此所夺。但有父母在，仰事俯育，不得不资于此，故不可不勉尔。其实甚夺人志。①

朱熹认为，读书人需要生存和赡养父母，不得不参加科举，但是，却不能将科举与读书等同起来。正如他说：

士人先要分别科举与读书两件，孰轻孰重。若读书上有七分志，科举上有三分，犹自可；若科举七分，读书三分，将来必被他胜却。况此志全是科举！所以到老全使不着，盖不关为己也。圣人教人，只是为己。②

朱熹要复兴"古之学者为己"（《论语·宪问》）的精神，勉励学生以单纯的心思读书，认为读书不可掺杂功利，读书只是为了完善自己，如果读书只为科举、求取功名，那么，经典中的圣贤思想就会沦落为虚浮的话语与工具，起不到修身明理的作用。读书如果抱着七分甚至更多的功利目的，即使中了科举，也难以实现治国的目标，因为这样的读书人已经丢掉了志向和理想。

二、太极即理

"北宋五子"之一的周敦颐（1017—1073 年）从道士手中得到《太极图》，《太极图》本是发挥《易经》的思想，描述太极生两仪、两极生五行、五行生万物的过程。周敦颐用理学思想诠释了《太极图》，作《太极图说》。《太极图说》全文虽然只有二百四十九个字，但对后来的理学发展

---

① 黎靖德编，王星贤点校：《朱子语类》卷第十三《学七·力行》，中华书局 1986 年版，第 246 页。

② 黎靖德编，王星贤点校：《朱子语类》卷第十三《学七·力行》，中华书局 1986 年版，第 243 页。

影响极大。朱熹撰《太极图说解》，阐述他的太极之理。不仅宋儒讲太极，道家也讲，不过，道家是把太极当作"无"的本体来推崇的，朱熹讲太极，重视太极与阴阳的关系，所要思考的是形上与形下如何贯通的问题，既为形下的道德树立一个形上的本体，又让形上的本体关切形下的道德。此外，二程言理，张载言气，朱熹不得不厘清理与气之间的关系，所以借周敦颐的《太极图说》来解太极为理、阴阳为气及理气贯通的道理。《易传·系辞上》曰："形而上者谓之道，形而下者谓之器。""道"与"器"的关系相当于"体"与"用"的关系，就好像是埋没在地底下的本根与显露在外的枝叶之间的关系。朱熹用道器不离、体用不二的思想阐释了太极与阴阳的关系。

何谓"太极"？朱熹认为，太极有两个特点：其一，太极是无形的，太极不是一物，而是万物存在的本体，如朱熹说："太极却不是一物，无方所顿放，是无形之极。"①其二，太极虽是无形的本体，但却是实理，是天地万物之理的总名，如朱熹说："太极是五行阴阳之理皆有，不是空底物事。"②他又说："太极只是一个'理'字。"③太极的这两个特点是统一的，太极是本体，但是这个本体不是道家讲的"无"，也不是佛家讲的"空"，而是实实在在的事情中的道理。关于道、佛，尤其是佛教，可以说整个宋明理学都深受其影响，理学要建构儒家道德形上学，正是吸取了佛教的本体思想，但是，宋明理学又一致地反对佛教，主要就是因为佛教的空论极易否定现实生活的价值。正如朱熹说：

> 释氏说空，不是便不是，但空里面须有道理始得。若只说道我见个空，而不知有个实底道理，却做甚用得？譬如一渊清水，清冷彻底，看来一如无水相似。它便道此渊只是空底，不曾将手去探是冷是

①黎靖德编，王星贤点校：《朱子语类》卷第七十五《易十一·上系下》，中华书局1986年版，第1931页。

②黎靖德编，王星贤点校：《朱子语类》卷第九十四《周子之书·太极图》，中华书局1986年版，第2367页。

③黎靖德编，王星贤点校：《朱子语类》卷第一《理气上·太极天地上》，中华书局1986年版，第2页。

温，不知道有水在里面。佛氏之见正如此。今学者贵于格物、致知，便要见得到底。①

朱熹需要为形上的本体找到现实的归旨，也是在为现实中的道德奠定形上的依据，正是基于此，朱熹展开了对佛教的反思和批评。

为了把太极与万物连接起来，朱熹接着讨论了太极与阴阳的关系。太极是本体，阴阳是气，阴阳二气由太极生出，即所谓"太极生两仪"，阴阳二气又和合成万物。所以，阴阳介于太极与万物之间，是连接太极与万物之中介。就太极与阴阳之间的关系而言，朱熹认为，一方面，太极与阴阳不同，太极是本体，是理一，阴阳由太极生出，是二气。在逻辑上，先有太极的本体，然后才有阴阳二气，或者说，作为理一的太极是先于万事万物而存在的。举个例子来说，有个小朋友今年幼儿园即将毕业，马上就要上小学了，他的幼儿园老师和爸爸妈妈会在他上小学之前，提前告诉他关于上小学的许多道理，教他如何成为一名优秀的小学生，这些道理是先于他成为一名小学生而存在的，而且，只有他先行掌握并在言行中基本贯彻这些道理，他才能成为名副其实的小学生。朱熹把太极设立为逻辑的先在性，其目的在于确立儒家道德的先在性与绝对性。另一方面，道理虽然在逻辑上是先在的，但是道理又不能脱离事物而存在，道理是事物的道理，存在于事物之中。就好像说，做好一名小学生的道理是先于某位小学生而存在的，但这个道理也不能脱离现实中的小学生，必须要在一个个具体的小学生身上来实现。朱熹认为，太极是天地万物的"理"的总称，太极即理。太极的"理一"是不离阴阳而存在的，太极表现在阴阳的关系之中，离开了阴阳，便没有太极，正如他说："太极乃在阴阳之中，而非在阴阳之外也。"②由于万事万物之中各有道理，所以，物物有太极。

---

① 黎靖德编，王星贤点校：《朱子语类》卷第一百二十六《释氏》，中华书局1986年版，第3015页。

② 朱熹撰，朱杰人、严佐之、刘永翔主编：《朱子全书》第二十一卷，《晦庵先生朱文公文集》（二）《答程可久》，上海古籍出版社、安徽教育出版社2002年版，第1642页。

三、理气论

朱熹言太极即理一，言阴阳即二气，他的太极阴阳论与理气论的旨趣是一致的，都是为了贯通形上之道与形下之器。正如他说："天地之间，有理有气。理也者，形而上之道也，生物之本也；气也者，形而下之器也，生物之具也。"①相较于太极阴阳论，他的理气论更加详备，也更具有代表性，理气关系是朱子思想的高峰，也是中国哲学的高峰，程朱之学曰理学，正源于此。

何谓理？朱熹曰：

> 至于天下之物，则必各有所以然之故，与其所当然之则，所谓理也，人莫不知，而或不能使其精粗隐显，究极无余，则理所未穷，知必有蔽，虽欲勉强以致之，亦不可得而致矣。②

从朱熹的这段话可知，"理"是指事物之所以存在的内在原因及人们在处理事情时的准则。正如朱熹的学生陈淳解释"理"说：

> 理无形状，如何见得？只是事物上一个当然之则便是理。"则"是准则、法则，有个确定不易底意。只是事物上正当合做处便是"当然"，即这恰好，无过些，亦无不及些，便是"则"。③

---

① 朱熹撰，朱杰人、严佐之、刘永翔主编：《朱子全书》第二十三卷，《晦庵先生朱文公文集》（四）《答黄道夫》，上海古籍出版社、安徽教育出版社 2002 年版，第 2755 页。

② 朱熹撰，黄坤校点：《四书或问》，上海古籍出版社 2001 年版，第 8 页。

③ 陈淳著，熊高祯、高流水点校：《北溪字义》，中华书局 1983 年版，第 42 页。

朱熹每言"实理","阶砖便有砖之理","竹椅便有竹椅之理"①，旨在说明作为本体的理非空虚之物，是事情存在的道理。所以，万物虽然同是一理，但又各有各自的理。

为了进一步确立"理"作为当然、必然之则的地位，朱熹又将"理"与"天"相结合，称之为"天理"，正如他说："天，即理也。"②以"天"言"理"，目的是要把"理"说成是天经地义的，这是朱熹道德形上学确立的关键。天理即儒家倡导的道德之理，如朱熹解"天理"为"仁、义、礼、智之总名，仁、义、礼、智便是天理之件数"③。朱熹认为，天理虽然是客观存在的，但又是人心体验出来的，用程颢的话来说就是"天理二字却是自家体贴出来"④，落到人上，便是人性。正如朱熹所说："性者，人所受之天理；天道者，天理自然之本体，其实一理也。"⑤这是对《中庸》和孟子所讲的天赋善端思想的发挥。所以，仁、义、礼、智、信之"五常"既是天理，又是人性，违背了此"五常"，既是违背了天理，又是违背了人性。违背天理与人性的，便是人欲。人欲乃不正当之欲，是自私之欲，非自然之欲。朱熹认为，天理与人的先天心性是相通的，或者说，天理就是人心，天理作为当然之则是人心所向。正如他说："心固是主宰底意，然所谓主宰者，即是理也，不是心外别有个理，理外别有个心。"⑥天理自在人心，是将当然之则化归为人的内心的自觉性，通过最高的天理与最内在的心性来保证儒家道德的权威性。

朱熹的理气论包含三个层面：理气不离，理在气先，理一分殊。

---

① 黎靖德编，王星贤点校：《朱子语类》卷四《性理一·人物之性气质之性》，中华书局1986年版，第61页。

② 朱熹：《四书章句集注》，《论语集注卷二》，中华书局1983年版，第65页。

③ 朱熹撰，朱杰人、严佐之、刘永翔主编：《朱子全书》第二十二卷，《晦庵先生朱文公文集》（三）《答何叔京》，上海古籍出版社、安徽教育出版社2002年版，第1837页。

④ 程颢、程颐著，王孝鱼点校：《二程集》，《河南程氏外书》卷第十二《传闻杂记》，中华书局1981年版，第424页。

⑤ 朱熹：《四书章句集注》，《论语集注卷三》，中华书局1983年版，第79页。

⑥ 黎靖德编，王星贤点校：《朱子语类》卷一《理气上·太极天地上》，中华书局1986年版，第4页。

第一，理气不离。理不是无与空，必须要落实到具体事情之中，成为规范事情的必然之则。朱熹重视"理"，就是为了给万物寻找一个必然之则。但是事物千差万别，怎么说明呢？于是需要讲气，因为万事万物都统一于气，都是由阴阳二气构成的。所以，理与万物的关系就可以简化为理与气的关系，以此来说明形上之道与形下之器的关系。理与气都是为了说明事物，不过，两者的作用不同。朱熹说："气以成形，而理亦赋焉"①，气是事物质料形成的原因，理是事物本质形成的原因。正如朱熹说：

> 理也者，形而上之道也，生物之本也；气也者，形而下之器也，生物之具也。是以人物之生，必禀此理然后有性，必禀此气然后有形。②

不管是本质，还是质料，都不是一物，不能脱离事物而独存，都必须统一于万物之中，而万物也都是理气的统一体。所以，理与气是不离的，理存在于气中，气中蕴含有理，正如朱熹说："天下未有无理之气，亦未有无气之理。"③

第二，理在气先。太极生两仪，太极是阴阳的本体，先有太极之理，然后再有阴阳的存在与运动。同理，在理与气的关系上，朱熹同样主张理生气，理是本体，理在气先，在万物还没有成形之前，万物存在的当然之理就已然存在了。正如他说："未有天地之先，毕竟是先有此理。"④又说："人物未生时，只可谓之理。"⑤这里需要注意的是，太极生两仪及理生气，此中的"生"并不是像父母生子女那样的"生"，此"生"含有哲学上本

---

① 朱熹：《四书章句集注》，《中庸集注》，中华书局1983年版，第17页。

② 朱熹撰，朱杰人、严佐之、刘永翔主编：《朱子全书》第二十三卷，《晦庵先生朱文公文集》（四）《答黄道夫》，上海古籍出版社、安徽教育出版社2002年版，第2755页。

③ 黎靖德编，王星贤点校：《朱子语类》卷一《理气上·太极天地上》，中华书局1986年版，第2页。

④ 黎靖德编，王星贤点校：《朱子语类》卷一《理气上·太极天地上》，中华书局1986年版，第1页。

⑤ 黎靖德编，王星贤点校：《朱子语类》卷九十五《程子之书一》，中华书局1986年版，第2430页。

原的意思，是存在所由之意，即必然之理；此"先"指的不是时间顺序上在先，而是逻辑的在先，尤其是指道德的在先，道德的应然之则先于事情而存在，其目的在于论证儒家仁、义、礼、智、信之"五常"的先验性与永恒性，为了让人们的行为都合乎儒家的道德要求。正如朱熹所说：

> 未有这事，先有这理。如未有君臣，已先有君臣之理；未有父子，已先有父子之理。不成元无此理，直待有君臣父子，却旋将道理入在里面！①

理在气先与理气不离，这两个观点并不是矛盾的。理不离气，旨在说明理并非虚空之物，理是事之理，是现实中的伦理，是为了反对佛、道的思想；而理在气先，旨在说明理是事情存在的根据，人们在处理事情时，必须要符合伦理，人们必须要过上伦理的生活，这是在为儒家的道德建构形上学。

第三，理一分殊。"理一"是"体"，"分殊"是"用"。朱熹曾从李侗那里得到理一分殊之教，李侗曰："吾儒之学所以异于异端者，理一分殊也。理不患其不一，所难者分殊耳。"②在"理一"上，三教之旨相似，道、佛二家重视"一"的本体，但轻视事情上的道理，表现为无为、出世，而朱熹的理学则重在分殊，即求现实生活中的万事之理，使本体有现实的落脚处。正如朱熹说："佛说万理俱空，吾儒说万理俱实。"③朱熹既肯定"理一"，又强调"分殊"，在道德上，仁、义、礼、智、信之"五常"是普遍性的"理一"，但在具体的应用中又各有"分殊"。正如朱熹说道：

---

① 黎靖德编，王星贤点校：《朱子语类》卷九十五《程子之书一》，中华书局1986年版，第2436页。

② 赵师夏：《宋嘉定姑孰刻本延平答问跋》，转引《朱子全书》第十三卷，《延平李先生答问后录·附录》，上海古籍出版社、安徽教育出版社2002年版，第354页。

③ 黎靖德编，王星贤点校：《朱子语类》卷十七《大学四·或问上·经一章》，中华书局1986年版，第380页。

　　天地之间，人物之众，其理本一，而分未尝不殊也。以其理一，故推己可以及人；以其分殊，故立爱必自亲始。①

　　不过，对于这两者，朱熹更加重视"分殊"，强调道德的修养要从"分殊"入手，在事情上用功和理会，不能仅在本体上玄想。正如他说：

　　圣人未尝言理一，多只言分殊。盖能于分殊中事事物物，头头项项，理会得其当然，然后方知理本一贯。不知万殊各有一理，而徒言理一，不知理一在何处。②

　　正是因为朱熹重视"分殊"，所以才重视"格物"，认为先要格物，即在具体的事物上分别理解其理，践行其理，然后才能"致知"，上达至"理一"。

四、格物致知

　　格物一词，出自《大学》。《大学》曰："欲诚其意者，先致其知。致知在格物。"程颐训"格"为"至"，朱熹发展了这种观点，认为"格者，极至之谓"③，"物格者，事物之理，各有以诣其极而无余之谓也"④。格物，即穷尽地理解事情之理。"物"指具体的事物，也包括事情，主要是指事情，尤其指与道德伦理有关的人事。所以，不能简单地将"格物"理解为对自然规律的探索，要认识到朱熹主要针对的还是人伦之理及指导人

---

　　① 朱熹撰，黄坤校点：《四书或问》，上海古籍出版社2001年版，第421页。
　　② 黎靖德编，王星贤点校：《朱子语类》卷二十七《论语九·里仁篇下》，中华书局1986年版，第677—678页。
　　③ 朱熹撰，黄坤校点：《四书或问》，上海古籍出版社2001年版，第8页。
　　④ 朱熹撰，黄坤校点：《四书或问》，上海古籍出版社2001年版，第8页。

们行人伦之事。格物的目的在于穷理，即穷究事情之理，主要即伦理。"理"在前文已经讲过，指事情的"所以然之故与其所当然之则"。比如一个人要孝敬父母，首先需要穷理，即理解为什么要孝敬父母，这是"所以然之故"，还要理解怎样孝敬父母，这是"所当然之则"。正如朱熹说："穷理者，欲知事物之所以然，与其所当然者而已。"①而穷理就需要格物，即在事情上推究、理解。朱熹说："而今只且就事物上格去。如读书，便就文字上格；听人说话，便就说话上格；接物，便就接物上格。精粗大小，都要格它。"②所以，博学、审问、慎思、明辨皆是格物之事，或者说，凡是对事情的理解，皆是格物，皆是为了穷理。

与格物相对的是致知。"致知"有两层意思，一层是在格物中达到心中所知，另一层是指在格物中把心中所知推到事情中去。格物与致知，既是有差异的，又是统一的。从差异性上来看，格物的对象是事情中的理，是人在事情上推究；而致知的对象是心，是在格物穷理中达到吾心无所不知及心中所知的应用。从统一性上来说，一方面，格物是在致知中格物，人对事物的理解及做事情总是带有自己的先入之见，是以自己的知识见解与价值观念为背景对事物的理解，所以，格物中有致知，致知参与到格物之中，正如朱熹说道："格物致知，亦是因其所已知者推之以及其所未知，只是一本，元无两样工夫也。"③另一方面，致知又要通过格物才能达成，在事情之中求得心中之理。

正是因为格物中有致知，在格物中，主体的知识、价值及态度皆有参与，所以朱熹提倡"居敬穷理"，即带着恭敬的心去穷理。格物主要是穷究事情中的伦理，人们只有带着恭敬之心才能理会和践行伦理之事，也才能在事中求得人伦之理。比如孝敬父母，如果要明白孝的理，首先就要以

---

① 朱熹撰，朱杰人、严佐之、刘永翔主编：《朱子全书》第二十三卷，《晦庵先生朱文公文集》（四）《答问人》，上海古籍出版社、安徽教育出版社2002年版，第3136页。

② 黎靖德编，王星贤点校：《朱子语类》卷十五《大学二·经下》，中华书局1986年版，第286页。

③ 朱熹撰，朱杰人、严佐之、刘永翔主编：《朱子全书》第二十三卷，《晦庵先生朱文公文集》（四）《答陈才卿》，上海古籍出版社、安徽教育出版社2002年版，第2847页。

敬的态度去孝。正如孔子说："今之孝者，是谓能养，至于犬马，皆能有养，不敬，何以别乎？"（《论语·为政》）有没有敬的心，有没有把敬带入到事情之中，是分辨伦理之事的根本，如果缺失了敬，便不是在行伦理之事，也难以从中得到人伦之理。孔子还说："出门如见大宾，使民如承大祭。"（《论语·颜渊》）意思是说，君子出门见到所有的人都像是迎接尊贵的宾客，君子管理人民就好像举行盛大的祭祀。出门见人与管理人民都是格物，但是，要想在格物中格出伦理来，就需要心怀敬意。所以，朱熹教人特重敬字，认为"'敬'字工夫，乃圣门第一义，彻头彻尾，不可顷刻间断"①。又说："敬者，一心之主宰，而万事之本根也。"②"居敬穷理"把伦理学与知识论结合了起来，把道德修养与真理追求统一了起来，说明知识的求索与道理的践行不仅有理性的作用，还有道德的参与。所以，穷理与主敬、格物与致知虽是二端，"其实一本"③。

格物与致知相当于行与知，格物为行，指在事情中求知；致知为知，既指行动的知识和伦理先导，也指求知行动的知识获得。因为格物与致知是统一的，是互相发明的，所以知与行也是合一的。正如朱熹说道："知与行，工夫须着并到。知之愈明，则行之愈笃；行之愈笃，则知之益明。二者皆不可偏废。"④但是，两者仍然有先后、轻重的区别。朱熹认为，知与行以及格物与致知是相互循环而渐进的往复运动，并不存在时间上的先后顺序。但是，若就具体的道德实践来说，则是知先行后，即人们在理解事物、行事的时候，不是盲目的，而是先有一定的知识与价值作指导的，这是与朱熹所主张的理在气先的观点相一致的，体现了朱熹对致知的重视。

如果从轻重方面考量的话，则行重于知，其原因有两个方面。其一，知要通过行来完善，不格物，便不能穷理；不穷理，便不能致知，正如

---

① 黎靖德编，王星贤点校：《朱子语类》卷十二《学六·持守》，中华书局1986年版，第210页。

② 朱熹撰，黄珅校点：《四书或问》，上海古籍出版社2001年版，第2页。

③ 黎靖德编，王星贤点校：《朱子语类》卷九《学三·论知行》，中华书局1986年版，第150页。

④ 黎靖德编，王星贤点校：《朱子语类》卷十四《大学一·经上》，中华书局1986年版，第281页。

《大学》曰："致知在格物""物格而后知至"。在朱熹之前，有一些理学家主张人在先天之心中已经具备了完满的知，在格物之前，应先立其心。如杨时主张天下之物无不在我，格物只是推我之心以穷理，只是反身而诚地居敬而已，但是朱熹认为，这些都是格物之中的事，如果不去逐渐格物，是不能获得完善之知的。其二，朱熹认为，知要通过行来呈现，真正的德行一定有真知在其中，而真知如果不能作用于行便不是真知。正如朱熹说："知而未能行，乃未能得之于己，岂特未能用而已乎？然此所谓知者，亦非真知也，真知则未有不能行者。"①所以，行是知的试金石。朱熹格物而致知的思想在朱陆之辩之中得到了进一步体现。

五、朱陆之辩

朱陆之辩是指朱熹和陆九渊之间的辩论，两人第一次辩论是在鹅湖之会上，之后又各自论说。两人的辩论关涉许多方面，可以从格物与致知的关系上来说，可以从博与约的关系上来说，也可以从道问学与尊德性的关系上来说。

首先，从格物与致知的关系上来说。格物是在事情上求理，重视客观之理；致知是达至心中所知，侧重主体之心。朱熹认为，格物致知是统一的，人首先以自己有限的所知来格物，然后以物格之理丰富自己的所知，从致知到格物，从格物到致知，以至于循环往复，逐渐穷尽事情之理，并达到心中无所不知。但是，这个观点与陆九渊的观点发生了冲突。陆九渊认为，致知并不需要从格物中来，因为此心本来完满，理在心中，心即是理，所以，格物的过程不是向事情中求理，只是将心中的理推到事情中去。对于陆九渊的观点，朱熹也不同意，他认为心中虽然有天理的发端，却是未实现的，也是不完满的，需要通过后天格物的功夫逐渐达至完满。

---

① 朱熹撰，朱杰人、严佐之、刘永翔主编：《朱子全书》第二十四卷，《晦庵先生朱文公文集》（四）《杂学辨·张无垢中庸解》，上海古籍出版社、安徽教育出版社2002年版，第3483页。

所以，朱熹认为心还不是理本身，性才是理，性是心的圆满，由心到性的功夫就是格物。朱熹与陆九渊的理论冲突源自孟子。在孟子的人性论中，一方面讲先天的人心只是善端，所谓"恻隐之心，仁之端也；羞恶之心，义之端也；辞让之心，礼之端也；是非之心，智之端也"（《孟子·公孙丑上》）。心只是开端，只有通过尽心地扩充方能知性。另一方面，孟子又讲"万物皆备于我"（《孟子·尽心上》），"仁义礼智，非由外铄我也，我固有之也"（《孟子·告子上》）。朱熹取前者，认为心虽然是先天有之，却不完满，需要后天的格物功夫才能致知而达性；陆九渊取后者，认为心即是理，心为根本，先天本来具备，应该先立其心。

其次，从博与约的关系上来说，即从学问的目标上来说。"博"从正面来讲是广博、详尽，从负面来讲指繁杂、支离；"约"从正面讲指简约、一贯，从负面来说指简略、浅薄。朱熹强调读书求学、格物穷理，所以表现出广博与详尽，但被陆九渊批评为繁杂、支离；陆九渊强调先立其心，直发本心，以心统摄万物，所以表现为简易、一贯，但被朱熹批评为简略、浅薄。据《象山文集》记载：

> 鹅湖之会，论及教人。元晦之意，欲令人泛观博览，而后归之约。二陆之意，欲先发明人之本心，而后使之博览。朱以陆之教人为太简，陆以朱之教人为支离，此颇不合。[1]

朱熹重视读书穷理，所以博观；而陆九渊的目的在于本心的呈现，所以简约。其实陆九渊并非不重视读书，如他说道："人谓某不教人读书……何尝不读书来？只是比他人读得别些子。"[2]陆九渊所谓"读得别些子"，是说他读书不是在书中求得心中未有之理，而是将心中之理推至书的知识之中，通过书中的知识来反观自心，达到对自心的体察。朱熹把读书作为

---

① 陆九渊著，钟哲点校：《陆九渊集》卷三十六《年谱》，中华书局1980年版，第491页。
② 陆九渊著，钟哲点校：《陆九渊集》卷三十五《语录下》，中华书局1980年版，第446页。

明理的必要条件，而陆九渊则视其为次要，因为他主张本心自明，所以格物不是求物中之理，而是在自家身上理会。陆九渊屡屡言先立大本，他说："'除了先立乎其大者'一句，全无伎俩。"①此句原是出自《孟子·告子上》，孟子曰："此天之所与我者，先立乎其大者，则其小者弗能夺也。"于是博约的问题，遂变成尊德性与道问学的争论。

最后，从为学的入手处，即从道问学与尊德性的关系上来讲。道问学讲的是格物穷理，为学要从格物入手，以事情之理来扩充德性；而尊德性的意思是先立其本心，以心为入手处，将己心扩充至事情之中。黄宗羲（1610—1695年）在《宋元学案》中说：

> 先生（象山）之学，以尊德性为宗，谓"先立乎其大，而后天之所以与我者，不为小者所夺。夫苟本体不明，而徒致功于外索，是无源之水也"。同时紫阳（朱熹）之学，则以道问学为主，谓"格物穷理，乃吾人入圣之阶梯。夫苟信心自是，而惟从事于覃思（深思。覃，音tán），是师心之用也"。②

朱熹主张格物穷理，但并不反对尊德性，也不反对先立本心，如他提倡居敬穷理，就是重视心在穷理中的作用；但是，朱熹不同意心即是理，不认为人心是完满的德性，主张通过格物来培养、扩充其心，由心达性。所以，朱熹希望兼顾两者，正如朱熹所说：

> 圣人指示为学之方周遍详密，不靠一边，故曰敬义立而德不孤。若如今说，则只恃一个"敬"字，更不做集义工夫，其德亦孤立而易

①陆九渊著,钟哲点校:《陆九渊集》卷三十五《语录上》,中华书局1980年版,第400页。
②黄宗羲著,全祖望补修,陈金生、梁运华点校:《宋元学案》卷五十八《象山学案》,中华书局1986年版,第1885页。

穷矣。①

朱熹主张道问学，本身就说明了先天德性不足，以后天之学来弥补先天德性之缺，因此遭到陆九渊的反对。陆九渊认为，尊德性与道问学是不能兼顾的，讲道问学就不能尊德性，而尊德性便无须道问学，所以只要尊德性，以德性来统摄学问。

由此可见，朱陆之争涉及理学内部的矛盾，关系到物之理与心之理、事与心之间贯通的问题，这也是一直重视事情之理、入世行道的儒家如何建构以心性为本原的道德形上学的问题。这个问题贯穿于理学的发展过程，并于明代开出了阳明的心学体系。

课后自学参考书目及读书提要：

［1］《朱子语类》。此书是朱熹与其弟子问答的语录汇编，由于是语录的记载，师生之间随问随答，所以内容较为生动，真情流露，语言也通俗易读，读起来不像学术专著那样严肃郑重。此书全面系统地反映了朱熹理学的思想体系，论述范围很广，是研究朱熹思想的必读之书。

［2］《朱熹》，陈荣捷著。陈荣捷是美籍华人学者，是世界朱子学权威，他的学术几乎都集中于朱熹的研究，1990年，陈荣捷为"世界哲学家丛书"撰写本书，载入了他一生对朱熹的研究成果。本书是一本通论性的著作，主要包括四个部分：一是朱子的基本思想，二是朱子的活动，三是朱子的交游，四是朱子学的后续发生。本书简明扼要地将朱熹的人生轨迹、思想成果及相关的文化和社会背景以全景式展现，非常适合初学者阅读。

---

① 朱熹撰，朱杰人、严佐之、刘永翔主编：《朱子全书》第二十三卷，《晦庵先生朱文公文集》（四）《杂答项平父》，上海古籍出版社、安徽教育出版社2002年版，第2540—2541页。

第十五讲　阳明心学

王守仁（1472—1528年），字伯安，自号阳明子，学者称"阳明先生"。他出生于浙江绍兴府余姚县，明代心学集大成者，中国哲学史上心学思想体系的创建者，是一名具有世界影响力的中国哲学家。

一、阳明的生命体验与心学的境界准备

中国哲学是生命哲学，是基于自己的生命体验而生发出来的哲学智慧，哲学家的生命经历与其哲学的形成往往是同步的。阳明基于自己的生命体验为心学的确立提供了境界上的准备。

阳明从小不平凡，他聪慧过人，豪迈不羁，力求做天地间第一等事、第一等人。什么是第一等事、第一等人？阳明的父亲是明朝的状元，在阳明很小的时候，他的父亲就为他延请塾师，但教育的内容皆是为了应试，这让阳明感到厌烦。十二岁时某一天，阳明问他的塾师："何为第一等事？"塾师答道："唯读书登第耳。"但是阳明却不以为然，他说："登第恐

未为第一等事，或读书学圣贤耳。"①在他幼小的心灵中，认为只有读书学圣贤，超凡入圣，完成自己的生命觉悟，才是天地间第一等事，才算是第一等人。不过，这一目标的达成却不是一蹴而就的，阳明自身及其心学的形成都经历了众多曲折。

明末清初思想家黄宗羲在《明儒学案》中将阳明心学的形成经历概括为三个阶段：

> 先生之学，始泛滥于词章。继而遍读考亭（朱熹）之书，循序格物。顾物理吾心终判为二，无所得入。于是出入于佛、老者久之。及至居夷处困，动心忍性，因念圣人处此更有何道？忽悟格物致知之旨，圣人之道，吾性自足，不假外求。其学凡三变而始得其门。②

此"三变"是阳明入圣贤之门的三个阶段，可以看作阳明心学正式形成之前的准备。

第一，泛滥词章。阳明从小立志当圣贤，在他二十一岁中举之后，便开始按照朱熹格物之说穷理。朱熹认为，万物莫不有理，于是阳明与友人取竹子来格，格了七天也没有格出什么道理来，还病了一场。在这个问题上，阳明没有悟出头绪来，于是开始随世俗学习诗文词章，这个阶段延续了五六年的时间。

二十二岁时，阳明会试落第，三年后会试再度落第。有一位与阳明同舍的落第举子自感羞愧，阳明却说："世人以落第为耻，我则以落第而动心为耻。"③之后，阳明中了进士，在工部实习。但是，辞章之学终究不是

---

① 王守仁撰，吴光等编校：《王阳明全集》第四册卷三十三《年谱一》，上海古籍出版社2014年版，第1347页。

② 黄宗羲：《明儒学案》上册卷十《姚江学案》，中华书局2008年版，第180页。

③ 王守仁撰，吴光等编校：《王阳明全集》第四册卷三十三《年谱一》，上海古籍出版社2014年版，第1349页。

阳明的志向所在，他认为"辞章艺能不足以通至道"[①]，于是继续探索成就圣贤之路。

第二，出入佛老。二十七岁那年，阳明又开始循着朱熹的思路穷理，仍然无所得。不过，这次他发觉到了朱熹格物穷理的思路存在的问题，即事物之理与"我"的本心终分为二，打不成一片，如果理在外而不在吾心，纵然把万物之理格得明白，与"我"当圣贤有何紧要？但是，他又悟不出心与理如何贯通，心情抑郁。

这时，他偶闻道士谈养生之学，于是便想着入山修道。三十一岁时，他从北京告病返回家乡绍兴，筑室阳明洞天，正式开始修炼功夫，践行道教导引术。但是，过了一段时间，他因为惦念祖母与父亲，对离世寻道的方法产生了迟疑，认为爱亲之念生于孩提，本是天理，如果就此抛却，终非人道。次年，他终于离开了阳明洞。

第二年的一天，阳明游杭州寺庙，与僧人进行了一段对话：

> 有禅僧坐关三年，不语不视，先生喝之曰："这和尚终日口巴巴说什么！终日眼睁睁看什么！"僧惊起，即开视对语。先生问其家。对曰："有母在。"曰："起念否？"对曰："不能不起。"先生即指爱亲本性谕（告知）之，僧涕泣谢。明日问之，僧已去矣。[②]

这两件事情表明了阳明心学与佛老思想的不同，阳明将孝悌一念直接归到人的本心、本性之中，认为人生需要当下承担，无可逃避，无可化解。阳明将爱亲、思亲置于本心之中，认为爱亲、思亲是由心底生发出来的天理，这说明他已经开始以心为体，并且在心体上与佛老作出区分。但是，要想达到心与理完全打通，还需要等待一个大机缘，这个机缘一直到

---

① 王守仁撰，吴光等编校：《王阳明全集》第四册卷三十三《年谱一》，上海古籍出版社2014年版，第1349页。

② 王守仁撰，吴光等编校：《王阳明全集》第四册卷三十三《年谱一》，上海古籍出版社2014年版，第1352页。

他三十七岁的龙场悟道方才到来。

第三，居夷处困。阳明三十五岁时，明武宗即位，宦官刘瑾等横暴专权，刘瑾逐内阁大臣刘健、谢迁，戴铣（xiǎn）等人联名上疏，要求保留刘、谢二人，结果联名之人被全部逮捕。阳明义愤填膺，抗议救援，结果亦被逮捕入狱，并廷杖四十，不久便被贬官调到贵州龙场去做驿丞（掌管驿站的官）。次年，阳明赶赴贵州，刘瑾派人跟踪，意欲加害。本来从京城到贵州龙场就是万里跋涉，又因为要躲避刘瑾的暗害，一直到三十七岁的春天，阳明才到达龙场。

龙场在今天贵州修文县境内，地处万山丛棘之中，蛊毒瘴疬，是一个非常人所居的地方。此时的阳明自觉一切得失荣辱皆可抛弃，连生死之念亦予以否定，正是因为在这样极端的环境中，生命的系缚被层层剥落，最后留下来的只有本心，这为他的龙场悟道提供了难得的机遇。而他的随从却没有这样豁达的心胸，更没有他真切的道德践履的自觉，于是纷纷病倒了。阳明为他们劈柴、挑水、做饭，又咏唱诗歌，使他们安心。白日里，阳明心心念念一个问题："圣人处此，更有何道？"忽然于半夜里大悟格物致知之旨，在睡梦中忽然呼喊坐起，于是大悟：

> 圣人之道，吾性自足，向之求理于事物者误也。乃以默记五经之言证之，莫不吻合。[1]

"求理于事物"是判理在心外，这是朱熹的思路，而阳明在一念不起的境界下却亲证了心体即天理，一念之觉醒皆系心体，心通圣贤，离开了心体，便没有圣贤学问，圣贤学问只是生命之学，"六经"千言万语皆由心体所发，亦由我之心体加以印证。从此，他便提出了致良知的新学说。

---

① 王守仁撰，吴光等编校：《王阳明全集》第四册卷三十三《年谱一》，上海古籍出版社2014年版，第1354页。

二、阳明心学的形成与确立

龙场悟道只是一个开悟的契机，从开悟到真正的觉悟尚有一段历程。《明儒学案》阐发了阳明心学的演进过程，将其分为三个阶段，也称"三变"：

> 自此之后，尽去枝叶，一意本原，以默坐澄心为学的。有未发之中，始能有发而中节之和。视听言动，大率以收敛为主，发散是不得已。江右以后，专提致良知三字，默不假坐，心不待澄，不习不虑，出之自有天则。盖良知即是未发之中，此知之前更无未发；良知即是中节之和，此知之后更无已发，此知自能收敛，不须更主于收敛；此知自能发散，不须更期于发散。收敛者，感之体，静而动也；发散者，寂之用，动而静也。知之真切笃实处即是行，行之明觉精察处即是知，无有二也。居越以后，所操益熟，所得益化，时时知是知非，时时无是无非，开口即得本心，更无假借凑泊，如赤日当空而万象毕照。是学成之后又有此三变也。[①]

第一，默坐澄心。黄宗羲所讲的"自此之后"是指阳明龙场顿悟之后。此时，阳明虽然顿悟到心之本原所在，但还需要长时间的"默坐澄心"加以巩固。这是因为，心学不单是一种言说的理论，更是真切的道德实践功夫，是心性的修养功夫。这就好像一池清净之水被搅浑之后，需要一段时间的沉淀，才能恢复清澈与宁静。生命的清净之水为何被搅浑，源于习气、私欲，所谓"尽去枝叶"就是去除习气和私欲，如此才能复原本心真体。

"默坐"即静坐，是定的功夫，相当于闭关，"以收敛为主"，指通过

---

① 黄宗羲：《明儒学案》上册卷十《姚江学案》，中华书局2008年版，第180页。

静坐来澄明心体。阳明在龙场悟道的第二年，主讲贵阳书院，曾提出"知行合一"之论。然而，由于在场的学者缺乏必要的"定"的功夫，只从意识中去理解，而意识又充斥着功名利禄之念，所以难知阳明之所云。于是，阳明为救时弊，开始教人采取静坐的方式，收敛习气，接引学者。

三十九岁时，阳明谪期已满，赴任江西庐陵知县，四十二岁时到安徽滁州做官。在滁州时，阳明也教人静坐，开始颇有成效，但渐渐地有人喜静厌动，流入枯槁。四十三岁时，阳明又往南京为官，此时，他已不再取静坐的方式，并对默坐澄心进行了反思。《年谱》记载：

> 客有道自滁游学之士多放言高论，亦有渐背师教者。先生曰："吾年来欲惩末俗之卑污，引接学者多就高明一路，以救时弊。今见学者渐有流入空虚，为脱落新奇之论，吾已悔之矣。"①

如果把静坐作为发明本心的入手方便，尚且可行，但如果将默坐澄心当作觉悟的根本，将致虚守寂当作修行的目标，则又致人堕入虚空，一旦出来应事，仍不免存有意气，导致良知天理不能顺贯下来，因而顾此失彼，显露出弊端。正如阳明说道：

> 人须在事上磨炼做功夫乃有益，若只好静，遇事便乱，终无长进。那静时功夫亦差，似收敛而实放溺也。②

默坐澄心只是定，但此定只是在没有外在事情干扰之下的定，是局限于自我身心之内的理想状态下的定，是假定，而非真定。正如蔡仁厚形象地比喻说：

---

① 王守仁撰，吴光等编校：《王阳明全集》第四册卷三十三《年谱一》，上海古籍出版社2014年版，第1364页。

② 王守仁撰，吴光等编校：《王阳明全集》第一册卷三《语录三》，《传习录》下，上海古籍出版社2014年版，第104页。

这好像是按住发条使它不动，一不按住便跳动起来。所以这种假静定一遇些事来，便牵滞纷扰，既不能应事接物，更不能经纶宰制，所以也全不济事。①

因此，良知的存养还需要在事上磨砺。况且，阳明心学以儒家修齐治平为理想，如果一味地局限于内心世界，一味好静，又如何承担起社会责任来？于是，阳明在默坐澄心的基础上向着致良知继续推进。

第二，由体达用。阳明四十六岁时正式到江西为官，直到五十岁，这五年是他学问与事业的鼎盛时期。于五十岁时，阳明正式将"致良知"作为其心学宗旨。

"致良知"的"致"是推致、扩充之意。如果说默坐澄心是于内在存养良知，那么，"致"就是由内而外的良知显发。通过默坐澄心，吾心之良知无丝毫私欲夹杂其中，不仅能知是非、辨善恶，而且还是是非非、好善恶恶，所以，良知即良能。致良知就是良知扩充到行动之中，贯彻到行动的全过程，让良知来做自己行动的主宰。朱熹讲格物穷理，认为理在事情之中，通过格物而致知，从格物到致知。阳明与朱熹的想法不同，他认为理在心中，良知即天理，事情本无理，由良知赋予，格物即使事事物物皆得其理、皆得其正，正如阳明说道："致吾心良知之天理于事事物物，则事事物物皆得其理矣。"②在致良知中，既实现了致知，也完成了格物，所以，致知即是格物。

阳明的致知格物与致良知是统一的，也是他致良知的主旨所在。在江西的五年中，阳明一边内养心性，提撕警觉，令一言一行不离良知；一边在事上磨炼，逐渐达到纯熟，以至于自然而然，"不习不虑"，"出之则有

① 蔡仁厚：《王阳明哲学》，浙江教育出版社2022年版，第128页。

② 王守仁撰，吴光等编校：《王阳明全集》第一册卷二《语录二》，《传习录》中，上海古籍出版社2014年版，第51页。

天则"。《中庸》曰：

> 喜怒哀乐之未发，谓之中；发而皆中节，谓之和。中也者，天下
> 之大本也；和也者，天下之达道也。致中和，天地位焉，万物育焉。

良知是未发之中，是"天下之大本"的天理所在，本身纯然寂静，此为本体；然而，未发之中的寂静本体又不是死寂的，一旦良知养成，人的一言一行无不从良知发出，由未发至已发，由寂而感，由静而动，当致良知于事事物物之上，事事物物皆因良知而有所"节"并达于"和"，此为良知之用。于是，心与物便连成了一片，知与行也达成了一体。

第三，圆融无碍。阳明五十岁时，从江西返回浙江，此后的几年都在浙江讲学。《明儒学案》中所谓"居越以后，所操益熟"指的就是他晚年所达到的圆融无碍的境界。

默坐澄心是良知存养的功夫，致良知是道德践履的功夫，圆融无碍是所达到的知行合一、心物一体的圆满境界。如果不能圆融无碍，默坐澄心就会使心陷入枯寂，不能应用；如果不能圆融无碍，当心用于事上，就容易逐物而蔽心，不能使一心做主。只有当良知本体莹澈，了无私意时，才能"时时无是无非"；只有当良知纯熟、时时做主时，才能"时时知是知非"；只有当致良知应用自如时，才能"开口即得本心，更无假借凑泊"，达到道德的自由。良知是心体，生命如舟，良知是舵手。所以，良知是认识的主体，是实践的主体，依此良知来朗照天地万物，则"赤日当空而万象毕照"，依此良知来践行事事物物，则人欲自去，天理自存。

三、致良知

"良知"一词出于孟子，人心自发地知仁知义、好善恶恶就是人的良知。正如阳明说道：

　　良知只是个是非之心，是非只是个好恶，只好恶就尽了是非，只是非就尽了万事万变。①

　　良知即心，为了区别于佛教的心性，彰显儒家的道德本体，故称心为良知，是知善、为善的知。阳明以良知为本体，而朱熹则以天理为本体，那么，良知与天理、心与理有何关系呢？朱熹主张通过穷理来致知，虽然也是将心与理的统一作为目标，但在统一之前，心与理仍然有一定的距离，心要通过格物才能致知，体现了心有所不足。正如阳明说道：

　　夫万事万物之理不外于吾心，而必曰穷天下之理，是殆以吾心之良知为未足，而必外求于天下之广以裨补增益之，是犹析心与理而为二也。②

　　在阳明看来，良知即天理，天理自在人心，离开了良知，并无一个天理存在，所以，天理不是外在的，我心即天理。正如阳明所说：

　　良知只是一个天理自然明觉发见处，只是一个真诚恻怛，便是他本体。③

　　所以，本心良知所发见就是天理之朗现，良知与天理，名称不同，实质相同。

---

　　① 王守仁撰，吴光等编校：《王阳明全集》第一册卷三《语录三》，《传习录》下，上海古籍出版社2014年版，第126页。

　　② 王守仁撰，吴光等编校：《王阳明全集》第一册卷二《语录二》，《传习录》中，上海古籍出版社2014年版，第52页。

　　③ 王守仁撰，吴光等编校：《王阳明全集》第一册卷二《语录二》，《传习录》中，上海古籍出版社2014年版，第95页。

然而，本心、良知又在何处？从人的内在而言，当人的私欲涤除，起心动念无处不是良知、心体；从万物而言，世界万物无不由人心观照，离开人心之观，世界万物对于人而言既不可见，亦不可知。所以，一切都存在于良知之中，存在在良知的涵盖之中。据《传习录》记载：

> 先生游南镇，一友指岩中花树问曰："天下无心外之物，如此花树，在深山中自开自落，于我心亦何相关？"先生曰："你未看此花时，此花与汝心同归于寂。你来看此花时，则此花颜色一时明白起来。便知此花不在你的心外。"[1]

人"看此花"，不仅是眼看，更是良知所观，是致良知于花上。这是因为，良知是生命运动的主导者，人之所感、所知，皆由心发动。正如《大学》云："心不在焉，视而不见，听而不闻，食而不知其味。"阳明也说：

> 心者身之主宰，目虽视而所以视者心也，耳虽听而所以听者心也，口与四肢虽言动而所以言动者心也。[2]

一方面，生命的运动由心来发动，另一方面，事事物物之理由心赋予，所以，心是连接人与世界的根本媒介。以观花树之例来说，如果"我"未看此花时，"我"与此花未建立起任何联系，此花未在"我"的心中，"我"心无法确知此花的存在，无法欣赏此花，也无法赋予此花以理，所以，此花与"我"心无有关涉，同归于寂。而当"我"来看此花时，"我"心与此花建立起了联系，此花因"我"心的参与而存在于"我"心

---

① 王守仁撰，吴光等编校：《王阳明全集》第一册卷三《语录三》，《传习录》下，上海古籍出版社2014年版，第122页。

② 王守仁撰，吴光等编校：《王阳明全集》第一册卷三《语录三》，《传习录》下，上海古籍出版社2014年版，第135页。

之中，并在心物交感中呈现出颜色，此花也因"我"心的欣赏和感动而成了与"我"有所关涉的存在，并因此而存在。由此可见，良知不仅是生命的本体，更是世界万物造化之源。

"致良知"的"致"是扩充之意，指行动，尤其指道德实践。所谓"致良知"就是将良知所自觉的是非善恶之天理充分地呈现出来，见之于行事之中，以成就道德行为。这正是阳明心学与佛学的根本不同之处。阳明心学与佛学的区别主要体现在四个方面。首先，佛教与阳明虽然都将心作为本体，但是，佛教讲的真心是非善非恶的；阳明的良知则是知是非善恶且为善去恶的。其次，佛教讲空，不仅空自我，空万物，连真心也要空；阳明则主张要存养良知，将良知坚定地作为人的本体，将佛家要破除的道德意识保存了下来，给人间留下了温情。再次，佛教将非善非恶的真心发用于事上，旨在不受人与事的牵连与束缚，实现无挂碍的自在；阳明的致良知则要以善念建立起人与人、人与事之间的牵连，实现道德的行为，他认为人间的伦理即天理，即吾心，充分肯定了道德实践的意义。最后，佛教的理想是消除业力、转识成智，无住于物，无住于心，实现涅槃寂静；而阳明秉持儒家的一贯立场，将修、齐、治、平作为理想，认为良知是基础，致良知于事事物物之上才是目的。毋庸置疑，阳明心学深受佛学的影响，甚至可以说，没有佛学，便不会有阳明心学。但是，两者又存在着诸多区别，阳明在佛学的基础上开出儒家之心学，对于儒学的形上建构，对于中华文化、中国人的生活世界和精神世界来说是至关重要的。

阳明在多处批评佛学，自觉与佛学做出区分。如阳明在给《象山文集》作序时写道：

> 佛老之空虚，遗弃其人伦事物之常，以求明其所谓吾心者，而不知物理即吾心，不可得而遗也。①

---

① 陆九渊著,钟哲点校:《陆九渊集》附录一《王守仁序》,中华书局1980年版,第538页。

此"物理"指伦理，即儒家所倡导的人伦事物之常，阳明心学正是要为伦理寻求心体的本原，将伦理立在先天心体之上。在《传习录》中，阳明又说：

> 佛氏着在无善无恶上，便一切都不管，不可以治天下。圣人无善无恶，只是无有作好，无有作恶，不动于气。然遵王之道，会有其极，便自一循天理，便有个裁成辅相。①

在心体的存养上，佛教与阳明心学是相通的。但是两者养心存性的目的却根本不同，佛教讲"无住"，于伦理之事不执着；而阳明却肯定了心"住"于事上的意义，只不过要以至善的心体来住，不以夹杂人欲的情识来住。致良知就是将心体住于事情之上，让心来当主宰，即"裁成辅相"，做真人，行真事，以此在事情上展现天理，实现治天下的世间理想。阳明弟子王龙溪也说：

> 良知即是未发之中，即是发而中节之和，此是千圣斩关第一义，所谓无前后内外、浑然一体者也。若于良知之前别求未发，即是二乘沉空之学；良知之外别求已发，即是世儒依识之学。或摄感以归寂，或缘寂以起感，受症虽若不同，其为未得良知之宗，则一而已。②

"未发之中"是良知，"发而中节之和"是致良知。良知是"知"，"致良知"是行；良知是体，"致良知"是用，阳明主张"知行合一"、体用不二，所以"无前后内外、浑然一体"。阳明心学的这种思想的确有别于佛学，王龙溪所谓"二乘沉空之学"指的就是佛学。阳明心学与佛学在体用

① 王守仁撰，吴光等编校：《王阳明全集》第一册卷一《语录一》，《传习录》上，上海古籍出版社2014年版，第33页。

② 吴震编校整理：《王畿集》卷六《致知议略》，凤凰出版社2007年版，第130页。

两个方面皆有不同：在体，阳明心学言本心、天理之善；在用，言善行善事。此外，阳明心学又展现出与其他儒学的不同之处，此中所谓"世儒依识之学"，批评的是不依纯然的良知心体的儒学，认为他们只是向外求理，放任意识的造作，不免夹杂私欲。阳明心学的特点是将儒家的道德实践安住在心性本原上，将生命的心性本原落实在成就德性和圣贤人格的道德实践上。在王龙溪看来，佛学侧向于"寂"，世儒偏重于"感"，而阳明的良知之学则是"寂""感"一体的中道之学。

致良知还体现在致知格物上，是致知与格物的统一。阳明曰：

> 致吾心良知之天理于事事物物，则事事物物皆得其理矣。致吾心之良知者，致知也。事事物物皆得其理者，格物也。是合心与理而为一者也。①

这是阳明致知格物的宗旨。致知讲的是把良知推至事事物物之上，即要把良知推出去，化为行动，应用于事中，所以，致知就是致良知；格物是致知的结果，是将良知推到事情之上，使事物各得其正。阳明讲"致知格物"，由致知而格物；朱熹则讲"格物致知"，由格物而致知。阳明把格物之"格"解释为"正"，把"物"解释为"事"。事物本身无所谓正与不正、合理与不合理，皆是由人心决定，其价值判断全在良知本觉的天理之中。当推致吾心良知之天理于事事物物之上，事事物物才能符合人心的要求而显现出天理，这就是格物。这里需要注意的是，致知不是认知活动，不是以良知来认识事物、穷究事物之理，这是朱子的思路，是阳明要反对的，阳明认为理在心中，致知即以良知观之，物在良知的观照之下方能合乎天理，所以，格物在致知。

致良知不单单是从心到物这一方向，即致良知于事事物物之上，使事

---

① 王守仁撰，吴光等编校：《王阳明全集》第一册卷二《语录二》，《传习录》中，上海古籍出版社2014年版，第51页。

事物物皆得其理；还有一个"复"的返照过程，即从事事物物的理上返照良知，体证良知。前者是心以宰物，后者是摄物归心，两者是循环的，统一于致知格物。正如阳明说道：

先儒解格物为格天下之物，天下之物如何格得？且谓一草一木亦皆有理，今如何去格？纵格得草木来，如何反来诚得自家意？[①]

此中的"先儒"指的主要是朱熹。朱熹认为，通过格物之理来扩充其知，因而朱熹有知识论的特点。但是，阳明认为，物之理是致知的结果，物理与天理皆统一于心，是一体的、互证的，并不存在心外之理，而是心外无理，理在心中，心物一体。

四、知行合一

阳明在龙场悟道的次年在贵阳书院提出"知行合一"的学说，但因为当时学者未曾经历存养省察的功夫，对知行合一把握不住。之后，阳明的弟子徐爱就知行合一的问题再求教于阳明。《传习录》记载：

爱曰："如今人尽有知得父当孝、兄当弟者，却不能孝、不能弟，便是知与行分明是两件。"先生曰："此已被私欲隔断，不是知行的本体了。未有知而不行者。知而不行，只是未知。圣贤教人知行，只是要复那本体，不是着你只恁的便罢。故《大学》指个真知行与人看，说'如好好色，如恶恶臭'。见好色属知，好好色属行。只见那好色时已自好了，不是见了后又立个心去好。闻恶臭属知，恶恶臭属行。

---

① 王守仁撰，吴光等编校：《王阳明全集》第一册卷三《语录三》，《传习录》下，上海古籍出版社2014年版，第135页。

只闻那恶臭时已自恶了，不是闻了后别立个心去恶。"[1]

在这段话中，阳明阐述了两个问题：其一，知行合一的本体是良知，"知"是良知，"行"是致知、致良知，是把良知推行到事事物物之上，使事事物物都合乎良知。所以，知与行统一于良知。能知自然有行，能行自然有知，知与行不是两样。如果知而不行，说明此知不是建立在良知之上，非真知；如果行而不知，说明此行没有致良知，也不是真行。其二，不能真知或不能真行，并不是因为缺乏良知，良知人人本有，而是因为良知被私欲隔断。当良知夹杂私欲，人们的心地就会背离至善，意念也会夹杂私欲；当意念夹杂了私欲，任情恣意，在此意念指导下的行为及所做之事也会偏离正义。如有些人虽然知道当孝父母，却因为有了私意阻隔，所以在行上不能孝，这并不能说明知与行是二而不能合一，只是贯通知行的良知本体被阻隔了。

知行合一所要表达的仍然是致良知。吾心之良知是知善知恶、好善恶恶的，知善知恶是知，好善恶恶是行。所以，知与行是合一的，良知中已经包括了知与行的一切因素，吾心自足。正如阳明说道：

知者行之始，行者知之成：圣学只是一个功夫，知行不可分作两事。[2]

人的行为是由思虑、意念指导的，如果思虑、意念不夹杂私欲，没有什么东西可以阻隔人心的是非、善恶判断，这便是良知、真知，所以"知者行之始"；当我不仅知善知恶，而且还实际地好善恶恶时，表明此良知已经落实到具体事情之中，已经是致良知的真行了，所以"行者知之成"。

---

① 王守仁撰，吴光等编校：《王阳明全集》第一册卷一《语录一》，《传习录》上，上海古籍出版社2014年版，第4页。

② 王守仁撰，吴光等编校：《王阳明全集》第一册卷一《语录一》，《传习录》上，上海古籍出版社2014年版，第15页。

阳明的知行合一反对把知与行当作两件事来看，认为"知是行的主意，行是知的工夫"①。一方面，真知一定能行，如果不能行，说明良知上有私欲阻隔，良知存养的功夫不到家，此时的知非真知，所以，知要在行上去验证，去磨炼；另一方面，行一定要以知为主宰，让良知当家，如果人们在行事中夹杂着私欲，说明此行并非出于良知，而是出于人欲。阳明之学被称为心学，心即良知，也是知行合一之"知"，这说明阳明学的重心在知，知行合一的重心在知，修知行合一的功夫也在知。阳明说道：

> 今人学问，只因知行分作两件，故有一念发动，虽是不善，然却未曾行，便不去禁止。我今说个知行合一，正要人晓得一念发动处，便即是行了。发动处有不善，就将这不善的念克倒了，需要彻根彻底，不使那一念不善潜伏在胸中。此是我立言宗旨。②

许多人做事情，往往只看重做事情这一行为本身，却未注意做事情人的行为动机，认为心中虽有不善，只要尚未形成不善之行，便不加警惕，不予计较。殊不知，知行不是两件事，而是一件事，作善与作恶只在一念之间，当善念与恶念一旦有所萌动，便已经是行为的开端了。所以，道德修养要在行的发动处——意念上用功，念念警觉，不使任何不善的念头潜伏在心中，这便是知行合一的根本所在，也是阳明立心的宗旨所在。

正如前文所说，我们不能从知识论的角度理解阳明的"致良知"，学问上的求理是穷究外在事物之理，这是知识之学；阳明的"致良知"主要是讲道德实践，道德实践上的是非善恶取决于道德主体的心意，心意善则所从事的事情为善，心意恶则所从事的事情为恶。不过，知识之学与道德之学也不是截然二分的，任何知识之学都存在着应用于人乃至作用于生命

① 王守仁撰，吴光等编校：《王阳明全集》第一册卷一《语录一》，《传习录》上，上海古籍出版社2014年版，第5页。

② 王守仁撰，吴光等编校：《王阳明全集》第一册卷三《语录三》，《传习录》下，上海古籍出版社2014年版，第109—110页。

的问题，也自然与道德的善恶相关联。所以，知行合一的应用是广泛的，良知不仅要"致"于人事之上，还要"致"于物理之中，善于应用物理与技术，行有益于人与万物的事情。

五、阳明四句教

四句教是阳明对自己心学的概括，此四句为："无善无恶是心之体，有善有恶是意之动。知善知恶是良知，为善去恶是格物。"①

首先，释"无善无恶是心之体"。此句所言至善，即无私欲夹杂其间的心体，是先天之心、本然之心，此中的"善""恶"是由情识发出的带有个人偏见的判断，此"善"非至善，非天理。此心体有点像佛家所讲的无明之前的真如，是未受到习性所熏染的真心、觉照，但又不同于佛家的真如。真如是绝对寂然之体，而阳明所讲的心体则是去除了私欲之后的善，仍然保留了最基本的是非善恶的判断和趋向能力。所以，"无善无恶是心之体"是就先天来讲的，犹如《中庸》所讲的"天命之谓性"，亦如赤子之心。然而，人因为后天习性所蔽，皆不能自然地达到此境界，只能通过后天的修养返归，无善无恶的心体是后天修养的终极目标。

其次，释"有善有恶是意之动"。意由心发动，但意又不能完全等同于心。意有可能顺乎心，也可能背离心。这就像孔子所讲的那样："苗而不秀者有矣夫！秀而不实者有矣夫！"（《论语·子罕》）一棵健康的树苗应该能结出花朵来，但也未必能结出花朵来；结出了花朵应该能结出果实来，却也未必能结出果实来。为什么这样呢？因为树苗在成长的过程中需要经历风吹雨打，犹如人性的养成，虽然先天本善，但在成长的过程中也随时可能受到私欲的干扰。如果顺乎先天的心体、不受私欲的蒙蔽则为善意，此时的意便与心同一，犹如《中庸》所讲的"率性之谓道"。反之，

---

① 王守仁撰,吴光等编校:《王阳明全集》第一册卷三《语录三》,《传习录》下,上海古籍出版社2014年版,第133页。

如果不能顺应先天的心体，心体遭到私欲的蒙蔽则为恶意，此时的意便与心背离。恶意的产生是因为意气用事，以意气主事，不管是表面为善或为恶，皆为恶意，比如以花为善、草为恶，虽然区别了善恶，但其实皆为恶。善意出自心体，为道心；恶意出自人欲，为人心，此二者本非二心，但由情识所动，一分为二。正如阳明说道："人心之得其正者即道心，道心之失其正者即人心，初非有二心也。"①善意延续着心体，只要一直延续下去即可；而恶意产生了，就需要去人欲、存天理。

再次，释"知善知恶是良知"。第一句话讲心体，第三句话讲良知，良知即心体，为何要分开来说呢？这是因为有恶意的存在，出于返归心体的需要，心体受到私欲所蔽，需要去私欲，复心体。然而，心体已经受到私欲遮蔽了，还怎么能复归呢？这里就需要良知的再现，即心体虽然被遮蔽，但良知却不生不灭、不增不减，良知是灵明觉知，能够反观自身而知善知恶，犹如孟子所谓"是非之心，人皆有之"（《孟子·告子上》），通过良知，既可知人欲所遮为恶，由人欲主宰下的情识所发为恶；又可知心体为善，由心体所发为善。所以，通过良知才能返回良知。良知与心体非二，之所以在心体之外另说良知，只是说明心体有知善知恶的作用，"知善知恶是良知"是自觉，是修道的根本契机。

最后，释"为善去恶是格物"。格物就是致良知，良知自觉到心体为是、人欲为非，便去作为善去恶的功夫，在事情上磨炼，在正物中返性，在成物中成己。所以，"为善去恶"就是孟子"尽心"的功夫。孟子曰："尽其心者，知其性也。知其性，则知天矣。"（《孟子·尽心上》）知人性之本善，知人性之善先天有之，不是先天有知，知性与知天都是经过长久克己的功夫反过头来的验证，是反证，而非自明，更非先知。只有尽了心、致良知，才能自知良知本有，也才能返归心体。所以，"为善去恶是格物"正是《中庸》所讲的"修道之谓教"的功夫，伦理的知识源于道德

---

① 王守仁撰，吴光等编校：《王阳明全集》第一册卷一《语录一》，《传习录》上，上海古籍出版社2014年版，第8页。

的修养。

明代中叶以后，阳明心学风行天下，成为中国历史上最显赫的学派之一。阳明心学介于"世儒"与"二乘"之间，是精微的、中道的，但是，此精微而中道的学问又极易走向偏执的两端，或依于情识，或归于沉空。晚明哲学家刘宗周说道：

> 今天下争言良知矣，及其弊也，猖狂者参之以情识，而一是皆良，超洁者荡之以玄虚，而夷良于贼，亦用之者之过也。①

阳明后学的发展转出两条路向，其一是泰州学派误认情识为良知，一任情识鼓荡；其二是顺着王龙溪一路向下，导向玄虚，与佛老合流。接着明朝灭亡，于是世人对阳明学有了许多误解。不过，时至今日，东西方学者对于阳明学的卓越性，都愈加重视了。

课后自学参考书目及读书提要：

[1]《传习录》，王阳明著。《传习录》是记录王阳明思想的语录体著作，全书以学生提问、阳明先生回答的形式展开，生动活泼，又收录了一些书信，涵盖了阳明心学的基本内容。《传习录》是心学的经典著作，是研究阳明心学的重要资料。

[2]《王阳明哲学》，蔡仁厚著。蔡仁厚是台湾著名学者，新儒家第三代代表人物之一。此书对阳明心学的产生过程和基本义旨进行了系统阐释，内容详尽，语言精练，表达准确，是一本不可多得的阐述阳明哲学的论著。书后有附录二篇，其一是《王阳明学行年表》，方便读者了解阳明的生平经历；其二是《日本的阳明学及其特色》，有助于读者了解阳明学的海外传播和国际影响。

---

① 黄宗羲：《明儒学案》下册卷六十二《蕺山学案》，中华书局2008年版，第1575页。

后　记

　　这本书原是我的教案。最近七八年，我陆续给安徽师范大学法学院、文学院、音乐学院和马克思主义学院开设"中国哲学史"课程，也在合肥华藏书院给社会各界人士讲"中国哲学史"，有时还给青少年做一些有关中国哲学史的普及教育。因为课程时间有规定，一般要求一学期讲完，而许多《中国哲学史》教材篇幅太长，内容太多，无法满足实际的教学需要，加上自己学习和研究中国哲学也有一点点想法和心得，于是，就想着自己编一本教材，按照自己的理解和思路去讲。这是本书的写作缘起。

　　这本书不是一部完整的《中国哲学史》教材，如果想面面俱到，区区十五讲是完全不够用的，而如果走马观花式地讲解，只求完整，不求甚解，也不利于听众领会和感悟。于是，我根据个人的理解，选择了自认为是中国哲学史最有代表性的人物和著作，选取了自认为最能代表其思想的角度，组成十五个专题，尝试着进行一点深入分析，并希望以点带面，勾勒出中国哲学史的线索。在我的理解中，中国哲学的根本特征是人生智慧之学，所以，我把此书取名为《中国哲学智慧十五讲》。

　　此书的编写首先要感谢曾经听过我讲"中国哲学史"课程的同学们，是他们的实际需要直接促成了此书的完成，他们给我的教学建议完善了此书的内容。感谢我的博导陈卫平老师在百忙之中为本书作序。此外，我的研究生王尔上、耿成成等同学帮助我查找了不少资料，书中的图表是平面设计师朱聃女士帮助我完成的，本书的出版受到安徽师范大学马克思主义学院的资助，安徽师范大学出版社的编辑为本书奉献了智慧与辛劳，在此一并感谢！

余亚斐

2023 年 9 月 20 日于合肥